# 詳説 独占禁止法審査手続

著

榊原美紀
篠浦雅幸
多田敏明
長澤哲也
宮川裕光
矢吹公敏

弘文堂

# はしがき

　本書執筆のきっかけは、ある懇談会の存在である。平成26年、内閣府において、独占禁止法審査手続の懇談会が設置され、1年近くもの間、「審査手続」についてのみ検討された。「手続」についてだけの審議は初めてであり、画期的なことであった。

　長年にわたって、経済界や弁護士会から、現在の審査手続に企業の防御権に関して大きな課題があると問題を提起されていたことから、懇談会の設置となったという背景がある。しかしながら、手続法の検討はいまだ熟しておらず、懇談会の委員の間でも意見が分かれ、時間切れとなって将来の審議を期待する形で幕を閉じた。

　本書の執筆者は、全員がその懇談会に関与した。矢吹弁護士と私は懇談会の委員であった。篠浦弁護士は経済界の意見を懇談会で表明すべく集約する立場にあった。多田弁護士、長澤弁護士、宮川弁護士の3名は、実務家を代表してそれぞれがヒアリングを受けた。つまり、本書の執筆者は、懇談会に直接的に関与した弁護士によって構成されるものである。

　懇談会においては、「手続面」の課題があることが確認された一方で、懇談会での議論を踏まえて公正取引委員会が苦情申立制度の整備や手続ルールを透明にするために「独占禁止法審査手続に関する指針」を策定した。そこで、実務家の立場としては、抜本的な解決がなされるまでの間、現場でどのように対応すべきか、懇談会の議論も踏まえた解説書なるものが早急に必要ではないかと思うにいたった。

　そんな折に、懇談会の議論を把握されていた編集者の北川陽子氏から本書の企画が提案された。早速、懇談会に直接関与して強い問題意識をいまだもち続けている5名の弁護士に打診したところ、即座に快諾していただけた。

　このような背景から、「審査手続」に焦点を絞った本書を執筆することになっ

たというわけである。独占禁止法の「審査手続」をしっかり勉強したことがある人は少ないだろう。私自身も、多くの独占禁止法の教科書を手に取ってみたが、立入検査、文書の謄写、供述聴取などの「手続」に多くの頁を割いている本はあまり見かけなかった。分厚い本の後ろの方に、ほんの少しだけ掲載されているというのが「審査手続」の存在である。独占禁止法に違反するか否か、という「実体法」について理解を深めてきた人は多かったと思うが、違反の疑いをかけられ、審査「手続」が開始した時の具体的対応方法について熟知している読者は少数であろう。

　実務においては、「手続」の重要性は大きい。独占禁止法といえば、まず頭に浮かぶのは、どこかの会社に「立入検査」が行われるテレビ報道や、多額の課徴金が課されたという新聞報道であろう。特に最近では、日本のみならず欧米等の諸外国で、日本企業の社員が収監されたとか、世界各地でほぼ同時に審査手続が開始されたといった報道が後を絶たない。これらの事象は、すべて「審査手続」そのものである。

　立入検査や供述聴取は、突然やってくるという意味で、緊急事態である。立入検査の現場を想像してみてほしい。冷静な人であってもパニック状態に陥ることが多い。「手続」というのは、そんな緊迫した状況下で、どういうプロセスで審査が進行していくのか、ということに関するルールのことである。本書はその際に、自分はまず何をしなければならないか、把握しておくための必要な知識を心得ておくためのものである。一読後、本書の内容を記憶しておく必要はないが、手に届くところに本書を置いていただき、手続の進行に従って、本書を辞書的に活用いただきたい。

　「手続」というものは、「ああやっておけばよかった」とか、「このように主張しておくべきだった」と後悔しても遅い。その時々の手続の際に、タイミングを逃さずに必要な手段を講じなければならないからである。困ったら、弁護士に任せればよいと思うかも知れない。しかし、緊急事態に、弁護士の知り合いがいない企業経営者の場合には、弁護士に依頼するまでの間、また、独占禁止法に詳しい弁護士に日頃相談している場合であっても、弁護士が駆けつけてくるまでの間

は、自分たちで対処しなければならない。さらに、自身が弁護士であっても立入検査に立ち会った経験のない弁護士も多いだろうから、そのような経験が豊富な実務家の対応方法は参考になるはずである。

現在、TPPによる確約制度の導入や裁量型課徴金の制度導入に向けた議論が始まっている。これらの結論次第では、審査手続がさらに大きく変わり、公正取引委員会と企業の関係は、「対立型」から「協力型」に転換することが期待されている。ただ、いずれも法改正を必要とするものばかりで、短期間で解決できるわけではない。したがって、当面は、審査手続の課題は残存する。

そのため、本書では、一般的な手続に対する説明や対応方法を手続の流れとともに紹介したうえで、同時に著者らの見解も織り交ぜることで、対応方法のバリエーションや工夫の余地も提示できていると思う。「手続」上必要となるひな形や書式の類も多く掲載した。たとえば、立入検査の場面では、パニック状態で冷静な判断は困難であろう。どんな対応をすればよいのか、あらかじめ理解しておけば安心である。本書は、多忙な会社員や法律実務家の方々が短時間で必要な情報を収集できるように工夫をほどこした。さらに、手続を深く理解したい読者のために、表などで論点の整理も試みた。

本書の企画から最終校正にいたるまで、弘文堂の北川陽子氏にはたいへんご尽力いただいた。特に、多忙を極め、執筆時間が思うように確保できない私たちをほぼ計画通りに脱稿へと導いたところに剛腕編集者の力量を感じさせられた。執筆者を代表して、厚く御礼を申し上げたい。

　　平成28年5月

執筆者代表<br>榊原　美紀

# 目　次

## 第1章　総　論 …………………………………………………………… 1

### Ⅰ　審査手続の見直しに向けた動き …………………………………… 3
1　背　景 ………………………………………………………………… 3
2　内閣府「独占禁止法審査手続についての懇談会」（平成26年2月〜12月） …… 7
　■供述調書中心主義 ………………………………………………… 14

### Ⅱ　「独占禁止法審査手続に関する指針」の策定 …………………… 15
1　経　緯 ………………………………………………………………… 15
2　事業者等向け説明資料 ……………………………………………… 15
3　パブリック・コメントを踏まえた指針原案の修正 ……………… 16
4　意　義 ………………………………………………………………… 17

### Ⅲ　懇談会の積み残し課題 ……………………………………………… 18
　■審判制度廃止による影響 ………………………………………… 19

### Ⅳ　手続に関連するその他の諸問題 …………………………………… 19
1　調査協力のインセンティブを確保する仕組み …………………… 19
2　合意により独占禁止法違反の疑いを解決する仕組みの導入 …… 21
3　弁護士倫理 …………………………………………………………… 21

### Ⅴ　審査手続への対応の重要性 ………………………………………… 22

### Ⅵ　事件の一般的な流れ ………………………………………………… 23
1　公正取引委員会による独占禁止法違反被疑事件の処理 ………… 23
2　行政処分に対する不服審査手続 …………………………………… 25

### Ⅶ　調査手続総論 ………………………………………………………… 27
1　行政調査（審査） …………………………………………………… 27
2　犯則調査 ……………………………………………………………… 40

## 第2章　立入検査・提出命令 …………………………………………… 43

### Ⅰ　公正取引委員会の調査目的による訪問 …………………………… 45
1　手法・態様 …………………………………………………………… 45
2　立入検査の位置づけ・特徴 ………………………………………… 46
3　訪問段階での対応 …………………………………………………… 48

## II 立入検査への対応 … 56
1 立入検査当日の流れ … 56
2 立入検査における注意点 … 59
3 法務部門および弁護士への連絡 … 64
4 被疑事実等の告知等 … 66
5 場所的範囲 … 70
　■ 法務部門への検査 … 72
　■ 従業員等の私宅への立入検査 … 73
　■ 日本国外に設置されているサーバーへのアクセス … 74
6 時間的範囲 … 76
7 不服申立て … 77

## III 提出命令への対応 … 78
1 提出命令の対象範囲 … 78
　■ 携帯電話 … 78
　■ 弁護士・依頼者秘匿特権対象の文書 … 79
　■ 電子データとしての弁護士・依頼者秘匿特権への対応 … 80
2 立入検査当日の謄写 … 81
3 審査規則18条による閲覧謄写対応（後日謄写） … 85
4 提出命令品目録の概要と課題 … 87
　■ 照合時のデジタルカメラ等による表紙等の撮影 … 88
　■ 公取委による後日補充 … 88
　■ 電子データ文書（記録媒体）の提出命令等への対応 … 89
5 不服申立て … 90

## IV その他の立入検査・提出命令等の諸問題 … 90
1 第二次立入検査等 … 90
2 任意提出等 … 91
3 意見聴取手続開始後の補充調査としての立入検査（強制調査）等 … 93

## V 犯則調査—臨検・捜索・差押えへの対応 … 95
1 犯則調査手続の概要 … 95
2 臨検等への対応 … 97
3 臨検等の範囲 … 101
4 社内弁護士による押収拒絶権 … 104
5 差押え物件の事前複写 … 104
6 不服申立ての方法 … 106
7 行政調査権限と犯則調査権限の関係 … 107

## VI さいごに … 108

# 第3章 供述聴取 …………………………………………………………………… 111

## I 独占禁止法における供述調書聴取に関する制度 …………………… 113
1 独占禁止法審査手続に関する指針 ……………………………… 113
2 強制手続（法47条1項1号の出頭命令・審尋）………………… 117
3 任意手続 …………………………………………………………… 120
4 犯則手続 …………………………………………………………… 121

## II 供述調書における制度改革の問題点 ………………………………… 122
1 検討の背景事情 …………………………………………………… 122
2 供述調書における問題点 ………………………………………… 124
   ■日本音楽著作権協会（JASRAC）事件と供述調書 ………… 129

## III 供述調書の実務と対応方針 …………………………………………… 138
1 任意手続か強制手続か …………………………………………… 138
2 強制手続への対応 ………………………………………………… 140
3 立入時の供述聴取の注意点（減免申請への配慮を含めて）…… 140
4 供述聴取手続に対する対応方針（日程調整、準備と事後の対応、代理人との打合せ）………………………………………………… 141
5 聴取時間・休憩時間 ……………………………………………… 142
6 メモ取りへの対応 ………………………………………………… 143
7 審査官の供述聴取方法 …………………………………………… 144
8 調書の作成・署名押印手続の際の配慮事項 …………………… 145
9 従業員の個人代理人の選任の可否 ……………………………… 146

## IV これからの供述聴取手続について―協力のインセンティブによる証拠収集方法への舵取り … 147

# 第4章 報告命令 …………………………………………………………………… 151

## I 概 要 ……………………………………………………………………… 153

## II 報告命令・報告依頼時の手続 …………………………………………… 153

## III 報告を求められる内容 …………………………………………………… 154

## IV 報告命令の活用状況 ……………………………………………………… 154
   ■供述調書中心主義から報告命令の活用へ ……………………… 155

# 第5章 異議・苦情申立て ………………………………………………………… 157

## I 審査官の処分に対する異議申立て ……………………………………… 159
1 概 要 ……………………………………………………………… 159

2 異議申立ての対象 ················································ 159
  3 異議申立てへの対応 ················································ 159
  4 事例紹介 ·························································· 160
 II 任意の供述聴取にかかる苦情申立制度 ································ 160
  1 経　　緯 ·························································· 160
  2 概　　要 ·························································· 162
  3 苦情申立ての対象 ················································ 162
  4 苦情申立ての方法 ················································ 163
  5 苦情申立てへの対応 ················································ 166
  6 意義と課題 ······················································ 166
 III 調査手法についての申入れ等 ········································ 167
     ■ 指針策定のもう一つの意義 ···································· 167

# 第6章 課徴金減免制度

 I 課徴金減免制度導入の経緯と実務の変化 ································ 171
  1 制度導入の経緯 ·················································· 171
  2 実務の変化 ······················································ 172
 II 課徴金減免制度の概要 ·············································· 173
  1 制度の趣旨 ······················································ 173
  2 制度の概要 ······················································ 174
  3 運用状況 ························································ 176
 III 申請手続 ·························································· 177
  1 調査開始日前の申請 ············································· 177
  2 調査開始日以後の申請 ··········································· 182
  3 口頭報告 ························································ 185
  4 追加の報告および資料の提出 ····································· 185
  5 共同申請 ························································ 186
  6 事業者名等の公表 ················································ 187
  7 失格事由 ························································ 188
  8 申請手続上の留意事項 ··········································· 189
 IV 審査手続上の課徴金減免申請にかかる諸問題 ························ 191
  1 公取委による調査開始前の段階 ··································· 191
  2 立入検査時の対応 ················································ 196
     ■ 円滑な調査の実施 vs. 防衛権の確保 ··························· 198
  3 意見聴取手続等の行政調査の最終段階 ··························· 200

## V 課徴金減免制度の利用に際しての考慮事項 …… 200
1 課徴金減免申請の可否の検討 …… 200
2 課徴金減免申請から派生する効果 …… 201
3 企業と役職員個人との関係 …… 203

## VI 国際カルテル事件における対応 …… 204
1 海外諸国・地域のリニエンシー制度 …… 205
■ マーカー制度 …… 207
2 実務対応上の留意点 …… 208
■ 調査協力と法的問題の主張 …… 209

# 第7章 意見聴取手続 …… 215

## I 意見聴取手続の概要 …… 217
1 出発点—行政手続法上の聴聞手続 …… 217
2 公取委の特殊性を踏まえた修正 …… 220
3 独占禁止法違反事件の特殊性を踏まえた修正 …… 222

## II 意見聴取手続の開始 …… 224
1 意見聴取義務 …… 224
2 意見聴取官の指定 …… 224
3 意見聴取の期日および場所の指定 …… 225
4 意見聴取の通知 …… 226
5 代理人の選任 …… 227

## III 証拠の閲覧謄写 …… 229
1 閲覧対象証拠 …… 230
2 謄写対象証拠 …… 231
3 意見聴取の進行に応じて必要となった証拠 …… 232
4 閲覧謄写拒否事由 …… 233
5 目的外利用の制限 …… 234
■ 自社従業員の懲戒処分において供述調書の内容を参酌することの可否 …… 234
6 手続 …… 235

## IV 書面等の期日前提出 …… 237
■ 当事者にとっての書面等の提出戦略 …… 238

## V 意見聴取期日 …… 239
1 出席者 …… 239
2 冒頭手続 …… 241
3 審査官等への質問 …… 241

         4　意見聴取官による求釈明 ………………………………………… 242
         5　意見陳述・証拠提出 ……………………………………………… 243
         6　期日の続行 ………………………………………………………… 245
         7　当事者の不出頭 …………………………………………………… 247
     Ⅵ　意見聴取調書・意見聴取報告書 …………………………………… 249
         1　意見聴取調書 ……………………………………………………… 249
         2　意見聴取報告書 …………………………………………………… 250
         3　当事者の閲覧請求権 ……………………………………………… 251
         4　裁判所への提出 …………………………………………………… 252
     Ⅶ　意見聴取の再開 ……………………………………………………… 253
     Ⅷ　意見聴取後の委員会の議決 ………………………………………… 254
     Ⅸ　意見聴取手続の過程でなされた処分等に対する不服申立て …… 255

# 第8章　弁護士・依頼者間秘匿特権 ……………………………………… 257
     Ⅰ　背　景 ………………………………………………………………… 259
         1　秘匿特権とは何か ………………………………………………… 259
         2　問題が顕在化してきた背景 ……………………………………… 263
         3　具体的制度化に向けた議論 ……………………………………… 266
         4　実務上対応する必要性 …………………………………………… 271
     Ⅱ　秘匿特権の意義（秘匿特権の趣旨・目的）……………………… 271
         1　米　国 ……………………………………………………………… 271
         2　EU …………………………………………………………………… 272
         3　フランス …………………………………………………………… 273
         4　諸外国の共通点 …………………………………………………… 274
         5　諸外国の相違点 …………………………………………………… 274
     Ⅲ　秘匿特権の根拠 ……………………………………………………… 274
         1　憲法上の根拠 ……………………………………………………… 274
         2　法令上および判例上の根拠 ……………………………………… 275
         3　秘匿特権の「根拠」と「適用範囲」の関係 …………………… 276
         4　裁判上の取扱い …………………………………………………… 277
         5　独占禁止法以外の分野における取扱い ………………………… 281
         6　行政訴訟法の問題点 ……………………………………………… 282
         7　秘密交通権（接見交通権）との関係 …………………………… 283
         8　米国における根拠 ………………………………………………… 284
         9　欧州における根拠 ………………………………………………… 285

|      |                                                          |     |
| ---- | -------------------------------------------------------- | --- |
|   10 | 国連原則・国際人権規約                                   | 286 |

### IV　秘匿特権により保護されるための要件 … 286

| | | |
|---|---|---|
| 1 | 米国の場合 | 286 |
| 2 | 欧州の場合 | 287 |
| 3 | 日本の場合 | 287 |

### V　秘匿特権の保護の対象範囲 … 293

| | | |
|---|---|---|
| 1 | 米国の場合 | 293 |
| 2 | 欧州の場合 | 295 |
| 3 | 日本の場合 | 296 |

### VI　客体・弁護士の範囲 … 300

| | | |
|---|---|---|
| 1 | インハウス・ロイヤー（＝企業内弁護士） | 300 |
| 2 | 補助者（弁護士の部下や同僚弁理士等の第三者） | 302 |
| 3 | 外国の弁護士・弁理士 | 302 |

### VII　主体・依頼者の範囲 … 302

| | | |
|---|---|---|
| 1 | 依頼者は会社 | 302 |
| 2 | 保護の対象となる従業員の範囲 | 303 |
| 3 | 判断基準 | 303 |

### VIII　該当性に争いがある場合の手続（立法論も含む） … 304

| | | |
|---|---|---|
| 1 | 立入検査の現場で文書提出の要否について争いになった場合 | 304 |
| 2 | 文書提出に対する非協力行為または拒否行為を行う場合 | 305 |
|   | ■ 立入検査の現場での秘匿特権に基づく文書提出に関する対応 | 305 |
| 3 | いったん文書提出には応じ、事後的に証拠収集の違法性を争う場合 | 306 |
| 4 | 欧米での手続規定 | 307 |
| 5 | 濫用防止措置 | 308 |

独占禁止法審査手続に関する指針 … 311

事項索引 … 321

判例索引 … 326

# 凡　例

◆法令

| | |
|---|---|
| 独占禁止法 | 原則、条数のみ |
| 審査規則 | 公正取引委員会の審査に関する規則（平成17年10月19日公正取引委員会規則第1号） |
| 意見聴取規則 | 公正取引委員会の意見聴取に関する規則（平成27年1月21日公正取引委員会規則第1号） |
| 指針 | 独占禁止法審査手続に関する指針（平成27年12月25日） |
| 事務総局組織令 | 公正取引委員会事務総局組織令 |
| 行手法 | 行政事件手続法 |
| 行訴法 | 行政事件訴訟法 |
| 刑訴法 | 刑事訴訟法 |
| 民訴法 | 民事訴訟法 |

◆判例集・雑誌等

| | |
|---|---|
| 刑集 | 最高裁判所刑事判例集 |
| 民集 | 最高裁判所民事判例集 |
| 下刑 | 下級裁判所刑事裁判例集 |
| 審決集 | 公正取引委員会審決集 |
| 訟月 | 訟務月報 |
| 判時 | 判例時報 |
| 判タ | 判例タイムズ |
| ジュリ | ジュリスト |
| 曹時 | 法曹時報 |
| 金法 | 金融法務事情 |
| 民商 | 民商法雑誌 |

◆団体名等

| | |
|---|---|
| 公取委 | 公正取引委員会 |
| 経団連 | 一般社団法人日本経済団体連合会 |
| 日弁連 | 日本弁護士連合会 |
| 懇談会 | 独占禁止法審査手続についての懇談会 |
| 懇談会報告書 | 独占禁止法審査手続についての懇談会報告書 |

◆文献

| | |
|---|---|
| 意見聴取規則考え方 | 公正取引委員会「『公正取引委員会の意見聴取に関する規則』（案）に対する意見の概要及びそれに対する考え方」（平成27年1月16日） |
| 審査指針考え方 | 公正取引委員会「『独占禁止法審査手続に関する指針』（案）に対する意見の概要及びそれに対する考え方」（平成27年12月25日） |

岩成ほか・逐条解説平成25年改正法　　岩成博夫＝横手哲＝岩下生知編者『逐条解説　平成25年改正法──審判制度の廃止と意見聴取手続の整備』（商事法務・2015）

白石・争訟実務　　白石忠志監修（西村法律事務所・長島大野常松法律事務所＝川合弘造編）『独占禁止法の争訟実務──違反被疑事件への対応』（商事法務・2006）

白石ほか・論点体系　　白石忠志＝多田敏明編著『論点体系　独占禁止法』（第一法規・2014）

根岸・注釈　　根岸哲編『注釈　独占禁止法』（有斐閣・2009）

村上ほか・条解　　村上政博ほか編『条解　独占禁止法』（弘文堂・2014）

村上ほか・手続と実務　　村上政博＝栗田誠＝矢吹公敏＝向宣明編『独占禁止法の手続と実務』（中央経済社・2015）

# 第1章 総論

わが国独占禁止法のエンフォースメントならびに公正取引委員会（以下「公取委」という）による独占禁止法の執行力は、平成17年改正・平成21年改正により飛躍的に強化された。一方で、公取委が違反被疑事業者による独占禁止法違反行為の有無を調査する手続である審査手続については、かねてより、経済界やその代理人を務める弁護士などから、適正手続の保障・企業の防御権の確保が不十分であるとして、多くの問題点が指摘されている。平成26年に内閣府に「独占禁止法審査手続についての懇談会」（以下「懇談会」という）が設置され、審査手続の見直しについて約1年間にわたり集中的に議論されたが、その結論は、経済界などが求める手続の適正化・防御権の確保については更なる公取委の執行力の強化と抱き合わせる形で先送りしたうえで、標準的な行政調査手続について、その透明化等の観点から「指針」を策定するというもので、現在公取委が行っているとする手続を事実上追認するものであった。

　本章前半では、以上のような審査手続の見直しに関する議論の経緯を振り返り、先般公表された「独占禁止法審査手続に関する指針」（以下「指針」という）策定の意義を述べるとともに、審査手続の見直しに関連する諸論点について、最新の動向も踏まえ解説する。

　本章後半では、独占禁止法違反事件の処理手続全体の流れを概観したうえで、指針の内容を踏まえ、現在の審査手続の概要・ごく基本的な事項について整理する。ある程度の予備知識がある読者の方は読み飛ばして第2章以降の各論に進んでいただいてもかまわないし、逆に、審査手続にあまりなじみのない読者の方は、こちらを先にお読みいただいてから、本章前半や第2章以降を読み進めるという使い方をしていただいてもかまわない。

　なお、本章ならびに第4章、第5章の記述中の意見にわたる部分は、筆者の所属する組織の見解ではなく、筆者の個人的な見解であることをあらかじめご了解いただきたい。

# I　審査手続の見直しに向けた動き

## 1　背　景

**(1) 平成17年改正**（平成17年4月公布、平成18年1月施行）

　平成17年の独占禁止法の改正では、課徴金の算定率が引き上げられるとともに、課徴金の加減算の仕組みとして、繰返し違反行為を行った場合の加重算定率（5割増）・違反行為を早期にやめた場合の軽減算定率（2割減）が導入され、独占禁止法のエンフォースメントは全体として強化された。また、課徴金減免制度の導入・犯則調査権限の導入により公取委による独占禁止法の執行力が一段と強化されたといえる。

　なかでも特筆すべきは課徴金減免制度の導入である。同制度は、企業にとってもメリットがある制度ではあるが、カルテルなどの不当な取引制限に該当する行為の探知・解明が容易になるという点で、公取委は違反行為摘発のためのきわめて強力な武器を得たといえる。実際に制度導入後は活発に利用されており、今や独占禁止法の不当な取引制限規制の実効性を確保するために必要不可欠な制度となっている。

　このような平成17年改正法の成立と相前後して、経済界からは、公取委が違反被疑事業者による違反行為の有無を調査する手続である審査手続における適正手続の確保を求める声が強くなっていった。公取委の執行力の強化に応じた企業の防御権の確保が不十分であるというのがその1つの理由であるが、加えて、より理論的には、それまで不当利得の剥奪として説明されていた課徴金の法的性格につき、繰返し違反行為を行った場合の加重算定率や課徴金減免制度の導入により、行政上の「制裁」としての面を有することを否定できなくなったことも背景にあった。制裁を科す以上はしかるべき適正手続を踏むべきであると主張されたのである。

　なお、公取委の審判手続についても、公取委が検察官と裁判官を兼ねる仕組みは中立性・公平性に疑問があるとして、これを廃止し、公取委の処分に対する不

服申立ては、刑事手続と同様、即座に司法審査に委ねるべきであるとの主張がなされ、審査手続の適正化と並んで独占禁止法手続面での経済界の重要課題となっていった。

## (2) 独占禁止法基本問題懇談会 (平成17年7月～平成19年6月)

このような動きを受け、平成17年改正法の附則13条に次のように規定された。

> 政府は、この法律の施行後2年以内に、新法の施行の状況、社会経済情勢の変化等を勘案し、課徴金に係る制度の在り方、違反行為を排除するために必要な措置を命ずるための手続の在り方、審判手続の在り方等について検討を加え、その結果に基づいて所要の措置を講ずるものとする。

すなわち、審査手続・審判制度の見直しを含む平成17年改正法での積み残し課題について、2年以内を目途に検討を行うこととされたのである。

この規定にかんがみ、内閣官房長官の懇談会として「独占禁止法基本問題懇談会」が開催され、約2年間にわたって検討が行われた。議論の中心は、課徴金制度の在り方および審判制度の在り方であったが、行政調査（審査）手続の在り方についても議論され、とりわけ①供述調書作成時における写しの提供、②供述録取の際の弁護士の同席、③弁護士秘匿特権の導入の3点が取り上げられた。

しかし、検討の結果は、「行政調査（審査）手続の在り方に関しては基本的には現行制度を維持するが、事業者の手続上の保護にも配慮した運用がなされるべきである。」[1]とされ、上記①～③のいずれについても認めるとの結論にはいたらなかった。

## (3) 平成21年改正 (平成21年6月公布、平成22年1月施行) 後の動き

そのような中、平成21年の独占禁止法改正により、更なるエンフォースメントの強化が行われることになる。すなわち、同改正では、課徴金の対象となる行

---

1) 独占禁止法基本問題懇談会報告書34頁。

為類型の排除型私的独占・不公正な取引方法への拡大、不当な取引制限等の罪に関する懲役刑の引上げなどが行われた。

　これを受け、経済界からの審査手続の適正化に向けた要望はさらに強まることになる。日本経済団体連合会（以下「経団連」という）は平成21（2009）年10月に提言「公正取引委員会による審判制度の廃止及び審査手続の適正化に向けて」を公表し、「具体的なあるべき姿」として、以下のように提言している。

◎　取調べにおいて、審査官が準備したストーリーに沿うように誘導尋問がなされたり、取調べを受けている者の真意を反映しない調書が作成され、そのことについての専門家への確認が阻害されたりするなど、被調査者の基本的権利を無視した形で手続が進められている。
　　欧米諸国では、被調査者に、弁護士の立会いをはじめ、さまざまな防御権が認められている。企業の従業員など被調査者の防御権を保護する観点から、立入検査の際には検査を受ける者に対し、検査範囲を適切に限定するような事前予告を行うべきこと、取調べにおけるみずからが有する権利の確認、供述内容の法的効果、誘導的な質問への防御、法的な疑問に対する的確な対応等のために、立入検査時・供述時を問わず調査を受ける者に弁護士が立会うことができるよう、弁護士立会権を保障すべきであり、少なくとも被調査者の求めに応じて、弁護士にタイムリーに相談する権利を保障することを法律上明確に規定すべき。
◎　弁護士立会権同様、欧米では当然の権利として認められている弁護士・顧客間の秘匿特権を認め、弁護士と依頼者間の通信や調査内容を含むワークプロダクトについては、提出命令を拒否する権利を保障することを法律上明記すべき。
◎　提出証拠については、被調査者の申出により、立入検査当日、提出前に謄写できること、または謄写資料による提出ができることを法律上明らかにすべき。
◎　審査官は誘導尋問を行う傾向が強く、尋問も1人に対して1日10時間

を超える場合もある。したがって、欧米の制度に倣い、審尋調書・供述調書を録取した場合には、供述者の求めに応じて、交付するよう、法律上明確にすべき。また、案の段階においても、その写しを手交し、帰宅して確認し、必要に応じて修正できるようにすることは、正確な調書作成にも資することであり、法律上認めるべき。
◎ 事情聴取時に被調査者が記録を作成することを容認するとともに、このような記録は弁護士顧客秘匿特権の前提資料として提出させることができないことを明らかにすべき。
◎ 密室で行われる取調べにあたって、欧米の制度に倣い、取調べの全過程の録画・録音（取調べの「可視化」）を行うことは、審査の透明性・適正性を確保するうえで有効な手段であり、早急に検討を進めるべき。
◎ わが国独占禁止法の執行をめぐっても、行政手続が、刑事手続になる可能性が否定されていない現行制度において、また課徴金が制裁として、罰則に匹敵ないしそれを上回る不利益を課す実態にかんがみ、公取委および捜査機関による行き過ぎた取調べを防ぎ、企業の従業員など個人の防御権を保護する観点から、供述者に対して、黙秘権・自己負罪拒否特権を与えることを法律上明記するとともに、取調べにあたり、当該調査が任意であるのか、強制であるのかを示したうえで、供述者に対し、それらの権利があることを充分に説明しなければならないこととすべき。

なお、平成21年改正法の附則20条は、「政府は、私的独占の禁止及び公正取引の確保に関する法律の審判手続に係る規定について、全面にわたって見直すものとし、平成21年度中に検討を加え、その結果に基づいて所要の措置を講ずるものとする。」と規定し、また、同法に係る衆参両院の附帯決議においては、「現行の審判制度を現状のまま存続することや、平成17年改正以前の事前審判制度へ戻すことのないよう、審判制度の抜本的な制度変更を行うこと」、「公正取引委員会が行う審尋や任意の事情聴取等において、事業者側の十分な防御権の行使を可能とするため、諸外国の事例を参考にしつつ、代理人の選任・立会い・供述調

書の写しの交付等について、我が国における刑事手続や他の行政手続との整合性を確保しつつ前向きに検討すること」(いずれも抜粋)と明記されていた。

**(4) 平成25年改正法**（平成25年12月公布、平成27年4月施行）**の成立**

その後、平成25年改正法において審判制度は廃止されることとなるが、同改正においては、中立性・公平性に問題がある審判制度をまずは早急に廃止することが重視され、審査手続の適正化については盛り込まれず、附則16条で次のように規定され、改正法公布後1年を目途に検討することとされた。

> 政府は、公正取引委員会が事件について必要な調査を行う手続について、我が国における他の行政手続との整合性を確保しつつ、事件関係人が十分な防御を行うことを確保する観点から検討を行い、この法律の公布後1年を目途に結論を得て、必要があると認めるときは、所要の措置を講ずるものとする。

また、同改正法案に対しては、衆議院経済産業委員会において次のような附帯決議がなされた（平成25年11月20日）。

> 公正取引委員会が行う審尋や任意の事情聴取等において、事業者側の十分な防御権の行使を可能とするため、諸外国の事例を参考にしつつ、代理人の立会いや供述調書の写しの交付等の実施について、我が国における刑事手続や他の行政手続との整合性を確保しつつ前向きに検討すること。

## 2 内閣府「独占禁止法審査手続についての懇談会」（平成26年2月～12月）

### (1) 懇談会の開催

平成25年改正法附則16条を受け、平成26年2月、内閣府に「独占禁止法審査手続についての懇談会」（座長＝宇賀克也東京大学大学院法学政治学研究科教授）

以下「懇談会」という）が設置され、「公正取引委員会が事件について必要な調査を行う手続について、我が国における他の行政手続との整合性を確保しつつ、事件関係人が十分な防御を行うことを確保する観点から必要な検討を行う」[2]こととされた。独占禁止法の審査手続に焦点をしぼった政府の検討会の開催は、それまで例を見なかったと思う。学界・経済界・法曹界などから計15名の有識者が参加し、同年12月にかけて計14回の会合が開催され、同月24日、「独占禁止法審査手続についての懇談会報告書」（以下「懇談会報告書」という）が取りまとめられた[3]。

## (2) 懇談会での議論

懇談会では、第2回～第5回の会合で関係者からのヒアリング[4]が行われた後、このヒアリング結果を踏まえた「独占禁止法審査手続に関する論点整理」（以下「論点整理」という）が公表され、パブリック・コメントに付された（平成26年6月）。その後の第7回～第12回の会合で各論点に関する検討が行われ、第13回会合での報告書素案に係る討議を経て第14回会合で報告書が取りまとめられた。

論点整理では、(1)立入検査時の弁護士の立会い、(2)弁護士・依頼者間秘匿特権、(3)供述聴取時の弁護士の立会い、(4)供述聴取時の検証可能性の確保、(5)適切な主張反論のための情報の開示、(6)行政調査に係る制度・運用についての知識の共有等の6つの論点が示された。論点整理に対するパブリック・コメント[5]には、経済団体・個別事業者、弁護士団体・弁護士を中心に計72通の意見が寄せられ、その中には(2)弁護士・依頼者間秘匿特権や(3)供述聴取時の弁護士の立会いはもちろん、企業の防御権確保のための諸方策を認めるべきとの意見が多数あった。必

---

[2] 第1回懇談会資料1「独占禁止法審査手続についての懇談会の開催について」（平成26年2月12日内閣府特命担当大臣決定）。
[3] 懇談会報告書はもちろん、各回の資料・議事録などは内閣府のウェブサイトで公開されている。
[4] 経済団体、弁護士、関係省庁、公取委からのヒアリングが行われ、本書執筆の宮川裕光弁護士（第2回会合。在日米国商工会議所競争政策タスクフォース委員長として）、多田敏明弁護士（第3回会合）、長澤哲也弁護士（第4回会合）も出席。
[5] パブリック・コメント結果の詳細は、第8回懇談会資料1「『独占禁止法審査手続に関する論点整理』に係る意見・情報の募集結果」参照。

ずしも数が結論を左右するわけではないが、経済界や弁護士のなかで、防御権の確保への強い要請があるということが改めて明らかになった。参考まで、主要論点に対する当時の経団連[6]・日弁連[7]の意見は次頁の図表1-1のとおりである。

　しかしながら、パブリック・コメント結果をも踏まえたその後の検討は、図表1-1の主要論点について必ずしも認める方向では進まなかった。その理由としては、いずれの論点についても、公取委の「実態解明機能」が阻害されるおそれがあるという点がネックになったことにある。

　実態解明機能が阻害されるおそれとは、誤解を恐れずやや単純化して言えば、たとえば、「供述聴取への弁護士の立会いを認めれば、（当該弁護士の態様によるか供述人の萎縮によるかはさておき）これまでどおりの調書を作成することができなくなることが懸念され、ひいては違反行為の立証ができなくなるおそれ」、あるいは、「弁護士・依頼者間秘匿特権を認めれば、これまでは違反行為の立証に用いることができていた文書を立証に用いることができなくなるおそれ[8]」である。「実態解明機能」について特に定義があるわけではなく、文字自体の印象をそのまま受け止めればよいのだが、あくまで筆者個人の印象としては、公取委がある証拠を得られなくなることによってこれまで行っていた排除措置命令や課徴金納付命令が発出できなくなるかどうかという次元ではなく、先の例の後者が典型であるが、これまでは公取委が得られていた証拠を得られなくなること自体が広く実態解明機能の阻害であるという前提で用いられる場面もあったように思う。

　懇談会での経済界など防御権の確保を求める側の委員の主張は、公取委が事件を調査して適正に処分を行う能力の後退を前提としたり、ましてこれを望んだりしてのものでは当然なかったと思われるが、現在の公取委の審査手法や違反行為の立証方法を前提とした場合、それらがよいかどうかは別にして、上記の意味での「実態解明機能」が後退するおそれがあるかどうかという議論が結論を左右し

---

6)　一般社団法人日本経済団体連合会「公正取引委員会による審査手続の適正化を再び求める」（平成26年6月17日）。
7)　日本弁護士連合会「『独占禁止法審査手続に関する論点整理』に対する意見書」（平成26年7月17日）。
8)　懇談会報告書15頁参照。

Ⅰ　審査手続の見直しに向けた動き

●図表 1-1　主要論点についての経団連・日弁連の意見

| | 経団連 | 日弁連 |
|---|---|---|
| 弁護士・依頼者間秘匿特権 | 弁護士・顧客間の秘匿特権を認め、弁護士と依頼者間の通信や調査内容を含むワークプロダクトについては、提出命令を拒否する権利を保障することを法律に明記すべきである。<br>弁護士顧客秘匿特権は、欧米諸国においては当然に認められており、これが認められていないわが国の法制度は世界的に見てもきわめて異例である。 | 依頼者たる事業者と弁護士との間の質問書・回答書（書面・電子メール）は立入検査・提出命令により現実に留置されているのが現在の審査手続の実情である。しかしながら、保護範囲の明確化および秘密保護の範囲かどうかの判定の手続の整備等を図ったうえで、依頼者・弁護士間の法的助言に関する通信について公正取引委員会による留置から免れるという秘密保護措置が導入される必要がある。 |
| 供述聴取時の弁護士の立会い | 供述録取過程の公正化・透明化のための手段として、欧米諸国では認められている、供述聴取への弁護士の立会いを、わが国においても早急に認めるべきである。 | 供述調書の証拠としての重要性および実態解明への弁護士の役割に照らすと、聴取される本人（会社代表者、従業員その他関係者の場合がある）が、弁護士の立会いを希望する場合には、これを拒絶する正当な理由があると合理的に判断できる場合を除き、弁護士の立会いを許諾すべきである。 |
| 供述録取過程の録音・録画 | 供述聴取の全過程の録音・録画の導入につき、早急に検討を進めるべきである。特に、録音については導入のために必要なコストや実務上の手間が少なく、最低限、録音だけでも早急に導入すべきである。 | 供述聴取時における弁護士立会いが許諾されない場合には、供述聴取の録画等の可視化を広く実施すべきである。少なくとも供述者本人からの求めがある場合には、原則として供述聴取の全過程を録画等して可視化を実施すべきである。 |
| 調書作成時における供述人への調書の写しの交付 | 供述調書および審尋調書（以下「供述調書等」という）の写しを、供述者の求めに応じて交付するよう、法律上明確にすべきである。 | 公正取引委員会は、供述を聴取し供述調書を作成したとき、または審尋調書を作成したときは、供述人にその写しを遅滞なく交付することが防御権の確保に資する。 |
| 供述聴取時における供述人によるメモの録取 | 供述者が取調べ中に記録を作成することについても、現状の運用では認められていないようであるが、これについても供述調書等の写しの交付と同様拒否される理由はなく、認められるべきである。 | 現行独占禁止法および審査規則は、供述聴取時において供述人が自己の供述についてメモを取ることを認めるべきである。 |

たように思われる[9]。

### (3) 懇談会報告書の結論

懇談会報告書の結論は、各検討事項についての「懇談会としての整理のポイント」に記されており、以下にまとめて抜粋する。

#### 1. 立入検査に関連する論点

(ア) 立入検査において、事業者は弁護士を立ち会わせることができる。ただし、弁護士の立会いを事業者の権利として認めるものではなく、事業者は弁護士が到着しないことを理由に立入検査を拒むことはできないとすることが適当との結論にいたった。

(イ) 立入検査当日における提出物件の謄写については、これを事業者の権利として認めることは適当ではなく、運用上、日々の営業活動に用いる必要があると認められる物件について、立入検査の円滑な実施に支障がない範囲での謄写が認められることが適当との結論にいたった。また、立入検査の翌日以降の提出物件（留置物）の謄写については、円滑な謄写をはかるため、スキャナー等の電子機器の利用が可能であることを明らかにするとともに、公正取引委員会において提出物件謄写用のコピー機（有料）の導入を検討することが望ましいとの結論にいたった。

(ウ) 立入検査に関し、公正取引委員会は、次の点につきマニュアルまたはガイドライン（以下「指針等」という）に明記して公表し、広く情報が共有されるようにするとともに、事業者に対して明確にする必要がある事項については、たとえば、立入検査着手時などの適切な場面において、書面による方法も活用しつつ、事業者に伝えることが適当であるとの結論にいたった。
・立入検査の法的根拠および性質
・事業者が立入検査に弁護士を立ち会わせることができる旨
・事業者は、弁護士が到着しないことを理由に立入検査を拒むことはできない旨
・立入検査当日に、提出物件のうち日々の営業活動に用いる必要があると認められるものについて、立入検査の円滑な実施に支障がない範囲で謄写が認められる旨
・立入検査の翌日以降は公正取引委員会の事務所において提出物件（留置物）の謄写が認められる旨

#### 2. 弁護士・依頼者間秘匿特権

(ア) 秘匿特権について一定の意義があることについては少なくない委員の間で理解が得られたものの、その根拠および適用範囲が明確でなく、また、その実現にあたって実態解明機能を阻害するおそれがあるとの懸念を払拭するにはいたらなかったことから、現段階で秘匿特権を導入することは適当ではないとの結論にいたった。

(イ) 秘匿特権を全面的に否定するものではなく、十分検討に値する制度であることから、今後の検討課題として、調査権限の強化の問題と並行して、本懇談会で示された懸念や疑問点を解決できるよう、いっそう議論が深められることが望まれる。

---

[9] なお、川出敏裕「独禁法審査手続の論点—刑事法からの分析」ジュリ1478号（2015）36頁は、「懇談会における議論は、終始一貫して、事件関係人の防御のための新たな制度の導入は、公取委による実態解明機能が損なわれない範囲で認められるという前提で行われた。しかし、防御というのは、国家機関による活動への対抗措置であるわけだから、事業者の防御権を強化するということは、その反面で、公取委による調査活動の制約を当然に伴うものであり、その結果として実態解明に一定の影響が及ぶことは、本来避けがたいものである。それにもかかわらず、それを認めないという前提で検討

## 3. 供述聴取に関連する論点

㋐ 現状の仕組みの下で供述聴取時の弁護士の立会いおよび供述聴取過程の録音・録画を認めるべきとの結論にはいたらなかった。
　ただし、これらを認めるべきとの意見もあり、実態解明の実効性を損なわない措置を検討する中で、今後、その必要性を含め導入の可否を検討していくことが適当であるとの結論にいたった。
㋑ 調書作成時における供述人への調書の写しの交付、供述聴取時における供述人によるメモの録取および自己負罪拒否特権については、これを認めるべきとの結論にはいたらなかった。
㋒ 公取委は、次の点につき指針等に明記して公表し、広く情報が共有されるようにするとともに、供述人に対して明確にする必要がある事項については、たとえば、供述聴取を実施する前などの適切な場面において、書面による方法も活用しつつ、供述人に伝えることが適当との結論にいたった。

・供述聴取が任意のものであるか間接強制権限による審尋であるかを供述人に対して明確にする。
・聴取時間の目安を示す。
・供述聴取に支障が生じない範囲で、食事時間等の休憩は供述人が弁護士に相談できる時間となるよう配慮しつつ適切に確保する。休憩時間には供述人が弁護士等の外部の者と連絡をとることや記憶に基づいてメモをとることが妨げられないことを供述人に対して明確にする。
・調書の読み聞かせの段階で誤りがないかどうかを問い、供述人が増減変更の申立てをしたときは、審査担当官がその供述を調書に記載することを供述人に対して明確にする。
・供述聴取時において供述人が審査担当官の対応に不満がある場合に苦情を受け付ける仕組みを公正取引委員会内部に整備する。その際、当該仕組みの第三者性・中立性に配慮する。また、苦情の申立理由およびその処理結果について、類型化された形での公表を行う。

## 4. 行政調査手続全般

　公取委が独占禁止法違反被疑事件について調査を行う際の標準的な行政調査手続についての指針等を策定し、公表する。
　また、一定期間が経過した後にフォローアップを実施し、その結果についても公表する。

## 5. 今後の検討に向けて

㋐ 今後、本懇談会において現状の仕組みの下で実施すべきとしているもの以外の防御権の強化を検討するのであれば、裁量型課徴金制度を含む事業者が公取委の調査に協力するインセンティブおよび調査への非協力・妨害へのディスインセンティブを確保する仕組みの導入について併せて検討を進めていくことが適当である。
㋑ EUの和解手続・確約手続のような仕組みの導入についても検討を進めていくことが適当である。

　懇談会報告書では、弁護士・依頼者間秘匿特権の導入、供述聴取時の弁護士の立会い、供述録取過程の録音録画、供述聴取時における供述人によるメモの録取

が行われた以上、懇談会において、検討対象とされた制度の導入について合意が得られず、ほぼ既存の運用を確認するにとどまる結果となったのは、ある意味で予想されたものであったともいえる。」としている。

など経済界、弁護士会などが求めていた事件関係人の防御権確保のための主要論点について、いずれも認める方向では取りまとめられていない。要するに、これらを認めないという公取委の運用の現状を確認・追認したのみで、平成25年改正法附則第16条を引用すれば「事件関係人が十分な防御を行うことを確保する観点」からの大きな変革は提案されていない[10]。

新しい点としては、「供述聴取時において供述人が審査担当官の対応に不満がある場合に苦情を受け付ける仕組みを公正取引委員会内部に整備する」（苦情申立制度の創設）とされた点と、「公正取引委員会が独占禁止法違反事件について調査を行う際の標準的な行政調査手続についての指針等を策定し、公表する」（指針の策定）とされた点である。これらについては各所を参照されたい（苦情申立制度▶第5章Ⅱ「任意の供述聴取にかかる苦情申立制度」〔160頁～〕、指針の策定▶Ⅱ「『独占禁止法審査手続に関する指針』の策定」〔15頁～〕）。

### (4) 若干の分析

現在の公取委の運用を前提とした場合、公取委が現状得られている供述証拠や物証（文書）を得られなくなるという意味での「実態解明機能」が阻害されるおそれがないということを見直しの前提とすれば、およそすべての見直しは最初からできないということになる。たとえば、秘匿特権の導入についての議論においては、公取委が秘匿特権該当文書を立証に使えなくなったとしても、事実関係に関する一次資料は留置できるのであるから、違反行為の立証には影響はないとの主張が委員からなされたが、秘匿特権該当文書が違反行為の立証に資するということは（その利用が本来あるべき姿かどうかは別にして）否定できない以上、現在の実態解明機能は阻害されるとの整理となり、それ以上前には進まないことになる。

根本的には、適正手続の保障と実態解明との位置関係は、適正手続が保障されたうえでの実態解明が志向されるべきであるという意味で適正手続の保障が前提

---

10) 懇談会報告書公表の翌日、経団連・日弁連はそれぞれ声明を出し、引き続きの検討を求めている。一般社団法人日本経済団体連合会 経済法規委員会競争法部会「『独占禁止法審査手続についての懇談会報告書』について」（2014年12月25日）、日本弁護士連合会会長 村越進「『独占禁止法審査手続についての懇談会報告書』に関する会長声明」（2014年12月25日）。

に位置すると思うが、現在の「実態解明機能」を損なわないという前提であったとしても、ある程度、適正手続の確保に向けた見直しを行うことは可能であったのではないかと思う。懇談会では、供述聴取に弁護士が立ち会うことにより、むしろ実態解明に資するという意見や、客観証拠の収集のための報告命令の活用といった提案もあった。これらについて十分に前向きに精査・検討されなかったことは、現状の運用を変えないという前提とともに、1年以内に結論を出すという懇談会のスケジュール的な問題もあったように思うが、やや残念ではある。

　その一方で、議論において時おりフォーカスされたのが、事業者による調査協力のインセンティブを確保する仕組みとしての裁量型課徴金制度についてである。報告書では、今後の検討に向けてとして「今後、本懇談会において現状の仕組みの下で実施すべきとしているもの以外の防御権の強化を検討するのであれば、裁量型課徴金制度を含む事業者が公正取引委員会の調査に協力するインセンティブ及び調査への非協力・妨害へのディスインセンティブを確保する仕組みの導入について併せて検討を進めていくことが適当である。」と整理されている。これまでの公取委の執行力強化の歴史からすれば、まずは最低限、執行力の強化に見合った審査手続の適正化を行ったうえで、別途、調査協力のインセンティブを今以上に確保する仕組みの導入なり、裁量型課徴金制度なりについて検討されるべきであると思うが、現在の運用の下「実態解明機能」を阻害しない範囲で検討するというハードルが、現行の仕組みの下での工夫や調整の道を封じ、以上のような一足飛びの整理に結びついた原因であるように思う。

　後述のように、公取委において、裁量型課徴金制度を含む課徴金制度の見直しについての検討が開始されている。その際に、防御権の強化が逆に積み残されてしまうことのないよう、十分な検討を期待したい。

■ **供述調書中心主義**

　わが国の審査手続において適正手続の保障や企業の防御権の確保が不十分であることの最大の理由は、違反行為（特にカルテル）の立証における「供述調書中心主義」が形成・維持されてきたことにあるといえる。もともと、公取委の調査は検察官によ

る捜査を参考に形成されたという歴史があり、とりわけ任意の供述聴取において審査官により作成される独白形式の供述調書が、違反行為の立証において重要な役割を果たしてきた。

　世界の流れはむしろ供述調書の活用は限定的であり、たとえばEUなどでは企業に対する情報提供要請を中心とした証拠収集が主流である。報告命令の活用については懇談会でも議論されたところであるが、わが国においてもいずれは報告命令の活用を含む違反行為の立証手法の見直しにより供述聴取への依存を減らす方向へシフトさせていくことが望ましいであろう（▶第4章Ⅳコラム「供述調書中心主義から報告命令の活用へ〔155頁〕」）。

## Ⅱ 「独占禁止法審査手続に関する指針」の策定

### 1　経　緯

　平成27年12月25日、公取委の「独占禁止法審査手続に関する指針」（以下「指針」という）が公表された（全文を311頁以下に掲載）。報告書において「公正取引委員会が独占禁止法違反被疑事件について調査を行う際の標準的な行政調査手続についての指針等を策定し、公表する。」とされたことを受けて策定されたもので、その「はじめに」では、公取委は、「行政調査手続の適正性をより一層確保する観点から、これまでの実務を踏まえて行政調査手続の標準的な実施手順や留意事項等を本指針において明確化し、独占禁止法違反被疑事件の行政調査（以下、『事件調査』という。）に携わる職員に周知徹底する」と説明されている。この記載からも明らかなように、指針は、事件調査に携わる公取委の職員に向けた、いわば内部マニュアルのような性格のものであるが、「調査手続の適正性を高め、事件調査の円滑な実施に資するよう」広く一般に公表されている。

### 2　事業者等向け説明資料

　指針にあわせ、「独占禁止法違反被疑事件の行政調査手続の概要について〔事

業者等向け説明資料〕」も策定・公表されている。これは、「指針の内容を踏まえ、公正取引委員会の行政調査手続における標準的な実施手順等について、事業者等向けに分かりやすく説明するもの」（「はじめに」）で、こちらも随時ウェブで公表されており、立入検査の際には立入検査場所の責任者等に手交されるほか、任意の供述聴取にかかる事前連絡時等に聴取対象者に同説明資料のウェブ掲載場所を伝えるなどの活用が想定されている（指針第2・1(1)、第2・2(2)ウ）。指針の内容を踏まえたものであるため、内容的には指針以上に特段新しいことを示すものではないが、事件処理の流れや立入検査の流れについての図表が挿入・添付されるなど、事業者等の理解を促進するための工夫がなされている。

## 3 パブリック・コメントを踏まえた指針原案の修正

指針の策定にあたっては、関係各方面から広く意見を募集するべく、平成27年6月30日から同年7月29日にかけて、「独占禁止法審査手続に関する指針（案）」（原案）に対するパブリック・コメントが実施された[11]。公表された指針では、パブリック・コメントに寄せられた意見を踏まえ、原案から18箇所の修正が行われている[12]。後述の指針の意義ともかかわるが、ここではかなり重要な修正が行われた。

もともと今般の指針の策定は、公取委の「標準的な行政調査手続について」現行の実務を明らかにしてその透明性を高めることに主眼があったところ、パブリック・コメントに付された原案には、現行の審査実務における一般的な理解を正しく書き表していないと思われる部分、および、記載どおりに運用されたとすれば事件関係人にとって現行の実務の運用よりもむしろマイナスになる（後退する）と思われる部分があった。

前者は、第2・1(1)の中で間接強制について説明した部分であり、ここでは

---

[11] パブリック・コメント結果については、公取委「『独占禁止法審査手続に関する指針』（案）に対する意見の概要及びそれに対する考え方」（審査指針考え方）参照。
[12] 公取委「『独占禁止法審査手続に関する指針』の原案からの主な変更点」。

「正当な理由」があれば調査を拒むことができるという一般的な理解に言及されていなかった[13]。したがって、いかなる場合でも調査を拒むことができないとの誤解が生じかねなかった。

後者は、供述聴取における留意事項について記載した第2・2(3)イであり、供述聴取時の弁護士の立会いや聴取対象者によるメモの録取は「認めない」とされていた部分である。たしかに、公取委の運用は、供述聴取時の弁護士の立会いも聴取対象者によるメモの録取も認めないというもので、懇談会報告書においてもこれらを認めるべきとの結論にはいたっていないところではあるが、これまでの実務では、一部の事例において公取委も了解の下で弁護士の立会いを認める柔軟な運用がなされたり、あるいは、聴取対象者が次回聴取への確認事項について書き取りを行うことが認められたりする場合も報告されている。原案の記載では、柔軟な運用の余地が文言上は消滅したり、引き続き認めても差し支えない行為まで望外に制約されたりするおそれがあったのである。

これらの部分はいずれも修正されている[14]。

## 4 意 義

指針は、公取委が行う行政調査（審査）手続の標準的な流れや基本的な事項について、現行の実務を明確化し、その透明性を高めるものであり、その意義は大きいといえよう。

これまで公取委の審査手続の実務については、少なくとも公取委からは十分に公表されておらず、ごく一部の専門書において解説があるほかは、独占禁止法事件に専門的に携わる弁護士のみぞ知る領域であったといえる。調査を受ける事業者にしてみれば、たとえば立入検査や供述聴取の根拠や法的性格についての理解もままならないまま調査が進むということも珍しくなかったのではなかろう

[13] なお、同所の「違反被疑事業者等が、これに応じるか否かを任意に判断できる性格のものではない」との記述も正確性を欠く。
[14] 公取委『『独占禁止法審査手続に関する指針』の原案からの主な変更点』NO. 4、10、15。また、審査指針考え方 NO. 17、69 も参照。

か[15]。その点、指針が公表され、また、事業者等向け説明資料を適宜のタイミングで手交ないし教示するとの運用が徹底されれば、事業者は「みずからができること、できないこと」あるいは、「公取委ができること、できないこと」を心得たうえで、ある程度の予測可能性をもって調査に対応することが可能になる。

また、公取委の審査手続をめぐっては、たとえば供述聴取において審査官による誘導がなされるといった、今般の指針の記載に反するような事例も指摘されていた。その背景には、個々の審査官等によって、あるいは地方によって必ずしも統一的な運用が行われてこなかったであろうことも一因としてあると考えられる。審査のスタンダードとして指針が策定されたことにより、逆に指針に沿った統一的な実務が要請されることになり、よい意味での平準化が進むことが期待できる[16]。

## III 懇談会の積み残し課題

報告書を踏まえた指針が策定・公表され、その意義が小さくないことは前述のとおりだが、懇談会では認めるとの結論が得られなかった弁護士・依頼者間秘匿特権の導入等の事件関係人の防御権の確保のための諸論点についてはいまだに積み残しの課題となっている。指針は現在の公取委の運用を書き表したものであり、積み残しの課題についての検討を否定するものではもちろんない。指針の公表の際の文書[17]にも、次のように記されている。

> 公正取引委員会は、懇談会報告書において「新たな指針等の運用が開始されて一定の期間が経過した後にフォローアップを実施し、その結果についても

---

[15] 公益社団法人 商事法務研究会「平成24年度総合調査研究『我が国経済構造に関する競争政策的観点からの調査研究（競争法における調査手続に関する調査）』報告書」（平成25年3月）における「『独占禁止法の行政調査手続の運用実態に関するアンケート』集計」も参照。
[16] なお、指針の公表もさることながら、懇談会が設置され、審査手続について集中的に議論されたこと自体に大きな意義があったように思う。懇談会がなければ本書も企画されず、世には存在しなかったであろう。
[17] 公取委「『独占禁止法審査手続に関する指針』の公表について」（平成27年12月25日）。

> 公表することが適当」とされたことを踏まえ、公表後2年を経過した後、本指針に基づく事件調査の運用についてフォローアップを実施し、関連する法制度の状況等を踏まえながら、本指針の原案に対する意見募集において違反被疑事業者等が防御を行うことを確保する観点から意見が提出された事項（いわゆる弁護士・依頼者間秘匿特権、審尋調書の形式等）についての検討を含め、必要に応じ本指針の見直しを行っていくこととする。

　ここでは2年を経過した後に必要に応じて見直すこととされているが、見直しの対象はあくまでも指針であり、企業の防御権の強化について2年を待たずに検討することが積極的に排除されているわけではない。すでに経済界では、わが国における審査手続の在り方についての研究を行うなどの動き[18]もあるところであり、今後の動きが注目される。

■ **審判制度廃止による影響**
　わが国で適正手続に関するルールの形成が遅れている原因として、審判制度の下では、手続問題が司法審査される機会が少なく、司法審査により手続面の改善がはかられたケースが少なかったことがあるところ、審査官の処分は司法審査を通じて改善していくのが近道であり、審判制度の廃止には司法審査を受ける機会の増大という付随的な効果がある旨の指摘[19]がある。今後は司法審査を通じたルール形成にも注目される。

# IV　手続に関連するその他の諸問題

## 1　調査協力のインセンティブを確保する仕組み

　懇談会報告書では、「裁量型課徴金制度等により、事業者が公正取引委員会の

---

18)　経団連21世紀政策研究所「独占禁止法審査手続の適正化に向けた課題」研究プロジェクト。
19)　竹島一彦ほか『回想独占禁止法改正―平成17年・21年・25年改正をたどる』（商事法務・2016）76頁以下〔上杉秋則〕参照。

調査に協力するインセンティブや、非協力・妨害へのディスインセンティブを確保する仕組みが導入された場合には、事業者による協力が促進されることにより、現状の仕組みの下で懸念されるような実態解明機能が損なわれる事態は生じにくくなると考えられる。」との整理の下、前述のように、「今後、本懇談会において現状の仕組みの下で実施すべきとしているもの以外の防御権の強化を検討するのであれば、裁量型課徴金制度を含む事業者が公正取引委員会の調査に協力するインセンティブ及び調査への非協力・妨害へのディスインセンティブを確保する仕組みの導入について併せて検討を進めていくことが適当である。」とされている。いわゆる裁量型課徴金制度の導入等により調査協力のインセンティブが今以上に確保されたとすれば、公取委が事件関係人の防御権の確保のための制度変更ないし運用変更をするハードルが下がるとの理屈には一面では合理性はあるように思われるが、調査協力のインセンティブを今以上に確保する仕組みを導入するまでは防御権確保のための見直しはすべからく見合わせるべきという議論は若干行き過ぎであるように思われる。本来的には、平成17年改正・平成21年改正による公取委の執行力の強化も踏まえ、企業の防御権の確保を図るべく一定の工夫をしたうえで、いわゆる裁量型課徴金制度等の必要性について、議論が展開されるべきであったのではなかろうか[20]。

　2016年2月23日より、公取委において「独占禁止法研究会」が開催され、裁量型課徴金制度を含む課徴金制度の在り方についての研究が進められている。事件関係人の防御権の確保については、指針の2年後見直しと抱き合わされてやや遠い将来に先送りされたような形になっているが、少なくとも両者は同時に実現されるべきであり[21]、今後の検討の行方が注目される。

---

20)　懇談会報告書添付の榊原美紀委員・矢吹公敏委員の個別意見も参照。
21)　宇賀克也「『独占禁止法審査手続についての懇談会報告書』について」ジュリ1478号（2015）15頁は、審査手続における適正手続の確保と調査権限の強化は「表裏一体の関係にあり、一方の検討において他方を全く考慮の外に置くことはできないと思われる。すなわち、法執行の強化をテーマとする検討であっても、その際に適正手続の問題を捨象して議論することは適切ではないし、その逆も真であるといえる。」としている。

## 2　合意により独占禁止法違反の疑いを解決する仕組みの導入

　平成 27 年 10 月に大筋合意に達した環太平洋パートナーシップ（TPP）協定の競争政策の章に、競争法の違反の疑いについて競争当局と事業者との合意により自主的に解決する制度の導入に関する規定が盛り込まれたことを受け、平成 28 年 3 月、TPP 担保法の一つとして、いわゆる確約手続の導入を内容とする独占禁止法改正法案が通常国会に提出されている。公取委から独占禁止法の規定に違反する疑いのある行為の概要・法令の条項の「通知」を受けた事業者が、自主的に「排除措置計画」を作成・申請し、これが公取委により「認定」されれば、排除措置命令や課徴金納付命令を行わないという手続である。当局と事業者との双方向のやりとりを経て、違反行為の認定を行わずに競争状態を改善するという点に特色がある。

　確約手続につき、懇談会報告書では、「必ずしも実態解明プロセスにおける調査に協力するインセンティブをもたらすとはいえないかもしれない」と整理されているが、当局と事業者との双方向のコミュニケーションを前提とする手続であり、制度設計や運用にもよるが、これまでのなかば一方的な制度から新たな方向へと転換する第一歩となることが期待される。また、確約手続の利用の有無の判断、適切な排除措置計画の速やかな策定のためには、代理人である弁護士のはたす役割が重要であり、弁護士・依頼者間秘匿特権の導入により安心して弁護士に相談できる環境を整備する必要性が高まるといえる。

## 3　弁護士倫理

　懇談会においては、弁護士が証拠を隠したり、あるいは、従業員に対して調査への非協力を促したりするということを前提にしていると思えるような議論がみられた[22]。改めて述べるまでもないが、弁護士の使命は「基本的人権を擁護し、

---

22)　もしかりに弁護士に対する負のイメージや想定しうる不適切な事例が審査手続の適正化のための制度設計の前提事実とされるのであれば、それは不適切であり、万が一の場合への対処は弁護士懲戒制

社会正義を実現すること」(弁護士法 1 条)であり、不適切な行為は弁護士会による懲戒の対象となりうる。弁護士に期待される役割は、むしろ検査妨害の防止や依頼者の正当な利益の実現にある。

今後、企業の調査協力のインセンティブを確保し、あるいは報告命令を中心とした審査に移行していくことなどにより、当局と事業者との協力による手続が志向されるようになれば、その前提として弁護士に対する信頼の重要性は増すこととなる。弁護士としても、その信頼が揺らぐことのないよう、弁護士倫理の維持およびいっそうの向上を不断の課題として常に心に留めておくことは必要であろう[23]。

## V 審査手続への対応の重要性

独占禁止法に関する企業の関心事項は、第一義的には、そもそも独占禁止法違反を疑われる行為を行わないことであるはずであり、わが国独占禁止法の違反要件論や海外の競争法の制度・運用等を踏まえた国内外の社内コンプライアンス体制の整備は一定程度進んできているといえる[24]。加えて、日本も含め各国においてリニエンシー制度が整備される中、コンプライアンスの体制整備の延長として、万が一違反行為を行ってしまった場合においてもこれを早期に発見してリニエンシー制度を活用すべく、社内の調査体制を整備することなどについても高い関心が向けられているであろう。

そのような中、相対的に平時における関心の度合いが低いのが審査手続への対応であろう。審査手続をめぐる問題はこれまで学術的に取り上げられることも必

---

度や検査妨害罪を適切な形で機能させることにより担保すべきであろう。なお、越知保見『独禁法事件・経済犯罪の立証と手続的保障—日米欧の比較と民事・行政・掲示文やの横断的研究』(成文堂・2013) 418〜419 頁では、「検査妨害に対する制裁の強化なしに、代理人立会権や弁護士依頼者間秘匿特権など防御権のみ強化したのでは、法の正義の実現が困難になるので、証拠の隠滅などの法の実現を妨害する行為に対する制裁の強化と連動して行われることが必要である。」としている。
[23] 内田晴康「懇談会報告書に対する評価—防禦に携わる弁護士の視点で」公正取引 73 号 (2015) 20〜21 頁も参照。
[24] 公取委「我が国企業における外国競争法コンプライアンスに関する取組状況について〜グローバル・ルールとしての取組を目指して〜」(平成 27 年 3 月 27 日) も参照。

ずしも多くなく、文献やセミナーなども数少ないなか、違反行為の存在を公取委に疑われ調査を受ける場面における対応について積極的に情報収集するインセンティブは必ずしも高くなかったかもしれない。

しかし、違反行為と疑われる行為を行ってしまった場合、審査手続段階の対応いかんによってその後の事件処理や防御権の確保に大きな差が生じる可能性がある[25]。違反行為を疑われないことが何よりであるが、万が一の場合には的確な対応がとれるよう、日頃から手続問題についても関心をもって接していただければ幸いである。

# VI 事件の一般的な流れ

## 1 公正取引委員会による独占禁止法違反被疑事件の処理（【図表1-2】参照）

### (1) 端　緒

公取委による調査開始（立件）の端緒には、①職権探知（45条4項）、②一般人からの報告（45条1項。実務では「申告」と呼ばれることがある。内部告発も含まれる）、③課徴金減免制度の利用（7条の2第10～13項）、④中小企業庁の請求（中小企業庁設置法4条7項）がある。このほか、他国の競争当局との情報交換が端緒になることも考えうる[26]。

### (2) 調　査

独占禁止法違反の疑いのある事件については、公取委による調査が開始される。この公取委の調査には、行政調査と犯則調査の2種類がある[27]。行政調査とは、

---

25) このことは、確約制度や調査協力のインセンティブを今以上に確保する仕組みが導入されたとすれば、尚更である。
26) 白石忠志監修『独占禁止法の争訟対応』（商事法務・2006）106頁〔渡邉恵理子〕。
27) 公取委事務総局審査局長は、事件の端緒となる事実に接したときは、委員会に報告し、委員会は、必要があると認めたときは、職員（行政調査では審査官、犯則調査では犯則事件調査職員）に調査にあたらせる（審査規則7条、犯則規則4条参照）。行政調査と犯則調査のいずれの調査がまず行われるかは、審査局長が委員会に事件の端緒を報告し、委員会が調査の必要を認める過程で決せられるものと思われる（白石忠志『独占禁止法〔第2版〕』〔有斐閣・2009〕444頁）。

行政処分(排除措置命令・課徴金納付命令)を行うことを念頭においた調査であり、47条1項各号が規定する間接強制調査と、同条に基づかない任意の調査とがある。一般に、この行政調査の手続を指して「審査手続」という[28]。他方、犯則調査とは、刑事処分を求めて告発を行うことを念頭においた調査であり、101条が規定する任意の調査と102条以下が規定する強制調査とがある。

独占禁止法違反被疑事件の処理は、基本的には行政調査によることが念頭におかれており、実際の事件の大部分が行政調査により処理されている[29]。そのため、懇談会の議論および報告書を踏まえ策定された指針は、行政調査のみが対象とされている[30]。本書では、基本的には行政調査およびそれに続く行政手続を念頭におきつつ、犯則調査に対する対応についても適宜解説する。

**(3) 処分前手続**[31]

公取委は、排除措置命令・課徴金納付命令をしようとするときは、当該命令の名宛人となるべき者について、意見聴取を行わなければならない[32](意見聴取手続。49条、62条4項)。平成25年改正により整備された、独占禁止法固有の処分前手続である[33]。行政手続法の聴聞手続(行手法15~26条)を基本に据えつつ、独占禁止法の特徴[34]を踏まえ、同手続よりもやや手厚い手続となっている[35]。

---

28) 行政調査と犯則調査の総称が、独禁法典においては「調査」であり、政令以下の法令では「審査」であるが、犯則調査が導入される平成17年改正以前からの名残で、行政調査だけが「審査」と呼ばれることが多い。ここに「広義の審査」と「狭義の審査」なる概念が成立している。以上につき、白石・前掲注27) 444~445頁、白石忠志『独禁法講義〔第7版〕』(有斐閣・2015) 234~235頁。
29) 懇談会報告書4頁。
30) 懇談会では、「行政調査手続により調査が開始された事件が、調査の過程で犯則調査手続に移行する可能性があること」を念頭におきつつ検討が行われた(懇談会報告書4頁)。
31) 排除措置命令、課徴金納付命令等の処分は、行政手続法第2章(申請に対する処分)および第3章(不利益処分)の規定の適用が除外されている(70条の11)。なお、処分ではない行政指導(警告等)については、行政手続法第4章(行政指導)の規定が適用される(犯則調査については、117条で行政手続法第4章の規定の適用も除外されている)。
32) 競争回復措置命令、11条1項または2項の認可の取消しまたは変更についても、意見聴取の対象となる(64条4項、70条の3第2項)。
33) 意見聴取の実施に係る細則は、「公正取引委員会の意見聴取に関する規則」で定められている。
34) 詳細は、白石ほか・論点体系414頁〔多田敏明〕の①~⑤参照。なお、「意見聴取手続の運用、解釈においても、行政聴聞手続の精神を基本としつつも、独占禁止法の特徴を勘案していくこととなる」としている。
35) たとえば、意見聴取を主宰する職員の指定につき、当該事件の調査に関する事務に従事したことのある職員は指定できない(53条2項)など(なお、17条の2の規定による排除措置命令をしようとす

同改正では、併せて、公取委が認定した事実を立証する証拠の閲覧・謄写に係る規定（52条）も整備されている。

**(4) 行政処分（排除措置命令・課徴金納付命令）**

公取委は、行政調査および意見聴取手続[36]の結果を踏まえ、独占禁止法に違反する行為があると認めるときは、当該行為を排除するために必要な措置を、また、違反行為がすでになくなっている場合においても、特に必要があると認めるときは、当該行為が排除されたことを確保するために必要な措置を命じることができる（排除措置命令。7条、8条の2、17条の2、20条。手続について61条）。すべての独占禁止法違反類型が対象である。

また、公取委は、同じく行政調査および意見聴取手続の結果を踏まえ、要件を満たす場合には、課徴金の納付を命じなければならない（課徴金納付命令。7条の2第1項、2項、4項、8条の3、20条の2～20条の6。手続については62条）。特定の行為類型のみが対象であり、排除措置命令のように、命令をするかしないかについての公取委の裁量はない。

排除措置命令と課徴金納付命令の両方がなされる事案では、基本的に同時になされている（法令上は同時である必要はない）。

## 2 行政処分に対する不服審査手続

排除措置命令や課徴金納付命令等の行政処分に対する不服審査のあり方は、平成25年改正法[37]により大きく変わった。現在でも一部の事件は、平成25年改正前の手続によることとされており[38]、改正前の手続についても概観する。

---

る場合につき、意見聴取規則14条3項）。
36) 公取委は、排除措置命令に係る議決をするときは、意見聴取調書および意見聴取報告書の内容を十分に参酌してしなければならない（61条）。
37) 平成27年4月1日施行。
38) 平成25年改正法附則第2条（施行日前に排除措置命令又は納付命令に係る通知があった場合についての経過措置）「この法律の施行の日（以下『施行日』という。）前に一の違反行為について当該違反行為をした事業者又は事業者団体若しくはその構成事業者（事業者の利益のためにする行為を行う役員、従業員、代理人その他の者が構成事業者である場合には、当該事業者を含む。附則第7条第1項において同じ。）の全部又は一部に対し改正前の私的独占の禁止及び公正取引の確保に関する法律

## (1) 平成 25 年改正前の手続

　排除措置命令や課徴金納付命令（原処分）に不服がある場合は、公取委に対して審判を請求することができ（審判制度。排除措置命令につき改正前 49 条の 6 項、課徴金納付命令につき改正前 50 条 4 項）、審判の結果である審決に不服がある場合には、この審決を対象とする抗告訴訟を裁判所に提起する（原処分ではなく審決を争わせるという「裁決主義」がとられている）ことができる。原処分に対する不服をただちに裁判所で争うことはできず、まずは公取委による審判を経ることとされているのである（改正前 77 条 3 項）。

　審決に係る抗告訴訟[39]は、基本的には行政事件訴訟法の規定に服するが、公正取引委員会や審決にいたる手続の特殊性を踏まえ、改正前独占禁止法 77 条以下に特則が設けられている。公取委が認定した事実に実質的な証拠があるときは裁判所を拘束するとする実質的証拠法則（改正前 80 条）、裁判所での新証拠提出制限（改正前 81 条）が代表的である。これらはいずれも事実認定に関する公取委の専門性を尊重してのものであるとされている[40]。

## (2) 平成 25 年改正

　この公取委の審判制度（平成 17 年改正後のいわゆる事後審判制度を指す）をめぐっては、その導入直後から、公取委が検察官と裁判官とを兼ねる仕組みであり公平性に疑問がある等の批判[41]があり、内閣府の独占禁止法基本問題懇談会（平成 17 年 7 月～平成 19 年 6 月）での検討などさまざまな議論[42]を経て、平成 25 年

---

（以下『旧法』という。）第 49 条第 5 項（旧法第 50 条第 6 項において読み替えて準用する場合を含む。）の規定による通知があった場合における当該違反行為を排除し又は当該違反行為が排除されたことを確保するために必要な措置を命ずる手続、課徴金の納付を命ずる手続、課徴金を徴収し又は還付する手続、審判手続（審判官の指定の手続を含む。次条及び附則第 4 条において同じ。）、当該審判手続による審決の取消しの訴えに係る手続その他これらに類する手続として公正取引委員会規則で定めるものについては、なお従前の例による。」。

[39] 無効確認訴訟等もありうるが、典型的な争い方は取消訴訟であり、本書は、基本的に取消訴訟を念頭においている。

[40] 白石・前掲注 27）614～617 頁。

[41] 特に経済界からの批判、審判制度廃止を求める声が強かった。日本経済団体連合会「独占禁止法の抜本改正に向けた提言―審査・不服申立ての国際的イコールフッティングの実現を」（平成 19 年 11 月 20 日）、同「公正取引委員会による審判制度の廃止及び審査手続の適正化に向けて」（平成 21 年 10 月 20 日）、同「公正取引委員会審判制度の早期廃止を再び求める」（平成 23 年 10 月 18 日）、日本経済団体連合会ほか「公正取引委員会審判制度廃止の早期実現を求める」（平成 25 年 4 月 10 日）など参照。

12月7日、審判制度の廃止等を内容とする改正独占禁止法が成立、平成27年4月1日に施行された。

**(3) 平成25年改正後（現行）の手続**[43]

審判制度が廃止された平成25年改正法の下では、排除措置命令や課徴金納付命令等の行政処分[44]に対する不服審査は、他の一般の行政処分と同様、抗告訴訟（行訴法3条1項。典型的には、同条2項の取消訴訟）に委ねられており[45]、処分に不服がある場合はただちに裁判所の判断を求めることができる。審判制度の廃止に伴い、実質的証拠法則や新証拠提出制限といった特則は廃止され、行政事件訴訟法の規律がほぼ全面的に適用される。改正法が定める特則は、①抗告訴訟の被告は国ではなく公取委であること（77条。88条も同趣旨）、②第一審は東京地方裁判所の専属管轄であること（86条）、③東京地方裁判所は、原則として3人の裁判官の合議体で審理および裁判をすること（87条）など、数少ない。

## VII 調査手続総論

### 1 行政調査（審査）

**(1) 調査主体（審査官）**

委員会[46]は、47条1項に規定する行政調査をする必要があると認めた事件については、審査官を指定して審査にあたらせる（審査規則7条3項、法47条2項）。47条の主語は委員会であるが、実際に調査を行っているのはこの審査官である。

---

42) 村上ほか・条解779頁〔高宮雄介＝眞鍋佳奈〕がコンパクトにまとまっている。また、矢吹公敏「独占禁止法の改正と審判制度」東京大学法科大学院ローレビュー3号（2008）も参照。
43) 井上朗『独占禁止法の意見聴取手続および抗告訴訟の実務』（民事法研究会・2015）が詳しい。
44) 77条以下が適用され公取委を被告とする抗告訴訟の対象となるものには、排除措置命令、課徴金納付命令のほか、競争回復措置命令、第8章第2節の規定による決定がある（76条2項参照）。
45) 行政不服審査法による不服申立てをすることはできない（70条の12）。
46) 29条に規定する「委員長及び委員4人」で組織される「委員会」を指す。本章では、基本的に、35条1項が規定する「事務総局」をも指して「公正取引委員会」ないし「公取委」と呼び、もっぱら本来の意味での29条の「公正取引委員会」を指す場合には、「委員会」と呼ぶ。

● 図表 1-2　独占禁止法違反事件処理手続

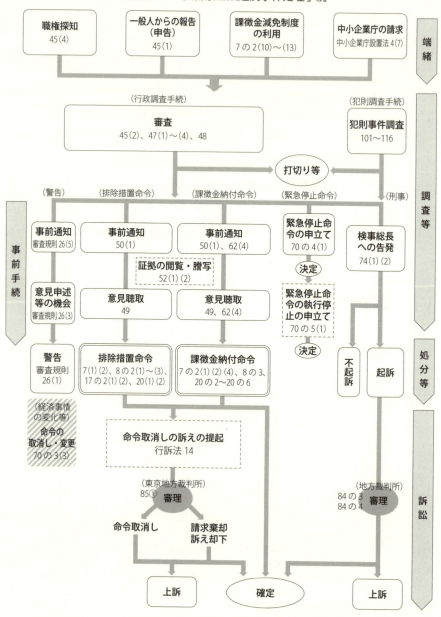

（公正取引委員会のウェブサイトより）

## (2) 間接強制調査と任意調査

前述のとおり、公取委の行政調査には、47条第1項各号が規定する間接強制調査と、同条に基づかない任意の調査とがある。後述の犯則調査のように、直接強制力を伴う調査権限は認められていない。

●図表1-3　間接強制調査と任意調査

| 間接強制調査[47]（47条） | 任意調査 |
|---|---|
| 立入検査（4号） | 任意の立入検査 |
| 提出命令・留置（3号） | 提出依頼・留置 |
| 出頭命令・審尋（1号） | 出頭依頼・供述聴取 |
| 報告命令（1号） | 報告依頼 |

47条1項各号に規定する処分に違反したり検査を拒絶したりした場合について、94条は「1年以下の懲役又は300万円以下の罰金に処する」として罰則を定めている。47条1項各号の調査は、94条の罰則の存在により調査への協力が間接的心理的に担保されているという意味で、間接強制調査とされている。

間接「強制」という呼称からして、違反被疑事業者等[48]が調査を拒否した場合には公取委が実力を行使して調査を実施できるとの印象をもつ人もいるかもしれない。しかし、間接強制調査においては、直接強制力を伴う調査とは異なり、公取委による、調査対象者の意思に反する実力行使はいっさい認められない。その意味で、間接強制調査は、あくまでも調査対象者の承諾を得て行われる調査であるといえる。また、94条の規定からは明らかではないが、「正当な理由」がある場合には、調査（正確には調査の承諾）を拒むことができるとの理解が一般的である。公取委の審決においても「私的独占禁止法第46条にもとづいて行なう臨検検査等は、被審人側の承諾を前提とし、正当な理由なくして、その承諾を拒むことを認めない趣旨において、刑罰の制裁を設けているにとどまり、公正取引委員会の直接の実力行使を認めているものではないから、司法官憲の発する令状な

---

47) 2号は鑑定に関する規定であるが、本書の趣旨から割愛する。
48) 指針では、「違反が疑われる事業者（個人事業主を含む。）、事業者団体、その役員及び従業員等の事件関係人のほか、参考人を含む。」と定義されている（指針（注3））。

くしてこれを行なっても、憲法第35条に違反するとは認めがたい。」(森永商事事件・審判審決昭43・10・11審決集15-84)とされているところである。

　この点、指針(▶II「『独占禁止法審査手続に関する指針』の策定」〔15頁〕)では、47条に規定される立入検査その他の処分について、「違反被疑事業者等に調査応諾の行政上の義務を課し、その履行が罰則（94条）によって担保されているという意味で間接強制力を伴ったものである。したがって、罰則が適用されることがあるという意味において違反被疑事業者等が、これに応じるか否かを任意に判断できる性格のものではないが、相手方があえてこれを拒否した場合に直接的物理的に実力を行使して強制しうるものではない。なお、正当な理由なくこれを拒否した違反被疑事業者等には罰則が適用されることがある。」(指針第2・1(1))と説明され、間接強制の意義が明らかにされている。「立入検査では、審査官等が実力を行使して強制することができないというだけであって、相手方には事件調査を受忍する義務があり、事件調査に応じるかが全くの任意であるというものではない」[49]とする間接強制に関する公取委の見解に基づくものであるが、間接強制調査は、あくまでも調査対象者の承諾を得て行われる調査である以上、「違反被疑事業者等が、これに応じるか否かを任意に判断できる性格のものではない」との指針の記述は正確性を欠いており、今後の見直しが期待される。なお、指針の「なお、正当な理由なくこれを拒否した違反被疑事業者等には罰則が適用されることがある。」とする部分は原案[50]にはなかったが、パブリック・コメントに寄せられた意見を受けて追記された[51]。

　これに対し、任意調査とは、調査対象者の任意の協力、同意に基づく調査をい

---

[49]　審査指針考え方 No. 16、内閣府「独占禁止法審査手続についての懇談会」（第5回）資料2-3公正取引委員会提出資料(3)「公正取引委員会が行う行政調査手続の実際」1頁も参照。
[50]　平成27年6月30日付でパブリック・コメントに付された「独占禁止法審査手続に関する指針（案）」をいう。
[51]　審査指針考え方 No. 17参照。もっとも、「ただし、これまでの判例等で示された行政調査を拒み得る理由（正当理由）は、行政機関職員の身分証の不携帯等の手続上の瑕疵を理由とするものに限られており、公正取引委員会としては、このほか正当な理由があると認められるのは、天災、重篤な疾患など極めて例外的なものに限られるものと考えます」とされており、正当な理由をかなり限定的に解する考え方が示されている。

う。調査対象者には、調査に従う法的な義務がないことについては争いがない。もっとも、次の2点について注意が必要である。1点が、たとえば調査対象者が後述する任意の供述聴取に応じることについて「同意」した場合であっても、たとえば連日連夜、夜通しで供述聴取に応じることに同意したとは通常考えがたく、「同意」には必然的に範囲が観念できるという点である。しかし、この点が指針では明確に意識されていない[52]。もう1点が、条件を付したうえでの任意の「同意」という概念である。たとえば、「弁護士が立ち会うことを条件として、供述聴取に応じる」といった対応が、本来の「任意」の意味からすると当然に認められると考えるのが素直である。しかし、この点は、指針をはじめとする公取委の実務では、「弁護士の立会いを認めないという条件のもとで行う公取委の供述聴取に任意で応じるか否か」という話にすりかわってしまっている。この「任意」の理解の違いが、審査手続の適正化の1つの足かせになっているともいえよう。

### (3) 立入検査（47条4号）／任意の立入検査

立入検査は、(4)提出命令・留置（47条3号）／提出依頼の手続と一体となり、証拠物件の収集を目的として行われる。実際の立入検査は、ほとんどが47条1項4号に基づく間接強制調査としての立入検査である[53]。公取委による行政調査の中で、最も強力な調査手法（証拠収集手段）であるが、あくまで調査対象者の承諾を前提とする調査であり、「直接的物理的に実力を行使して強制し得るものではない」ことは前述のとおりである[54]。以下、間接強制調査としての立入検査を念頭において解説する。

公取委は、事件について必要な調査をするため、「事件関係人の営業所その他

---

[52] 審査指針考え方 No. 55 も参照。
[53] なお、「担当者の自宅への任意での同行を求め、任意の形式で自宅に対する事実上の立入検査を行っている例がある。」白石・争訟実務 119 頁〔渡邉惠理子・島田まどか・中島菜子・宇野伸太郎・中村由紀〕。
[54] 勧告が違法な立入検査の結果されたものであるとして、立入検査の違法性（承諾の有無）が争われた事例として、水田電工（滋賀県等発注）事件（審判審決平 9・9・25 審決集 44-131）、水田電工（大津市発注）事件（審判審決平 9・9・25 審決集 44-164）がある。

必要な場所に立ち入り、業務及び財産の状況、帳簿書類その他の物件を検査すること」ができる（47条4項）。公取委は、立入検査に際し、証拠保全等の観点から調査対象者に対する事前告知を行っておらず[55]、不意打ち的に行われることが一般的である。また、関係各所に対して一斉に行われることが多い。多くの場合、事業者にとってはこの立入検査が、調査対象となっている事件についての公取委とのファーストコンタクトであり（事前に課徴金減免申請をしている場合等を除く）、当該事件が立件されていることをここで初めて知ることになる。公取委による最初の立入検査が行われた日は「調査開始日」とされ、課徴金減免制度の適用があるカルテル等の不当な取引制限の事案では、特に重要な意味をもつ（▶第6章「課徴金減免制度」〔169頁〜〕）。なお、立入検査は1回とは限らず、複数回行われることもある。

　以下、立入検査の流れとポイントを概観する。指針と併せて策定・公表された「独占禁止法違反被疑事件の行政調査手続の概要について〔事業者等向け説明資料〕」（以下「事業者等向け説明資料」という）別添のフローチャートも併せて参照いただきたい。

　立入検査にあたっては、審査官は、身分を示す証明書（審査官証）を携帯し、これを関係者に提示し（47条3項）、事件名、法の規定に違反する被疑事実の要旨、関係法条を記載した文書（被疑事実等の告知書。その重要性については▶第2章Ⅱ4「被疑事実等の告知等」〔66頁〜〕参照）を関係者に交付する（審査規則20条）。この「関係者」につき、指針では、「立入検査場所の責任者等」とされている。

　また、指針では、審査官は「検査に応じない場合には罰則（法94条）が適用されることがある旨」を説明するとされており、立入検査が47条に基づくものである旨の被疑事実等の告知書の記載と併せ、間接強制調査としての立入検査が行われようとしていることが調査対象者に対して明らかになる。このタイミングで、調査対象者に対し、事業者等向け説明資料が手交される。

---

55）審査指針考え方No.26。なお、報道関係者への情報提供については同考え方No.15。懇談会資料・前掲注49）2頁も参照。

調査対象者が立入検査を受けることを承諾した場合には、立入検査場所の責任者等の立会いの下、具体的な物件についての検査が開始される。

そもそもの立入検査の対象場所であるが、法律上は「事件関係人の営業所その他必要な場所」（47条1項4号）とされている。一般には、「事件関係人の営業所」および「その他必要な場所」と解され、後段には従業員の自宅なども含まれるものとして運用されてきた[56]。この点、指針では、「立入検査は、違反被疑事業者等の営業部門、経理部門等その名称にかかわらず、審査官が事件調査に必要であると合理的に判断した場所に対して行うものであり、従業員の居宅等であっても、違反被疑事実に関する資料が存在することが疑われ、事件調査に必要であると合理的に判断した場合には立入検査の対象となる」とされ、従業員の居宅等であっても一定の場合には立入検査の対象となりうる旨が明記されている[57]。これまで実際に立入検査の対象場所となった場所としては、事務所、倉庫、工場、社用車、貸金庫、子会社や系列会社の建物や施設、役員や従業員の自宅等がある[58]。なお、原案では、営業部門、経理部門と並び「法務部門」も立入検査の対象場所の例として挙げられていた。この点、法務部門への立入りは弁護士・依頼者間秘匿特権との関係等で緊張関係が生ずるため別段の配慮が必要である（▶第2章Ⅱ5コラム「法務部門への検査」〔72頁〕も参照）ことから、経済界・弁護士会ともに記載ぶりの適切さを疑問視していたところであったが、パブリック・コメントを経て削除された[59]。

---

56) なお立入検査の対象範囲につき比例原則がはたらくと解すべきであり、白石ほか・論点体系407頁〔多田敏明〕は、「多数の人が出入りすることを予定している営業所とは異なり、私宅というプライバシーの要保護性の強い場所に対して立入検査を行うには、事件の関係資料が存在する合理的・客観的な蓋然性があり、立入検査の必要性が高く、その方法も、プライバシーという私的利益を侵害することを考慮したうえで、社会通念上相当な限度内にあることを要求するべき」としている。
57) 審査官の「判断」の客観性や、居宅等を対象場所とすることについては社会通念上の相当性が審査されるべきことについて言及がない点については、今後の改善を期待したい。この点につき、審査指針考え方 No. 28、日本弁護士連合会『独占禁止法審査手続に関する指針』（案）に対する意見書」（平成27年7月24日）4〜5頁。
58) 井上・前掲注43）6頁。また、「会社内では、営業関係部署の他、経理部、法務部、人事部、役員室、社長室について検査の対象となった例が報告されている。また、自宅の机、押入れ、寝室も検査対象となった例が報告されている」。
59) 審査指針考え方 No. 29。日本弁護士連合会・前掲注57）5頁も参照。

Ⅶ 調査手続総論

立入検査の対象物件について、法律上は「業務及び財産の状況、帳簿書類その他の物件」とされ（47条1条4号）、特段の限定が付されておらず、審査官の広い裁量が認められるような書きぶりになっている。指針では、提出命令の箇所において、「物件の提出命令は、審査官が事件調査に必要であると合理的に判断した範囲で行うものであり、個人の所有物のように、一般にプライバシー性の高いもの（手帳、携帯電話等）であっても、違反被疑事実の立証に資する情報が含まれていることが疑われるため、審査官が事件調査に必要であると合理的に判断した場合には提出を命じる」と記載されており、これらの物件については立入検査の対象物件になることが前提とされている[60]。これまで実際に立入検査の対象となった物件としては、会計帳簿や営業日誌、取引関係書類、スケジュール表、個人のメモや走り書き、パソコン内の電子メールやバックアップディスク等がある[61]。

　なお、任意の立入検査については、指針にて、「違反被疑事業者等の事業所等に赴き、相手方の同意の下で資料の提出等を依頼する場合には、審査官等は、相手方に対し、身分証明書等を提示した上で、当該事件調査の趣旨及び独占禁止法第47条の規定に基づくものではなく相手方の任意の協力に基づいて行うものであることを説明した上で、相手方の同意を得て行う。」とされている。

　立入検査に付随して、立入検査当日の供述聴取への対応という論点がある。実務では、立入検査当日その場で、関係者に対する供述聴取が行われたり、出頭要請がなされたりすることがある。立入検査当日に供述聴取を行うことについては、特に法令上の制限もなく、むしろ「純粋に供述人の記憶に基づく供述を期待できる極めて重要な機会」[62]として重用されている。特にカルテル等の不当な取引制限の事案においては、課徴金減免の事後申請の利用の検討との関係で、慎重な対応を検討すべき場合がある（▶第3章Ⅲ3「立入時の供述聴取の注意点（減免申請

---

60) 「プライバシー性の高いもの」については別段の配慮が必要であろう。この点につき、審査指針考え方 No. 32。日本弁護士連合会・前掲注57) 5〜6頁も参照。
61) 井上・前掲注43) 6〜7頁。
62) 懇談会資料・前掲注49) 2頁。

への配慮を含めて)」〔140 頁〕)。

**(4) 提出命令・留置 (47条3号)／提出依頼・留置**

　公取委は、事件について必要な調査をするため、「帳簿書類その他の物件の所持者に対し、当該物件の提出を命じ、又は提出物件を留めて置くこと」ができる (47条1項3号)。立入検査において発見された物件について提出が命じられ、留置されるという流れが一般的であるが、立入検査と関係なく提出を命じて留置することも可能である。前述のように、指針では「審査官が事件調査に必要であると合理的に判断した範囲で」提出を命じるとされており、手帳や携帯電話等プライバシー性の高いものについての別段の配慮は記載されていない。提出命令または留置は、原本に対して行われており、指針では「当該物件の原物について現状のまま提出を命じる」とされている。なお、「サーバ、クライアント PC 等に保存された電子データ(電子メール等のデータを含む。)については、記録媒体に複製及び保存したもの(必要に応じてクライアント PC 等の本体)の提出を命じる」とされている。

　審査官は、提出命令を行う場合は、提出を命じる物件を記載し、またはその品目を記載した目録を添付した提出命令書を送達して行い (審査規則9条1項4号、3項)、提出物件を留置したときは、留置物の品目を記載した目録の写しを添付した文書で通知する (審査規則16条1項、2項、15条3項)。この目録および留置の手続に関し、指針では、「当該目録には、帳簿書類その他の物件の標題等を記載するとともに、所在していた場所や所持者、管理者等を記載して、物件を特定する。留め置くに当たっては、立入検査場所の責任者等の面前で物件を1点ずつ提示し、全物件について当該目録の記載との照合を行う」と明記された。「留置物で留置の必要がなくなったものは、事件の終結を待たないで、これを還付しなければならない」(審査規則17条) とされており、指針では、「留置の必要がなくなったものについては、これを速やかに還付する」とされている。

　提出命令の対象となり留置された物件については、閲覧・謄写することが可能であるが、事件の審査に特に支障を生ずることとなる場合には制限されることがある (審査規則18条1項)。閲覧・謄写の時期については、公取委の裁量が認め

られており、「当該物件の提出を命じられた者の意見を斟酌して、日時、場所及び方法を指定」できることとされている[63]（審査規則18条2項）。指針では、「日程調整を行うに当たっては、違反被疑事業者等ができる限り早期に閲覧・謄写することができるよう配慮する」ことが明記された。この審査規則18条に基づく閲覧・謄写は、日程調整が可能とされていることなどから、立入検査の翌日以降の閲覧・謄写の場面を念頭において議論されている。立入検査当日の謄写[64]については、実質的に明確な規定がなく、解釈・運用に委ねられているといえる。課徴金減免の事後申請の利用の検討に必要な物件や日々の業務に必要な物件については、迅速に謄写が認められるべきところ、指針では、「立入検査当日における提出物件の謄写の求めについては、違反被疑事業者等の権利として認められるものではないが、日々の事業活動に用いる必要があると認められるものについて、立入検査の円滑な実施に支障がない範囲で認めるものとする」とされている（詳細は▶第2章Ⅲ2「立入検査当日の謄写」〔81頁〕参照）。なお、提出依頼を受けて任意に提出した物件の閲覧・謄写については規定がないが、特にこれを否定する合理的な理由はなく、認められるべきであろう[65]。

　以上は、間接強制調査である提出命令を念頭において説明してきたが、実務では、任意の提出依頼がなされる場合もある。実務における両者の最も大きな違いは、弁護士・依頼者間秘匿特権との関係で顕在化する。わが国においては弁護士・依頼者間秘匿特権は認められていないが、諸外国では、範囲等に差こそあれ認められている国が多い（▶第8章「弁護士・依頼者間秘匿特権」〔257頁〜〕）。昨今、各国競争法の域外適用によるグローバルな摘発が活発化し、わが国の企業が、米国など弁護士・依頼者間秘匿特権が保障されている国において執行の対象となり、併せて民事訴訟の提起を受けるといった事態が生じている。このとき、わが

---

[63] 立入検査後約2週間から3週間後に閲覧・謄写が認められることが一般的のようである。白石ほか・論点体系404〜405頁〔多田敏明〕参照。
[64] そもそも写しを留置するという方法も政策的には考えられるが、改ざん防止のためか現在は認められていない。この点につき、白石・争訟実務134頁注(15)〔渡邉惠理子・島田まどか・中島菜子・宇野伸太郎・中村由紀〕も参照。また、提出前の謄写の可否については、白石ほか・論点体系407〜408頁〔多田敏明〕の検討が詳細。
[65] 白石・争訟実務127〜128頁〔渡邉惠理子・島田まどか・中島菜子・宇野伸太郎・中村由紀〕参照。

国の公取委に対して任意で提出した文書については、当該外国において弁護士・依頼者間秘匿特権で保護されるべき文書であったとしても、任意で日本の当局に提出したということから秘匿特権を放棄したものとみなされてしまい、当該外国の当局、あるいは裁判所のディスカバリー命令（米国の場合）に対して秘匿特権を理由に提出を拒むことができないとの考え方が一般的である。一方、提出命令に基づいて公取委に提出した文書については、提出が罰則により担保されている手続における提出であるという意味で任意の提出と評価される可能性は低く、最終的な判断は当該外国の裁判所に委ねられるところではあるが、秘匿特権を放棄したとはみなされない可能性が高い。

### (5) 出頭命令・審尋 (47条1項1号) ／出頭要請・供述聴取

　公取委は、立入検査・提出命令による証拠物件の収集に引き続き、審尋（47条1項1号）ないし任意の供述聴取による供述証拠の収集を行う（立入検査当日に供述聴取が行われることがあることについては前述）。ほとんどの場合は、任意の供述聴取が用いられており、間接強制調査である審尋はあまり活用されていない[66]。聴取対象者が任意の供述聴取に応じない場合に、審尋を活用するのが一般的なようである[67]。指針においても「任意の供述聴取に協力が得られない場合には別途審尋の手続に移行することがある旨を、必要に応じて説明する」とされている。

　わが国においては、独占禁止法違反行為、とりわけカルテルについて、供述調書を中心として証拠を固める審査手法が形成・活用されており[68]（「供述調書中心主義」などと呼ばれる。▶Ⅰ2(4)コラム「供述調書中心主義」〔14頁〕）、それゆえに、世界でも稀に見る審査実務が形成されている[69]。以下、特に断りのない限り、任意の供述聴取を念頭において解説する。

---

66)　「平成15年1月以降、審査を開始した事件について、平成26年9月末までの間に、事件審査中に行った審尋の回数は合計60回であり、事件数としては13件」（内閣府「独占禁止法審査手続についての懇談会報告書」資料集9頁）。
67)　村上ほか・条解684頁〔池田毅〕。
68)　その背景・課題については、上杉秋則『独禁法国際実務ガイドブック―グローバル経済下の基礎知識』（商事法務・2012）70頁以下。
69)　事業者の防御権の強化が進まない原因の一端はここにある。

供述聴取は一般に、公取委からの出頭要請を受け、聴取対象者が公取委の庁舎に出頭して行われる。聴取日程については、公取委と聴取対象者との間で、わりと柔軟な調整が行われているようであり、指針においても「都合を確認」することが明記されている（任意なので当然ではある）。聴取の対象となる者は、事件関係人または参考人であり、具体的には違反被疑事業者等の従業員等のほか、取引先の従業員等、発注官庁の従業員等を対象として行われることが多い[70]。1つの事件で数十人から聴取が行われることもあり、同一人からの聴取が多数回に及ぶこともある[71]。

　聴取時間につき、指針では、「1日につき8時間（休憩時間を除く。）までを原則とし、聴取時間が1日につき8時間を超える場合には、聴取対象者の同意を得るものとする。また、やむを得ない事情がない限り、深夜（午後10時以降）に及ぶ聴取は避けなければならない。」とされている。そして、聴取が長時間となる場合には、「審査官等は、聴取対象者の体調等も考慮したうえで、休憩時間を適時適切に確保する」とされている。わが国においては現在のところ供述聴取への弁護士の立会い、供述聴取時における聴取対象者によるメモの録取は、一部の特殊な場合を除き基本的にいっさい認められておらず、その結果として、休憩時間を利用して弁護士に連絡することやメモを作成することが重要な意味をもつ（▶第3章Ⅲ「供述調書の実務と対応方針」〔138頁〕参照）。指針では、「休憩時間は、原則として聴取対象者の行動を制約せず、審査官等が指定した休憩時間内に、聴取対象者が弁護士等の外部の者と連絡を取ることや記憶に基づいてメモを取ることを妨げないものする」と確認的に記載のうえ、「食事時間等の比較的長めの休憩時間を取る場合には、供述聴取に支障が生じない範囲で、聴取対象者が必要に応じて弁護士等に相談できる時間となるよう配慮しつつ適切な時間を確保するようにする。」とされている。

　供述聴取が行われた際は、公取委の必要に応じて、供述調書が作成される（審

---

70）内閣府・前掲注66）7頁。
71）近年の供述人1人あたりの聴取回数は平均3回前後であるが、同一人から40回以上聴取したケースも報告されている（内閣府・前掲注66）9頁）。

査規則13条)。現在の実務における供述調書は、聴取対象者と審査官とのやりとりをすべて書き起こしたような類のものではなく、聴取対象者が供述した内容を、審査官が独白形式で「まとめた」ものである。なお、審尋を行った場合には、審査官により必要的に審尋調書が作成される(審査規則11条1項)。審尋調査は、一問一答形式で作成されることが一般的であるが、形式につき法令で指定があるわけではない。供述調書、審尋調書の内容、形式について、指針では、「審査官等は、違反被疑事実の立証に当たって、それまでに収集した様々な物的証拠や供述等を総合的に勘案して上で、当該事件に関係し、かつ、必要と認める内容について、聴取対象者の供述内容を正確に録取し、供述調書又は審尋調書を作成する。聴取対象者が供述したことを速記録のように一言一句録取することは要しない」とされている。

　供述調書または審尋調書を作成したときには、審査官等は、「これを供述人に読み聞かせ、または閲覧させて、誤りがないかどうかを問い、供述人が増減変更の申立てをしたときは、その供述を調書に記載しなければならない」(審査規則13条2項、11条1項)。また、供述調書または審尋調書につき、供述人が「誤りのないことを申し立てたときは、これに署名押印することを求めることができる」(審査規則13条2項、11条2項)。すなわち、審査官等は、供述人が誤りのないことを申し立てない限りは、調書への署名押印を求めることはできないと解せられる。一方で、供述人が誤りのないことを申し立てたにもかかわらず署名押印を拒絶したときは、その旨が調書に記載される(審査規則13条2項、11条4項)。証拠物件の場合とは異なり、審査段階における供述証拠(供述調書または審尋調書)の謄写ないし写しの交付は認められていない[72]。

　なお、現在の実務では、任意の供述聴取においても審尋においても、自己負罪拒否特権は保障されていない[73]。この点、審尋については、陳述が刑罰(94条1号)によって間接的心理的に担保されている間接強制調査であるという意味で、

---

72) 意見聴取手続にいたれば、自社従業員の供述調書の謄写が認められる(▶第7章Ⅲ「証拠の閲覧謄写」〔229頁〜〕)。
73) 審査指針考え方No.62も参照。

「何人も、自己に不利益な供述を強要されない。」として自己負罪拒否特権を保障する憲法38条1項に違反しているのではないかという点が問題となりうるが、一般的には、旧所得税法上の質問、検査に係る川崎民商事件（最大判昭47・11・22刑集26-9-554）を踏まえ、合憲であると解されている。もっとも、自己負罪拒否特権が保障されていない任意の供述聴取・審尋で作成された調書を刑事責任の追及のために用いることは憲法38条1項に違反すると考えられており、公取委の実務では、これらの調書を犯則調査では証拠として使用せず、改めて調書が取り直されている[74]。

**(6) 報告命令**（47条1項1号）**／報告依頼**

　公取委による証拠収集手段としては、提出命令・提出依頼による証拠物件の収集、審尋・任意の供述聴取による供述証拠の収集のほかに、事件調査に必要な情報について違反被疑事業者等に報告を求める方法がある。これには47条1項1号に基づく間接強制調査としての報告命令と、任意の協力に基づく報告依頼とがある。報告を求めることのできる事項につき、法令上は特に制限はないものの、その活用は現在のところ限定的である（▶第4章「報告命令」〔151頁～〕）。

　報告命令は、法的根拠、報告を求める事項、報告の期限、命令に応じない場合の罰則等を記載し、報告書（回答）の様式を添付した報告命令書を送達して行われる（審査規則9条1項2号、2項、指針第2・3）。任意の報告依頼は、報告の期限等を記載し、報告書（回答）の様式を添付した報告依頼書を送付して行われるのが一般的である。

## 2　犯則調査

**(1) 意　義**

　犯則調査とは、刑事処分を求めて告発を行うことを念頭においた調査であり、平成17年改正において新設された制度である。独占禁止法第11章に規定され

---

[74]　懇談会報告書29頁。

る罰則のうち、実体的な違反類型である89条（私的独占、不当な取引制限、事業者団体による競争の実質的制限の罪）、90条（国際的協定等、事業者団体の禁止行為、確定排除措置命令・審決違反の罪）、91条（銀行または保険会社の議決権保有の制限違反等の罪）の罪に係る事件（犯則事件。101条1項参照）が対象である。これらの罪は、公取委の専属告発が訴訟条件となっている（96条）。

犯則調査の導入までは、刑事訴追につながる事件も行政調査権限によって調査を行っていたところ、犯則調査が導入された背景には、①刑事告発に向けた調査における公取委の証拠収集能力の強化と②手続の適正化という2点があるとされている[75]。①については、それまで行政調査では間接強制調査までしか認められていなかったところ、犯則調査では、直接強制が可能な調査手法が導入され、②については、強制調査について裁判所の許可状を要することとして憲法35条との緊張関係が解消されている。

**(2) 調査主体**

調査を行うのは、委員会の指定を受けた事務総局審査局犯則審査部の職員であり、「犯則事件調査職員」と呼ばれる（犯則規則2条）。

**(3) 手続の概要**

101条が任意調査、102条、103条が裁判所の許可状を要する強制調査について規定している。

犯則調査権限の中心は、裁判官の発する許可状による臨検、捜索、差押え（102条）である。一方、犯則嫌疑者等に対する質問は、すべて任意調査であり、行政調査のような罰則を背景とした間接強制調査（審尋）の手法は存在しない。

（篠浦雅幸）

---

[75] 村上ほか・手続と実務476頁〔柏木裕介〕、白石・前掲注28) 237頁、村上ほか・条解854頁〔川合弘造＝島田まどか〕。

# 第2章 立入検査・提出命令

本章では、審査手続において公取委と違反被疑事業者との最初に接点となる立入検査とそれに続いて発せられる提出命令について解説する。

　違反被疑事業者にとっての審査手続の最初の接点としては、他に任意調査による訪問、犯則調査手続による臨検・捜索・差押え（以下「臨検等」という）や報告命令もあるが、適正手続の確保の必要性と実務上の件数の多さにかんがみて、通常の行政調査手続における立入検査・提出命令を中心に据えて、①立入検査の位置づけや特徴、②立入検査・提出命令の一般的な流れ、③違反事業者としての対応方法や公取委の運用への提言について検討したうえで、④任意調査や犯則調査の留意点について解説していくこととしたい。

　なお、違反被疑事業者側の留意点についてはさまざまなものがあり、それらすべてに重点をおいて対応しようとすると、人的リソースや注意力の分散によりかえってすべてが中途半端なものとなる危険性がある。したがって、企業の法務担当者においては、自社にとっての留意点の優先順位を明確にしておくことが望まれる。

# I 公正取引委員会の調査目的による訪問

## 1 手法・態様

　独占禁止法は、事業者（企業）の事業活動を規律する法律であるため、公取委が独占禁止法違反の疑いで事業者を調査する場合、違反被疑事業者の事業活動に関する内部情報（調査対象の事業部門内の決裁書、担当者が作成したメモや報告書、担当者の行動記録や出費等を示す書面や帳票等）を収集することが不可欠である。これらの事業活動に関する内部情報は、営業所をはじめとする違反被疑事業者の活動拠点に存在するため、違反被疑事件の調査を担当する公取委職員（以下「審査官」という）が違反被疑事業者の活動拠点に赴いてこれらの内部情報を収集することが公取委にとって重要な調査活動となる。

　違反被疑事業者の活動拠点への調査目的での訪問には、(1)強制調査として行われる場合と(2)任意調査として行われる場合とが考えられ、(1)の強制調査の手法は、さらに①通常の行政調査としての訪問（立入検査、47条1項4号）と②刑事告発を目指す犯則調査としての訪問（臨検・捜索、102条1項）とが存在し、立入検査（それに続く提出命令）と臨検（それに続く捜索・差押え）とでは図表2-4のような相違がある。

　したがって、違反被疑事業者側として、審査官の調査目的による訪問に適切に対応するためには、審査官が自己の営業所等に赴いてきた際には、強制調査か任意調査か、また強制調査である場合には、通常の行政調査である立入検査なのか、犯則調査としての臨検等なのかをまずは正確に区別して認識する必要がある。

　そのうえで任意調査としての訪問に比べると、強制調査による訪問では、違反被疑事業者の対応にはより法的知識が必要とされること、調査時間も長く、調査範囲も広いため、公取委に提出する情報の量も格段に違うこと、違反被疑事業者の利害にもより大きく影響するものであることがまずは認識されなければならない。

## 2 立入検査の位置づけ・特徴

### (1) 強力な証拠収集方法であること

　通常の行政調査における強制調査としては、立入検査等のほかに、報告命令や出頭命令・審尋等（47条1項1号）があるが、立入検査等は、違反被疑事業者の事業活動に関する内部資料が大量に存在する営業所等の活動拠点において行われ、午前から夕刻または夜にかけてほぼ1日がかりで行われるケースがほとんどであり、大量の資料を公取委に提出することになることが多い。また、後記(2)でも指摘するとおり、日常の事業活動中に予告なしに行われるため、違反被疑事業者も無防備な状況にある。

　このため、公取委からすると、立入検査等は強制調査の中でも最も強力な証拠収集方法であるといって過言ではない。同時に、違反被疑事業者からすると、公取委が立入検査等により探索して提出を求めた資料は、被疑事実およびそれに関連する周辺の事実を知るうえで重要な情報が含まれているため、違反被疑事業者として公取委の調査への対応方針を適切に判断・決定していくにあたっても貴重な情報となる。

　したがって、違反被疑事業者にとって、公取委への提出資料について迅速にトレース（追跡）できるようにしておくことが有益である。

### (2) 予告がないこと

　立入検査は、違反被疑事業者に予告されることなく、抜き打ち的に行われる[1]。このこと自体は、事前に予告することによって証拠隠滅等のおそれがあることを考えると、いたって自然なことといえる[2]。

---

1) 実務上、不当な取引制限（カルテル・談合）の被疑事件において、調査開始前の課徴金減免申請をしている違反被疑事業者にも、立入検査の日程が知らされていないようである。課徴金減免申請をしているとはいえ、立入検査の日程を申請事業者に知らせた結果、何らかの形で他の違反被疑事業者に情報が漏れ、申請事業者以外の違反被疑事業者が証拠隠滅等を行うおそれがあること等が理由と思われる。

2) 実務上、下請代金支払遅延等防止法および消費税転嫁措法（以下あわせて「下請法等」という）の執行においては、事前予告型の立入検査が行われているようである。これは、下請法等の違反事実を立証する証拠資料は事業者の取引関係の書類や帳票類など事業者にとって事業活動上必要・重要な資料であることや違反に対する法的措置も勧告ないし行政指導といった比較的穏当なものであること等

他方で、違反被疑事業者としては不意をつかれる形になり、また立入検査が行われる営業部門や経理部門に所属する従業員等は通常は法的素養を欠くため、立入検査の対象部門は心理的に大きく混乱・動揺する状況に陥ることが多い。このため、立入検査を含む当局への対応について平時に社内でルールを設定して周知していない限り、冷静な対応を期待することは困難である。その結果、審査官等から告げられているはずの情報を十分に認識・捕捉できていないことも十分に想定され、その後の違反被疑事業者の対応方針に関する適切な判断・決定に悪影響を及ぼすことも考えられる。

したがって、事業者としては、不意をつかれることが当然の立入検査に対して、どのような連絡体制を敷いておくのか、立入検査の対象部門の個々の従業員がどう対応するのか、さらに法務部門としてどう対応するのか、といった点について平時からマニュアル等を作成し、現場の従業員等に周知しておくことが重要である。

### (3) 調査手続における公取委との最初の接触であること

違反被疑事業者としては、被疑事件の調査手続における公取委との最初の接触となることが多い[3]。すなわち、ほとんどの場合、立入検査が、自社が独占禁止法違反の疑いがかけられていることを知る最初の契機となる。

なお、公取委の調査に適切に対応していくためには、違反被疑事業者自身が事実関係の把握に努めることが重要であり、立入検査を起点として社内での調査を開始する体制を構築する必要がある。

### (4) 課徴金減免制度の減免率および申請期限を画する機能を有すること

不当な取引制限については、一定の要件の下、違反事業者がみずから、公取委

---

から、対象事業者が証拠破棄等に及ぶことが考えにくく、予告なしの立入検査を行うことによって生じる審査官と事業者との鋭い緊張関係を避けるためと思われる。このほか、不当廉売の簡易調査や優越的地位濫用のタスクフォースの調査においては任意調査としての訪問という手法が利用されていることがあるようである。

3) 事案によっては、特に不公正な取引方法においては立入検査が行われない事件が、例外的ではあるが、存在するようであり、三井住友銀行事件・勧告審決平 17・12・26 審決集 52-436 やクアルコム事件・排除措置命令平 21・9・28 審決集 56-2-65 等は立入検査が行われなかったようである（クアルコム事件について村上ほか・条解 683 頁〔池田毅〕）。

に、その違反事実を報告し、資料を提出したときには、課徴金を免除ないし減額する制度（以下「課徴金減免制度」という）が存在する（7条の2第6項以下）。課徴金減免制度は、公取委の調査開始日以降の申請も一定の場合には認めてはいるものの、調査開始日前の減免申請（以下「事前申請」という）の1位申請および2位申請の減免率（それぞれ100％と50％）と調査開始日以降の減免申請（以下「事後申請」という）の減免率（30％）は異なり、事前申請と事後申請を区別する基準となるのが立入検査の実施日である。

また、事後申請は、立入検査の実施日から20日以内に行わなければならないので（7条の2第12項、減免規則5条）、立入検査は事後申請の期限を画する機能も有している[4]。

### (5) 新聞報道されることが多いこと

過去の実例からは、公取委により立入検査がなされたことは、立入検査当日の夕刊新聞において報道され、それにより違反被疑事実の内容や違反被疑事業者の社名が公になることが多い[5]。

このため、違反被疑事業者としては、立入検査当日にマスコミ対応を行うことになる。

## 3　訪問段階での対応

公取委の訪問段階およびそれ以降の対応については、通常の行政調査としての立入検査であるのか、あるいは犯則調査としての臨検なのかで異なるため、詳細については、それぞれの手続のところで述べることとし、ここではいずれの調査方法であっても共通して行わなければならない点について論じるが、以下のとお

---

[4] なお、愛知電線事件・東京高判平25・12・20審決集60-2-108によれば、ある同一の被疑事実について立入検査を受けた違反被疑行為者と受けていない被疑事業者がいた場合に、立入検査を受けていなかった違反被疑事業者に対しても、立入検査が行われた日をもって事後申請における調査開始日とされることになる。このため、立入検査を受けていない場合であったとしても自社が属する業界において不当な取引制限による立入検査の新聞報道等に接した場合には、自社が当該違反行為に関与していないかどうか確認する慎重さが求められる。
[5] 根岸・注釈649頁〔鈴木孝之〕、村上ほか・条解680頁〔池田毅〕。

り、まずは①法務部・弁護士への連絡と②通常の行政調査か犯則調査かのどちらかについての確認、が行わなければならない。

### (1) 法務部門・弁護士への連絡
#### (a) 当局訪問全般に共通する対応

　審査官がアポイントなくして事業者の活動拠点を訪問する場合は、ほぼ強制調査による訪問と考えられる。これに対し、任意調査においては、事前にアポイントをとることがほとんどであると思われる。アポイントまたは事前予告なくして訪問しても関係者が留守で、無駄足となる可能性があるほか、突然当局関係者が訪問したことによる無用な現場の混乱を招来し、任意調査が円滑に進まないおそれもあるからである。

　したがって、審査官がアポイントなくして営業所等を訪問した場合には、そのことを覚知した段階で、社内の法務部または顧問弁護士に連絡することが強く望まれる。強制調査における、立入検査と臨検・捜索の区別（その相違が何を意味するのか）、被疑事実の確認方法、違反被疑事業者として応じるべきことや要請するべきことについては、法務部または弁護士でなければ適切な助言または判断をできないことがほとんどであると思われるからである。さらには、不当な取引制限を被疑事実として公取委の立入検査または臨検を受けた場合に、課徴金減免制度の利用[6]について法務部員または弁護士以外の現場社員の判断では適切な対応はほとんど期待できないと思われる[7]。

　付言すると、公取委の審査官に限らず、警察関係者、検察関係者、金融庁等の当局関係者が訪問してきた場合に、適切な対応をするためには、法務部門または顧問弁護士にただちに連絡する体制を、平時から構築し、また社員に周知しておくことが強く望まれる。

　なお、審査官からは、立入検査または臨検に際して、社内または社外への電話

---

[6] 課徴金減免制度の利用と取締役の善管注意義務・株主代表訴訟については、第6章 IV 1 (2)「申請を行うべきかの判断」（▶193頁）参照。

[7] かりに、当該訪問が任意調査の場合であったとしても、任意調査としてどこまで応じることが対象事業者として有益なのかについても、法務部または弁護士の助言を得る意味があろう。

連絡等を事実上慎むように要請されることがあるかもしれないが、より強力な調査権限が認められている臨検においてすら禁止できるのは処分中の「人の出入り」（108条）であり、社内または社外への連絡を禁止できる法的根拠は見当たらない。もちろん、社内または社外へ証拠破棄を指示するような連絡は認められるはずもないが、自社の法務部または弁護士への連絡は審査に支障を来すものではなく、審査官にこれを禁止する法的根拠はないと解される。

(b) 「独占禁止法審査手続に関する指針」の立場

「独占禁止法審査手続に関する指針」（以下「指針」という）は、立入検査の実施方法について以下のように記載している。

「立入検査において、審査官は、立入検査場所の責任者等を立ち会わせるほか、検査先事業者からの求めがあれば、立入検査の円滑な実施に支障がない範囲で弁護士の立会いを認めるものとする。ただし、弁護士の立会いは、事業者の権利として認められるものではないため、弁護士が到着するまで立入検査の開始を待つ必要はない。」

違反被疑事業者の法務部員が立ち合うことについては特段言及していないが、違反被疑事業者と雇用関係にある法務部員が立ち会うことを拒否する理由はないことからして、立会いは認められるはずであり、これまでの運用においても認められてきている。

また、弁護士の立会いについても、指針の策定前から、違反被疑事業者の権利としてであったかどうかは別として、認められてきたこと、「立入検査の円滑な実施に支障がない範囲で」との留保はあるものの、特にその典型的な例は指針では挙げられておらず[8]、過去に立入検査の実施に支障があるとして弁護士の立会いが認められなかった例は特に確認されていないことからすると、今後も、弁護士の立会いが拒否される事態は考えにくい。

---

[8] 審査指針考え方 No.52 では、「弁護士の立会いを認めることにより、立入検査の円滑な実施に支障を来たす場合は、特に考えられず、適切な具体例を書けないのであれば……限定を付すべきではない」との意見に対して、公取委は「支障を来たすかどうかは、個別具体的な事案ごとに判断されるものであるため、本指針において具体的に例示することは困難です」とのみ回答している。

(c) 法務部員・顧問弁護士の不在時等の対応

　法務部や顧問弁護士への連絡を最優先するとしても、法務部または顧問弁護士による対応が困難である場合が考えられる。

　まず、法務部員または顧問弁護士が出張等のため、立会いができない場合である。法務部員が不在の場合でも、顧問弁護士に連絡がつき、顧問弁護士が立ち会えるのであれば大きな問題はなかろう。法務部員も顧問弁護士も双方が出張等により立ち会えない場合にあっては、法務部員または顧問弁護士としては電話を通じて随時助言を与えていくべきであろう。審査官とのやりとりが必要な場合には、法務部員または顧問弁護士が電話を通じて審査官と交渉等を行うことも十分考えられよう。同様の対応は、地方支店に立入検査があり、本社の法務部員または本社の顧問弁護士が駆けつけられない場合にも考えられよう。

　次に、中小企業にあっては法務部がそもそも存在しないこともあろう。その場合には、顧問弁護士へ連絡することになる。また、顧問弁護士が必ずしも独占禁止法の審査手続に明るくない場合には、顧問弁護士のネットワークを通じてより専門的な知識や経験を有している弁護士へ紹介・連絡して対応してもらうことが考えられる（そのような弁護士が現場に立ち会えない場合でも上記のように電話による助言を与えることは可能であろう）[9]。

**(2) 強制調査の種類（行政調査か犯則調査か）の見極め**

　行政調査による立入検査等と犯則調査による臨検等とでは、図表 2-4 のような相違があり、違反被疑事業者の対応も異なってくるため、前記の法務部・弁護士への連絡に次いで行う必要があるのは、強制調査が立入検査なのか臨検なのかの確認であろう。確認の手立てとしては、以下の 2 つの方法が考えられる。

(a) 「被疑事実等の告知書」の交付の有無

　行政調査による立入検査においては、立入検査開始時に、「被疑事実等の告知書」（図表 2-1 参照。以下「被疑事実告知書」という）と題する文書が立入検査場所

---

[9] なお、独占禁止法の審査手続に必ずしも明るくなくとも、弁護士であれば、立入検査当日に行われる可能性の高い供述聴取について、それが任意調査（出頭要請や事情聴取）なのか、強制調査なのか区別すること、また両者の相違について理解しているはずなので、その点に関する助言を得ることは可能であろう。

●図表 2-1　被疑事実告知書の参考例

平成〇〇年〇月〇〇日

# 被疑事実等の告知書

■■株式会社　＊＊営業所
所長　□□　□□　殿

公正取引委員会事務総局審査局
審査官　●　●　●　●　㊞

　私的独占の禁止及び公正取引の確保に関する法律（昭和22年法律第54号。以下「独占禁止法」という。）第47条第2項の規定に基づき、独占禁止法第47条第1項第4号の規定により検査を行いますので、公正取引委員会の審査に関する規則（平成17年公正取引委員会規則第5号）第20条の規定により、下記のとおり告知します。

　なお、この検査は前記法律第47条第1項の規定に基づくものであり、検査を拒み、妨げ、又は忌避したときは、同法第94条の規定により刑に処せられることがあります。

記

1　事件名
　　平成〇〇年（査）第…号　◇◇の製造販売業者らに対する件
2　法の規定に違反する被疑事実の要旨
　(1)　◇◇の製造販売業者らは、共同して◇◇の販売価格の引上げを決定している疑いがある。
　(2)　前記(1)の行為には、××工業会が関与している疑いがある。
3　関係法条
　　独占禁止法第3条（不当な取引制限の禁止）並びに第8条第1号（事業者団体による一定の取引分野における競争の実質的制限の禁止）及び同条第4号（事業者団体による構成事業者の機能又は活動の不当な制限の禁止）

の責任者等に交付される（手渡される）のに対し（審査規則20条）、犯則調査による臨検では、裁判所が発行する捜索差押許可状が提示される（105条）のみで、被疑事実に関する書面は交付されない。

したがって、この被疑事実告知書が交付されていれば、通常の行政調査としての立入検査であり、直接強制力を有する調査ではなく、間接強制型（罰則適用の威嚇力を背景に同意を得たうえで行う）調査ということになる[10]。

もちろん、立入検査にしても臨検等にしても、審査官からは、これから行う調査手続についてそれなりの説明があるものと思われるが、調査対象部門の現場の従業員は、十分な法的素養があるわけではないことに加えて、強制調査が開始されることによる精神的な動揺により、審査官からの口頭の説明だけでは当該調査が通常の行政調査なのか犯則調査なのかまでは認識しきれないことも十分考えられるため、交付文書の有無といった形式的な面の相違を確認させる方が間違いがないであろう。

被疑事実告知書について付言すると、被疑事実告知書の「3　関係法条」に「独占禁止法3条（不当な取引制限の禁止）」と記載されている場合には、課徴金減免制度の事後申請の適用が考えられるので、事後申請の利用検討を即時に開始し、社内調査にとりかかる準備をする必要がある（▶後記Ⅱ4⑶(a)「課徴金減免制度の利用可能性の即時検討」〔68頁〕参照）。また、犯則調査も、実務上、不当な取引制限を被疑事実とする事件にしか実施されないため（従来の刑事告発案は不当な取引制限に限定されているため）、犯則調査においても課徴金減免制度の事後申請の利用が考えられるが、担当者個人と会社との利害対立に留意する必要がある（▶後記Ⅴ2⑶(b)「会社と担当者個人との利害対立」〔101頁〕参照）。

(b) 提示される審査官証の内容

通常の行政調査と犯則調査とでは、提示される身分証明証が異なる。通常の行政調査においては「審査官証」（47条3項・審査規則8条、図表2-2参照）が、犯

---

10) 指針の策定・公表以後は、「独占禁止法違反被疑事件の行政調査手続の概要について〔事業者等向け説明資料〕」という文書も交付されることとなった。これに類する文書が犯則調査の臨検において交付されるのかどうかは定かではないが、臨検では交付されないのだとすると、この説明資料の交付の有無も立入検査か臨検かを区別する判断材料となろう。

則調査においては「犯則事件調査職員証」(106条、図表2-3参照)が提示されるので、この点の相違に気づけば、強制調査の種類を見極めることができよう。

　もっとも、上述した立入検査または臨検当日の特異な状況(心理的な混乱・動揺)の中で、通常の従業員等が手続開始当初に示される身分証明証のみをもって区別することは困難である可能性が高いので、被疑事実告知書の交付の有無により判断する方が簡便であると思われる。

●図表2-2　審査官証

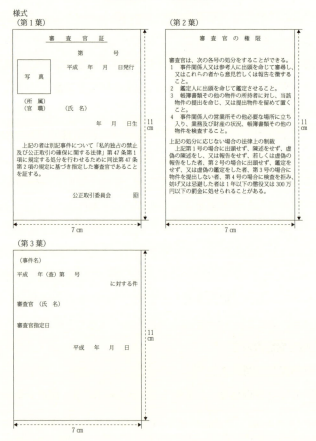

●図表 2-3　犯則事件調査職員証

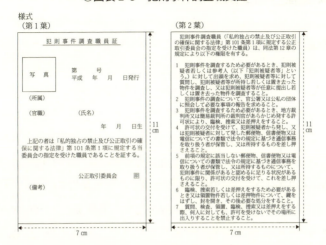

●図表 2-4　行政調査（立入検査等）と犯則調査（臨検等）の比較

| | 行政調査 | 犯則調査 |
|---|---|---|
| 強制調査発動の決定者 | 委員会の判断 | 裁判官の許可状 |
| 担当官の名称 | 審査官 | 犯則事件調査職員 |
| 被疑事実の告知 | 被疑事実要旨文書の交付 | 許可状の提示 |
| 物的証拠の確保 | 間接強制 | 直接強制 |
| 検査・捜索の場所的範囲 | 「その他必要な場所」<br>（47条1項4号） | 許可状に記載された場所<br>（102条4項） |
| 提出押収物件の後日謄写 | 後日あり（審査規則18条） | なし |
| 処分中の出入禁止 | 規定なし | 可（108条） |
| 身柄拘束の権限 | なし | なし（ただし、合同調査）11) |

11)　国税犯則取締法上の収税官吏と検察官との合同調査を違法でないとした東京高判昭 39・10・28 高等裁判所刑事裁判（判決）速報 1262 号があり、実務においても公取委の犯則事件調査職員と検察官の合同調査が行われているが、独占禁止法に犯則調査制度が導入されて以降、検察官が被疑者の逮捕・勾留に及んだ例は平成 28 年 5 月現在、汚泥処理施設談合事件以外には存在しないようである。

## II 立入検査への対応

### 1 立入検査当日の流れ

　立入検査は、公取委が、47条1項4号の規定に基づき、違反被疑事業者の営業所その他必要な場所に立ち入り、業務および財産の状況、帳簿書類その他の物件を検査する調査権限であり、検査の結果、発見された事件調査に必要と考えられる帳簿書類その他の物件に対して、審査官は同項第3号の規定に基づいて、その所持者に提出を命じ、当該物件を留め置くこととなる。

　立入検査の最終的な目的は、提出命令を発し、留置する（公取委へ持ち帰る）文書類（電子データを含む）を特定することにあり、単に対象の営業所等内にどのような資料等が存在するのかを確認・閲覧することそれ自体に目的があるわけではない。したがって、被疑事件に関連する文書類（電子データを含む）を探索して取り集めることが中心的な作業となる。

　立入検査当日は、大まかにいうと、審査官の営業所等への訪問⇒責任者等への審査官証提示・被疑事実告知書交付収集（事業者等向け説明資料手交）⇒営業所等内での検査実施（関連文書類の探索・収集）⇒品目目録作成・提出命令の発出・目録との照合⇒提出命令の対象物件の留置（運び出し）、という時系列的な流れをたどる。以下、それぞれの項目について若干敷衍する。

#### (1) 審査官の営業所等への訪問

　審査官等が違反被疑事業者の営業所等を立入検査目的で訪問した際には、受付等にて名刺を差し出し、当該営業所の責任者を確認し、その責任者との面会を求めるようである。後記2のとおり、立入検査は対象者の承諾を得たうえで行うものであり、この承諾は当該営業所を統括する責任者から得る必要がある。

#### (2) 責任者等への審査官証提示・被疑事実告知等

　指針の第2・1(2)では、立入検査開始時の手続として、「立入検査に際して、審査官は、立入検査場所の責任者等に対し、身分を示す審査官証を提示した上で、行政調査の根拠条文（独占禁止法第47条）、事件名、被疑事実の要旨、関係法条

等を記載した告知書（公正取引委員会の審査に関する規則……第20条）を交付し、検査の円滑な実施に協力を求めるとともに、検査に応じない場合には罰則（独占禁止法第94条）が適用されることがある旨を説明することとされている。また、併せて、事業者等向け説明資料を手交する。」ことが明示されている。

**(3) 検査の実施**

上述のとおり、立入検査の最終的な目的は、提出命令によって営業所内にある証拠資料の収集することにあるため、検査の内容も、当該被疑事実の関連資料の探索と取り集めということになる。

証拠資料形状としては、役職員の手帳を含む紙媒体文書のほか、近年では電子データ文書が重要視されており、サーバーやパーソナルコンピュータ（以下「PC」という）のほか携帯電話に保存されている電子データも検査の対象となる。

紙媒体文書の探索との関係では、従業員の所持物や鞄、営業所内の机上、引出内、ロッカー内等が探索され、個別の文書のほか、クリップで留められた複数の文書、クリアファイルにある複数の文書、フォルダやファイルの単位での文書の探索・取り集めが行われるようであり、営業所内の会議室等を借りて、複数の公取委職員が探索した関連文書を、まずはその会議室等に集約することが多いようである。

電子データ文書については、サーバー保存のものであれば、営業所等においてサーバーのメンテナンス作業等を担当している従業員を立ち会わせて、被疑事実と関係する部署の文書や電子メールが保管されているフォルダ等を、審査官が持参したハードディスク（HDD）・DVDまたはUSB等の記録媒体に複製するようである。このほか、被疑事実に関与したと思われる役職員のPCについても、当該役職員を立ち会わせて電子メールを含め当該PCに保存されている文書全体を複製することが多いようであり、複製先の記録媒体を提出命令の対象としている[12]。ただし、指針第2・1(4)アによれば、PCについては、それ自体を提出命令の対象とすることもあるとされているほか、被疑事実に関与したと思われる役職員の

---

12) 必要な電子データ文書がきわめて限定されている場合には、プリンターで打ち出したものを提出命令の対象とすることもあるとされている（指針第2・1(4)ア）。

携帯電話それ自体も提出命令の対象とされている。

　なお、立入検査の内容としてではないが、被疑事実に深く関与したと疑われる役職員（以下「キーパーソン」という）に対して、立入検査当日に事情聴取が行われるのが一般的なようである。この点、被疑事実が不当な取引制限である場合には、課徴金減免制度の事後申請を行うかどうかの判断を違反被疑事業者としては一刻も早く行う必要があり、その判断との関係上、キーパーソンに対する社内調査が必要不可欠であるため、キーパーソンへの社内調査を迅速に行えるようにする対策を講じておく必要がある（▶後記4(3)(b)「社内調査におけるキーパーソン確保の必要性と公取委の供述聴取への対応」〔69頁〕参照）。

**(4) 品目目録作成・提出命令の発出**

　会議室等に取り集められた文書等については、当該被疑事実の調査に必要かどうかの最終的な判断が行われ、提出命令の対象物件となる文書等は、提出命令書（図表2-5参照）に添付される品目録（図表2-6参照）に記載されていく。

　目録の品目欄にどの程度詳細に文書等の物件の内容を記載するのかについて、法令の定めがあるわけではなく、ファイルやフォルダであればそれらのタイトル、個別の文書であれば標題や書き出しの語句・文章、クリアファイルやクリップによりひとまとめにされていた複数の文書については一番上にある文書の標題や書き出しの語句・文書が記載され、手帳であれば単に「手帳」とそれぞれ記載されるのが通例のようである（ただし、備考欄に参考情報が記載されるようである）。

**(5) 目録との照合・提出命令の対象物件の留置（運び出し）**

　提出命令対象物件を留め置くにあたっては、立入検査場所の責任者等の面前で対象物件を提示し、物件について目録の記載との照合を行う。

　照合を終えた文書等の物件は、原物・原本を現状のまま、公取委にて保管されることとなり、段ボール等に詰め込まれ、営業所等から運び出される。公取委は、「留置物に係る通知書」（以下「留置通知書」という。図表2-7参照）を営業所等の責任者等に交付し、留置通知書には提出命令に添付された提出命令品目録と同一内容の目録が添付される。

●図表2-5　提出命令書の参考例

```
                                              平成○○年○月○○日

                        提出命令書

　■■株式会社　＊＊営業所
　所長　□□　□□　殿


                              公正取引委員会事務総局審査局
                              審査官　●　●　●　●　　㊞


　平成○○年（査）第…号◇◇の製造販売業者ら＿＿＿＿＿＿＿
＿＿＿＿＿＿＿＿＿＿＿＿＿＿＿＿＿＿＿＿＿＿＿＿＿に対する
私的独占の禁止及び公正取引の確保に関する法律（昭和22年法律
第54号）の規定に基づく事件調査のため必要があるので、別紙提
出命令品目記載の物件を提出してください。

　なお、この検査は前記法律第47条第1項の規定に基づくものであり、物
件を提出しないときは、同法第94条の規定により刑罰に処せられることが
あります。
```

## 2　立入検査における注意点

### (1)間接強制と任意性との関係

　指針の第2・1⑴では、立入検査の根拠・法的性格として「独占禁止法第47条に規定される立入検査その他の処分は、違反被疑事業者に調査応諾の行政上の義務を課し、その履行が罰則（独占禁止法第94条）によって担保されているという意味で間接強制力を伴ったものである。したがって、違反被疑事業者等が、調査に応じるか否かを任意に判断できる性格のものではないが、相手方があえて拒

●図表2-6　提出命令品目録の記載例

| 番号 | 品目 | 数量 | 所有者、住所、氏名 | 備考 |
|---|---|---|---|---|
| | 提　出　命　令　品　目　録 | | | |
| 1 | ……商流案件と書き出しのノート等 | 1袋 | 東京都○○区▼▼1丁目2番3号　■■株式会社＊＊営業所　所長□□□□ | □□所長 |
| 2 | 20--.10.27と書き出しのメモ等 | 1袋 | 以下同上 | 〃 |
| 3 | ……株式会社と書き出しの文書等 | 1袋 | | 〃 |
| 4 | 営業総括部長殿と書き出しの文書等 | 1袋 | | 〃 |
| 5 | ◇◇の製造・販売数量と題する文書等 | 1袋 | | 〃 |
| 6 | ◇◇メーカー別月別販売実績と題する文書等 | 1袋 | | 〃 |
| 7 | 引継書と標題の綴り等 | 1綴 | | 〃 |
| 8 | 販売会議と標題の綴り等 | 1綴 | | 〃 |
| 9 | ◇◇の販売価格についてと題する文書等 | 1袋 | | ロッカー① |
| 101 | 名刺フォルダー | 1冊 | | ＝＝係長 |
| 102 | メール打ち出し文書 | 1袋 | | ＝＝係長PC |
| 103 | 手帳（6冊） | 1袋 | | 〜〜主任 |
| 104 | ノート（2冊） | 1袋 | | 〃 |
| 105 | USBメモリ（1個） | 1袋 | | 公取委所有物につき還付後公取委に要返却 |

否した場合には直接的物理的に実力を行使して強制し得るものではない。なお、正当な理由なくこれを拒否した場合に違反被疑事業者等には罰則が適用されることがある。」と記載している。

●図表2-7 留置通知書の参考例

```
                                              平成○○年○月○○日

                     留置物に係る通知書

  ■■株式会社 ＊＊営業所
  所長 □□ □□ 殿

                                    公正取引委員会事務総局審査局
                                      審査官 ● ● ● ●  ㊞

    私的独占の禁止及び公正取引の確保に関する法律（昭和22年法律第
  54号）第47条1項3号の規定に基づき、提出物件を留めて置くことと
  したので、公正取引委員会の審査に関する規則（平成17年公正取引委員
  会規則第5号）第16条の規定により、下記のとおり通知します。

                          記

  1  事件名
       平成○○年（査）第…号◇◇の製造販売業者ら
                                                 に対する件
  2  提出命令年月日      平成○○年○月○○日
  3  差出人（住所又は就業場所） 東京都○○区▼▼1丁目2番3号
                            ■■株式会社＊＊営業所
          （ 職    業 ）  所長
          （ 氏    名 ）  □□ □□
  4  留置年月日         平成○○年○月○○日
  5  留置物品目録        別紙のとおり
```

　また、国税犯則取締法の質問検査について、荒川民商事件・最決昭48・7・10刑集27-7-1205は「前記規定に基づく質問検査に対しては相手方はこれを受忍するべき義務を一般的に負い、その履行を間接的心理的に強制されているものであって、ただ相手方においてあえて質問検査を受忍しないという場合には、それ以上直接的物理的に右義務の履行を強制しえないという関係を称して一般に『任意調査』と表現されているだけのこと」と判示している。

　ここで重要なことは、①立入検査を行うためには違反被疑事業者等、具体的に

は検査場所を統括する権利義務を負っている責任者等（代表者、営業所長、部門長等）の承諾が必要であるということと、②正当な理由なくして責任者等が立入検査を拒否した場合には責任者等および違反被疑事業者に罰則が適用されることがあること、逆にいえば正当な理由があれば立入検査をはじめとする強制調査を拒否することが可能である、という2点であり、このような特徴をもった調査権限を任意調査と呼ぶのか、間接強制と呼ぶのか、また最高裁判例にいう受忍義務を「行政上の義務」を構成するのか、は説明ないし表現の仕方の問題にすぎないように思われる。

## (2) 責任者等の承諾

実務上、責任者等からの承諾の確保は慎重に行われているようであり、水田電工（滋賀県等発注）事件・審判審決平9・9・25審決集44-131では、違反被疑事業者側からの承諾を得る状況について以下の事実が認定されている。

「審査官は、被審人代表者に審査官証を示して立入検査の趣旨を説明したが、被審人代表者は、審査官に対し、裁判官の発する令状が必要ではないかとか、なぜ被審人を選んで立入検査に来たのかなどと述べて、立入検査を拒絶する意思を示したため、審査官は、立入検査を拒否するとの趣旨の被審人代表者の供述調書を作成しただけで立入検査を打ち切り、その場で発見した書類を留置しないまま引き揚げた。そして、審査官は、日を改めて……被審人事務所に赴き、被審人代表者に対し、審査官を提示した上でやや詳しく立入検査の理由を説明したところ、被審人代表者から同意を得ることができたため、立入検査をし……書類を発見し、被審人代表者に……それらの提出命令を発してこれら留置した……。」

誰が承諾を与える適格を有するのか（承諾適格者）については、検査対象の場所の管理権限を有している者ということになるので、営業所全体であれば営業所所長や支店長であり、本社のうちの特定の部門であれば、当該部門長ということになると思われる。事業者や検査場所によっては、重層的に承諾適格者が存在することも考えられるが、特定の部門長の承諾をもって他の部門への立入検査を地引き網的に行うことがないよう、承諾適格者の認定は厳格に行われるべきである[13]。

## (3) 立入検査の拒否、妨害および忌避
### (a) 罰則の適用

　47条1項4号に基づく検査を拒否、妨害または忌避した者は、1年以下の懲役または300万円以下の罰金に処する旨規定されている（94条4号）。立入検査それ自体を正当な理由なくして拒否した例がどの程度あるのかについて公的な資料は見当たらず、また拒否したことによって罰則が適用された例は確認されていない。

　しかしながら、銀行法による立入検査に関してではあるが、金融庁の立入検査において電子メール等を削除するなどしたことが検査忌避として刑事起訴され、有罪判決が下された事例がある（東京地判平23・2・14公刊集未登載〔LLI/DB判例秘書 L06630057〕）。

　立入検査中に不用意にPCデータ内の電子データや紙媒体文書を処分・破棄することは、被疑事実と関連性のない資料を立入検査と関係なく行ったとしても、検査妨害を疑わせることとなるため、「李下に冠を正さず」の精神のもと、厳に慎まなければならない[14]。

### (b) 正当な理由

　指針の第2・1(1)では、正当な理由なくして拒否した場合に罰則が適用されることがあるとされており、このことは正当な理由があれば立入検査を拒みうることを意味している[15]。

　立入検査を拒否することが立入検査を拒否する正当な理由としては、公取委職

---

[13] 立入検査について、不適格な役職員から承諾を得ていた場合には、立入検査に続く提出命令およびそれに続く留置処分も違法性を帯びる可能性がある。

[14] なお、立入検査それ自体によって、違反被疑事業者の役職員等の身柄を拘束することはできないが、たとえば立入検査中に公取委職員に対して有形力を行使して検査を妨害するような場合には、かかる違反被疑事業者の役職員は、公務執行妨害罪による（現行犯）逮捕も考えられることに注意するべきである。

[15] 審査指針考え方No.17。なお、森永商事事件・審判審決昭43・10・11審決集15-84では、「独占禁止法第46条（引用者注：現行法47条）にもとづいて行なう臨検検査（引用者注：現行法では立入検査）等は、被審人側の承諾を前提とし、正当な理由なくして、その承諾を拒むことを認めない趣旨において、刑罰の制裁を設けているにとどまり」と判示しており、公取委自身、「正当な理由」があれば、立入検査を拒むことができることを前提としてきた。

員の身分証の不携帯等の手続上の瑕疵のほか、天災・重篤な疾患などが挙げられている[16]。

## 3 法務部門および弁護士への連絡

### (1) 法務部門・弁護士の立会いの意味

　前記Ⅰ3(1)にて指摘したとおり、立入検査の開始段階でまずもって優先されなければならないのは、現場からの法務部門または弁護士への連絡である。

　法務部員または弁護士が立ち会うことは、被疑事実が不当な取引制限であった場合には、後記4(3)のとおり課徴金減免の事後申請の利用可能性に関する確認作業や速やかな社内調査への移行・実施を行うといったことのほか、後述する立入検査の場所的・時間的範囲に関するチェックや提出命令における被疑事実との関連性・必要性の確認や依頼者弁護士間の通信に関する提出の是非についての助言などを行うといった点においても重要な意味がある。

　また、これらの作業・助言を行うことが法務部員または弁護士立会いを認めることの意義であることからすれば、ことさらに立入検査や提出命令の妨害を目的にしたものでない限りは、公取委は、これらの作業・助言を行ったことをもって、「立入検査の円滑な実施に支障」（指針第2・1(5)）があるとして、法務部員または弁護士の立会いを排除するべきではない。

### (2) 公取委による弁護士立会いの告知

　指針第2・1(5)では、「弁護士の立会いは、違反被疑事業者等の権利として認められるものではない」とされていることから、審査官側から、立入検査にあたり、弁護士の立会いが認められることを口頭で告知するという運用は現段階では考えにくい[17]。

---

16) 審査指針考え方 No. 17 参照。
17) 審査指針考え方 No. 21 によれば、公取委は、立入検査に弁護士を立ち会わせることができることについては、事業者等向け説明資料にも記載して公表し、立入検査開始時にも同資料を手交することから、違反被疑事業者等はその内容について把握することができると考えられるため、告知することまでは必要ないとする。

しかしながら、中小企業にあっては、法務部はおろか、法務を兼任担当する従業員すら存在しないことが珍しくない、否、むしろ存在することの方が珍しいといっても過言ではなく、法的助言等の支援の供給元として期待できるのは事実上弁護士のみということになる。確かに、指針の公表以降は、立入検査段階で、「事業者等向け説明資料」が交付され、そこには弁護士立会いが原則として可能であることが明記されてはいるものの、突然の立入検査による精神的な動揺と現場・部下の混乱を鎮める作業を行うなかで、十分な法的素養を有していない検査対象場所の責任者等が、交付された「事業者向け説明資料」の立入検査や提出命令に関するすべての記述を即座に正確に理解することは容易なことではない。加えて立入検査は即時的処分であり、また通常は1日で終了することも考えると、後日、弁護士が選任されるというのでは、立入検査における中小規模の違反被疑事業者の適正手続を確保するという観点からは十分ではない。

　思うに、排除措置命令など公取委の最終的な法的措置に対する違反被疑事業者の得心の度合いは、措置内容や事実認定の内容といった実体的な側面だけではなく、審査手続を中心とする措置までのプロセス、すなわち手続的な側面におけるフェアネス感によって大きく左右されることがほとんどである。

　そうだとするならば、個別具体的な事案において法務担当者が存在しない蓋然性の高い事業者への立入検査にあっては、弁護士の立会いが可能であることを口頭にて告知するという運用も検討に値するものと思われる。

### (3) 社内・グループ企業内への証拠保全の通達

　公取委の立入検査の報に接した法務部門として検討していく必要があることの一つとして、被疑事実と関係のある書類・電子データの処分等を当面禁止する旨の証拠保全の通達文書を社内、さらにはグループ企業に向けて発することが挙げられる。国際カルテル事件において証拠保全がきわめて重要であることは第6章（▶Ⅵ2(2)「証拠保全と証拠隠滅の防止」〔210頁〕）に記載されているとおりであるが、国内事件においてもカルテル・入札談合で課徴金減免制度の事後申請を利用する場合には新規情報を提供するうえで関係証拠の保全は重要であるし、カルテル・入札談合以外の被疑事実においても自社がどのような行為を行ってきた

のかを客観的かつ冷静に把握して審査対応の戦略を構築するためにも関係証拠の保全が図られなければならない。

　特に、立入検査の対象とはならなかった関係者や関係部署・グループ企業にあっては、立入検査の報に接すると咄嗟に関係資料を処分することもありうるため、早期に被疑事実と関係のない部署へ異動した前任者らを含め、広く証拠保全の文書通達を発することが検討されなければならない。

## 4　被疑事実等の告知等

### (1) 被疑事実告知書の記載振り

　立入検査に際しては、①行政調査の根拠条文、②事件名、③被疑事実の要旨、④関係法条等を記載した告知書が交付される（審査規則20条）。このうち、②の事件名では、事件番号のほか、「◇◇の製造販売業者らに対する件」、「△△市発注の▲▲工事の入札参加業者らに対する件」など、商品役務と事業者らの業態等が記述されるのが通常である（図表2-1参照）。

　③の被疑事実の要旨については、価格カルテルであれば、「◇◇の製造販売業者らは、共同して、◇◇の販売価格の引上げを決定している疑いがある」といった記述がなされ、「◇◇」の部分は概括的な商品または役務の名称が記載されることが多い。また、優越的地位の濫用であれば、

「株式会社○○は、自己の取引上の地位が納入業者に優越していることを利用して、正常な商慣習に照らして不当に、
　(1) 継続して取引する納入業者に対して、当該取引にかかる商品以外の商品を購入させている、
　(2) 継続して取引する納入業者に対して、自己のために協賛金を提供させている、
　(3) 継続して取引する納入業者に対して、自己のために従業員等を派遣させている、
　(4) 納入業者から取引にかかる商品を受領した後当該商品を当該納入業者に引き取らせている、

(5)納入業者に不利益となるように取引の対価の額を設定している、疑いがある」などと記載されるようである。

④の関係法条については、禁止規定の条文、すなわち、カルテル・入札談合であれば、「独占禁止法3条（不当な取引制限の禁止）」、事業者団体に対してであれば「独占禁止法8条1号（事業者団体による一定の取引分野における競争の実質的制限の禁止）」、不公正な取引方法であれば「独占禁止法19条（不公正な取引方法の禁止）」が記載されることになる。

**(2) 被疑事実の要旨に関する説明等**

被疑事実の要旨は上記(1)のとおり、概括的な商品役務の名称が記載されるにとどまり、被疑行為の時期や場所、態様に関する情報や共同行為者の具体的な名称等が記載されることはないようである。

この点については、審査指針考え方No.20によれば、「事件調査の初期段階である立入検査の時点では、被疑の段階であること、端緒となる情報源の秘密性を確保する必要があることから、違反被疑事実の内容に関して詳細に記載することは困難である」とされている。

たしかに、調査の発展的性格や調査初期段階での情報の少なさからすると、立入検査段階での詳細な情報提供についてはおのずから限界がある。

他方で、被疑事実は、後述する、立入検査の場所的範囲や提出命令における物件の関連性や提出の必要性を判断するうえで基準となる情報であることからすると、商品について概括的な記載しかされないことや被疑行為に関する時期の情報について何ら記載されていないことについては疑問があり、少なくとも口頭による補充が検討されてしかるべき事案が存在するといえよう。

また、不当な取引制限についていえば、前記I2(4)で指摘したとおり、調査開始日以後の被疑事実については課徴金減免の事後申請（30％減額）しか受けつけられないのに対し、調査開始日前の被疑事実については事前申請（30～100％減額）が受け付けられることとなるため、たとえば、被疑事実告知書に記載されている商品がさらに細かく分類される場合、どこまでの商品やグレードまでが被疑事実の中に含まれており、調書開始日以後の被疑事実になるのかについて、違反

被疑事業者は重大な利害関係を有しているといえる。

　さらに、犯則調査の臨検において提示される裁判所の捜索差押えの許可状に記載されている被疑事実は、商品の内容についても、違反被疑行為の時期についても、他の共同行為者についても比較的詳細な事実が記載されていることが一般的である。立入検査同様、審査の初期段階に作成される犯則調査の捜索差押許可状においてそれだけの記載が可能であるならば、被疑事告知書のうち、被疑事実の要旨の記載については、調査の発展的性格等を考慮したとしてもなお、現在の記載ぶりよりも詳細な情報を追加することが可能であるといえよう[18]。

　したがって、運用としては被疑事実の記載について臨検における捜索差押許可状と同程度の記述とすることが検討されるべきであるし、立入検査に臨む審査官等としても口頭にて補充することが行われてしかるべきである。また違反被疑事業者としても被疑事実の特定について疑問がある場合には、積極的に立入検査場所にいる審査官等に、さらには官庁で待機している上席審査官や審査長または課徴金減免管理官に電話連絡等をして確認することが考えられる。

### (3) 被疑事実がカルテル・入札談合の場合の対処

#### (a) 課徴金減免制度の利用可能性の即時検討

　被疑事実がカルテルまたは入札談合（不当な取引制限）である場合には、立入検査後の課徴金減免申請であっても、一定の要件を充足すれば30％の減額を受けることができる（7条の2第12項1号）。

　したがって、被疑事実が不当な取引制限である場合には、違反被疑事業者としては、課徴金減免の事後申請を利用するのかどうかについて社内で速やかに検討する必要がある。

　もっとも、事後申請は、事前申請を行った事業者等との事後申請を行う企業との合計数5以下であり、かつ事後申請者が3以下である場合にだけ認められる。このため、かりに、事前申請している事業者等の数が5未満であったとしても、

---

[18] 前記2(2)にて引用した水田電工（滋賀県等発注）事件審判審決においても、立入検査を拒絶された翌日に再度公取委職員（審査官）が違反被疑事業者（被審人）を訪問し、「やや詳しく立入検査の理由を説明したところ、被審人代表者から同意を得ることができた」と判示されており、詳細な情報を提供することがより円滑な調査をもたらすことが示唆されているといえる。

事後申請を受け付けられる数に限りがあり、申請順で（早い者勝ちで）申請が受け付けられるので、他社が自社に先行して申請した場合には、事後申請による減免を受けられなくなるという憂き目にあう危険性がある。このため、違反被疑事業者としては、課徴金減免の事後申請を受け付けられる余地があるのかどうかを確認したうえで、事後申請を行うかどうかを早急に決しなければならない。

　そのためには、不当な取引制限に該当する事実が存在するのかどうかについて社内にて確認する必要がある。課徴金減免申請は、事前申請であれ事後申請であれ、違反事実をみずから認めることが要求されるため、不当な取引制限にあたる事実があるとまではいえない場合にまで違反事実を自認することは、違反被疑事業者にとって損失となる。

　したがって、被疑事実が不当な取引制限である場合には、違反被疑事業者としては（実際には法務部員または弁護士となろうが）、①自社が不当な取引制限に該当する行為を行っていたのかについて社内調査を行って確認しつつ、②事後申請を受け付ける余地（空席）があるのかについて、課徴金減免管理官に電話連絡をして事前相談をして確認するという作業をただちに行う必要がある（平成28年5月現在の課徴金減免申請にかかる事前相談の連絡先は 03-3580-2100 である）[19]。

(b) 社内調査におけるキーパーソン確保の必要性と公取委の供述聴取への対応

　立入検査の当日に被疑事実に係るキーパーソンが公取委より任意の事情聴取を求められることが珍しくない。

　しかるに、被疑事実が不当な取引制限である場合に、キーパーソンがこの事情聴取に応じると、立入検査を受けた違反被疑事業者としては、社内調査によって違反事実の有無を確認したり、課徴金減免申請に必要な情報をただちに入手することができなくなる結果、他の被疑事業者に課徴金減免申請を先んじられ、課徴金減免の事後申請の資格を失うことになりかねない。このため、違反被疑事業者

---

19) なお、不当な取引制限のなかでも、いわゆる国際カルテルが被疑事実であって、複数の国の競争当局からの調査が行われる可能性のある事案については、日本の公取委に対して課徴金減免の事後申請を行うことが他国での調査や後日の民事賠償訴訟にどのような影響を与えるかを慎重に検討する必要があり、調査を受けている他国の弁護士との協議を踏まえることが必要であろう。この点については第6章Ⅴ2「課徴金減免申請から派生する効果」（▶201頁）参照。

とキーパーソンとしては、公取委の任意の事情聴取要請に対しては、後日、社内調査が終了した段階で速やかに応じることとし、立入検査当日の任意の事情聴取には応じず、社内調査を優先することとなろう。

なお、任意の事情聴取にただちには応じられないとしたのに対し、審査官が出頭命令（47条1項1号）を発するようなことがあった場合には、キーパーソンには、公取委の出頭命令に基づく出頭義務と違反被疑事業者との雇用契約関係にある従業員として負う社内調査への協力義務との衝突が生じることになる。このような場合には、独占禁止法において立入検査後の課徴金減免申請が制度として認められ、しかも事後申請者の数が早い者順で限定されている以上、その制度を利用するか否かの検討をただちに開始することは違反被疑事業者からすれば当然の権利であるし、自分の所属する企業が制度の利用を検討するために行う緊急調査に応じることは雇用契約関係にある従業員としても当然のことであるから、かかる出頭命令を拒む正当な理由があるものと考えられる[20]。

## 5　場所的範囲

47条1項4号は、立入検査を「事件関係人の営業所その他必要な場所」に対して行うことができるとし、審査指針の第2・1(3)は、立入検査の対象範囲として、「立入検査は、違反被疑事業者等の営業部門、経理部門等その名称にかかわらず、審査官が事件調査に必要であると合理的に判断した場所に対して行うものであり、違反被疑事業者等の従業員の居宅等であっても、違反被疑事実に関する資料が存在することが疑われ、事件調査に必要であると合理的に判断した場合には立入検査の対象となる」としている。そして、審査指針考え方 No. 28においても、立入検査の対象として、47条1項柱書きおよび4号において「事件について必要な調査をするため」「必要な場所に立ち入」ることができると規定していることにかんがみて、「必要な場所」の範囲については、事件調査を行うため

---

20）　白石ほか・論点体系406頁〔多田敏明〕。

に必要な法律および経済に関する知識経験を有する審査官の裁量に委ねられているとし、荒川民商事件・最決昭48・7・10刑集27-7-1205を引用して、税務署の立入検査の対象範囲について、権限のある税務職員の裁量的判断が認められているとする[21]。

　しかしながら、審査官に一定の裁量が認められているとしても、あくまでも被疑事実の調査のための立入検査である以上、被疑事実との関連性がないまたは相当に低い場所にまでもが立入検査の対象とされるべきでなく、地引き網的な立入検査は許されないというべきである。この点については、立入検査が事前の司法審査を経ていないにもかかわらず、正当な理由なくして承諾しないかった場合に罰則の制裁をもって実質的に承諾を強制することにかんがみて、立入検査が無制限に許容されるわけではなく、行政調査における比例原則に基づいて必要最小限に認められるべきことが近時指摘されており[22]、妥当といえよう。

　また、上記荒川民商事件・最決昭48・7・10も、税務職員の主観的な判断だけをもって調査権限の行使を是認していない。むしろ、同決定は、「所得税法234条1項の規定は、……調査権限を有する職員において、……<u>諸般の具体的事情にかんがみ、客観的な必要性があると判断される場合には</u>、……<u>その他当該調査事項に関連性を有する物件の検査を行う権限を認めた趣旨</u>であって、この場合の質問検査の範囲、程度、時期、場所等実定法上特段の定めのない実施の細目については、<u>右にいう質問検査の必要があり、かつ、これと相手方との私的利益の衡量において社会通念上相当な限度にとどまるかぎり</u>、権限ある税務職員の合理的な選択に委ねられているものと解す」るとしている（下線は筆者による）。

　したがって、あくまでも「客観的な必要性がある」と検査権限のある当局職員が判断したことを前提としつつ（この点においては担当職員の主観をある程度重視

---

21)　審査指針考え方 No. 28 は、荒川民商事件を引用して、税務署の立入検査の対象範囲について、権限のある税務職員の裁量的判断が認められているとする。なお、審査官による立入検査と提出命令に関して、「強制処分については……独禁法に違反したことを疑うに足りる『相当な理由』及び強制処分を行う『必要性』」が必要であるとの立入検査先からの異議申立てを、公取委が、事件について必要な調査をするために正当な権限の行使であるとして却下した札幌歯科医師会事件・公取委決定昭55・10・24 審決集27-136 がある。

22)　村上ほか・条解648頁〔池田毅〕。

しているとはいえる)。しかし、①調査事項(独占禁止法では被疑事実となろう)と「関連性」を有する物件であることが前提とされ、②質問検査(独占禁止法では立入検査等の強制調査となろう)の客観的必要性があり、かつ③これと相手方との私的利益の衡量において社会通念上相当な限度にとどまることを留保条件としていると解されていることに徴すれば、独占禁止法上の立入検査の場所的範囲も①～③により限界線が画されているといえよう。

### ■ 法務部門への検査

指針の原案(平成27年6月30日公取委発表)では「営業部門、経理部門、法務部門等その名称にかかわらず」(下線は筆者による)、審査官が事件調査に必要であると合理的に判断した場所に対して行うものと記載されており、法務部門が立入検査の対象範囲として明示的に列挙されていた。

この点、営業部門においては、被疑事実にかかる事業活動そのものが行われていることが通常であるから、被疑事実に関連する第一次的な証拠が存在する蓋然性はきわめて高い。また、経理部門についても、特にカルテル事案のように競争事業者との会合の存在が疑われる場合には、会合に関する経費(交通費や会食費等)の処理が経理伝票等に残されている可能性があるため、事案によっては被疑事実に関連性のある証拠が存在する蓋然性が高い。

これに対し、確信犯的な独占禁止法違反行為は社内的にも秘密裏に行われ、法務部門に照会することなく行われている例が多いため、法務部門に関しては、通常は被疑事実に関連する証拠が存在する可能性は低い。少なくとも、被疑事実に関して法務部門にしか存在しない第一次的資料が保管されている可能性は、法務部門の業務内容からしてきわめて低い[23]。

他方で、法務部門は、社内で独占禁止法を含む法令の遵守を推進する部署であり、日々、事業活動について営業部門をはじめとする現場から、実施済みまたは実施予定の事業活動に関する合法性に疑問がある事案について相談・照会が行われている。しかるに、このような、相談・照会が集積する部門が立入検査の対象となるのであれば、営業部門等が合法性に疑問を感じるがゆえに法務部門への相談・照会の必要性が高い

---

[23] 営業部門は、事業活動の相談・照会にあたっては、自分たちの部門にある第一次的な資料の写し等を用いて事案の説明などを法務部門に行うのが通例であって、法務部門に原本を差し出し、かつその写しを営業部門に残さないということは考えにくい。また、法務部門が作成する資料は、第一次資料を検討した結果の第二次資料である。したがって、法務部門にしか存在しない第一次的資料は通常存在しないであろう。

事業活動について、法務部門へ相談することに相当に躊躇を覚え、萎縮することとなり、かえってコンプライアンスの推進の妨げとなり、企業としての自浄機能を発揮させることを阻害することとなる。

　前掲荒川民商事件・最決昭 48・7・10 に照らすと、そもそも法務部門に対して、検査を行う客観的な必要性は低いとともに、コンプライアンスの推進という違反被疑事業者の私的利益との衡量においても社会通念上相当な限度にとどまるとはいえず、前記の留保条件①〜③（▶72 頁）を満たすかどうかは疑わしい。

　なお、立入検査が行われる前から、任意調査や立入検査以外の強制調査が行われていたり、被疑事実に関連する事件について他の当局の調査等が先行しているような例外的な事情がある場合には、法務部門による社内調査がすでに行われていてその社内調査資料が存在している可能性がないわけではない。しかしながら、このような場合であっても、法務部門以外の部門に第一次資料が存在しないというわけでないし、法務部門が立入検査の対象となることによって営業部門等が法務部門に助言を求めることを躊躇するようになる点も変わらない。加えてすでに当局の調査が開始されている場合に、当該調査との関係で作成された社内調査資料を検査対象とするということは、違反被疑事業者の防御権の侵害の程度が大きいこと、さらには弁護士・依頼者秘匿特権の対象となる資料も存在する蓋然性が高いこととの関係[24]からも、やはり法務部門が立入検査の対象とされるべきではない。

　したがって、公取委の運用としては、法務部門に対する立入検査は原則として行わず、万が一、立入検査を行う場合であっても、コンプライアンス推進を阻害しない範囲で社会通念上相当な限度において行うようにすることが、指針の原案において明示されていた法務部門が成案において削除された趣旨にも適うものといえよう。

### ■ 従業員等の私宅への立入検査

　立入検査は、被疑事業者の営業所を対象に行われることが多いが、被疑事業者の従業員等の私宅に行われることもある。条文上、「事件関係人の営業所……その他必要な場所」が立入検査の対象とされていることから、従業員の私宅も立入検査の「必要な場所」と認められれば立入検査は可能という考え方に基づく。

　しかしながら、罰則による制裁を背景に受け入れを間接的に強制し、かつ即時的にプライバシーを侵害する立入検査は、対象・時間・方法について比例原則の適用があり、調査に必要最小限度にとどめるべきである[25]。とりわけ、多数の人が出入りすることを予定している営業所とは異なり、私宅というプライバシーの要保護性の高い

---

24）　依頼者秘匿特権との関係については、後記Ⅲ 1 コラム「弁護士・依頼者秘匿特権対象の文書」（▶79 頁）および第 8 章「弁護士・依頼者間秘匿特権」（▶257 頁〜）参照。

25）　根岸哲「独禁法上の立入検査の性質と限界」企業法研究 216 号（1973）8 頁。

場所に対して立入検査を行うには、事件の関係資料が存在する合理的・客観的な蓋然性があり、立入検査の必要性が高く、その方法や時間的・場所的範囲も、プライバシーという私的利益を侵害することを考慮したうえで、社会通念上相当な限度内にあることを要するとするべきであろう[26]。具体的には、ターゲットとする文書等の種類を絞り込み、検査の時間は必要最小限にして、子供のいる時間を避けたり、(思春期の)子供部屋を検査対象から除いたりするほか、留置物を運ぶ車両も私宅から少し離れた所に駐車するなどして周辺の住人に立入検査が行われていることが気づかれないような配慮もなされるべきであろう。

なお、審査指針考え方 No. 31 においても、「従業員の居宅への立入検査を行う場合には、個人の権利侵害の度合いと違反被疑事実に関する証拠が存在する可能性とのバランスが求められるべきで」あることおよび従業員の居宅等への検査を行うに当たっては、検査対象者に検査の趣旨等を説明するとともに、検査中に不当に個人の権利を侵害することのないよう適切に運用していくことが記載されている。

### ■ 日本国外に設置されているサーバーへのアクセス

前記Ⅱ1(3)に記載したとおり、立入検査にあっては、近年は電子データ文書の探索・収集が重要視されており、サーバーに保存されている電子データ文書も対象となるが、電子文書が保存されているサーバーが日本国外に設置されているということ(いわゆるリモートストレージサーバー)は、外資企業などではありうる話である。日本企業においても、海外拠点に事業活動の本拠地をおき、当該事業活動に関わる文書はその海外拠点のサーバーに保存することもあるし、IT コスト削減やクラウド化推進の流れの中で海外にサーバーを設置するクラウド・サービス業者に電子文書の保管業務を委ねることもある。

このように、PC 等のアクセス端末は日本国内にあるが、アクセス先であり、かつ電子データ文書の保存先であるサーバー等は日本国外に設置されているという場合に、審査官が立入検査において当該サーバーに保存されている電子データ文書にリモートアクセスしてこれらを HDD、USB または DVD 等の記録媒体に複写保存をすることは許されるのであろうか。

立入検査が違反被疑事業者の承諾を得てなされるものであったとしても、その承諾は刑事罰という制裁の威嚇のもとに獲得されているものである。この点、刑事手続における捜査活動はわが国の主権行使であり、条約または相手国の承認がない限り、相手国における刑事捜査、とりわけ強制捜査は相手国の主権を侵害するものであって行うことができないとされている。独占禁止法の立入検査には、刑事手続の強制捜査と

---

26) 白石ほか・論点体系 407 頁〔多田敏明〕。

は異なり、直接強制性をもたないが、刑罰権発動という日本国の主権行使の可能性を基礎として日本国外のサーバーにアクセスすることは、相手国において日本国の主権を作用させている点では、刑事捜査同様に、相手国の主権との緊張関係が生まれることになる。

　また、そもそも、国内の営業拠点の管理責任者が日本国外に設置されているサーバーについて管理権限を有しているのかどうかが問題となる事案もあるであろう。この点について、わが国も締約国の一つであるサイバー犯罪に関する条約の 32 条では、「締約国は、他の締約国の許可なしに、次のことを行うことができる。」として、「a　公に利用可能な蔵置されたコンピュータ・データにアクセスすること（当該データが地理的に所在する場所のいかんを問わない）」、「b　自国の領域内にあるコンピュータ・システムを通じて、他の締約国に所在する蔵置されたコンピュータ・データにアクセスし又はこれを受領すること。ただし、コンピュータ・システムを通じて当該データを自国に開示させる正当な権限を有する者の合法的なかつ任意の同意が得られる場合に限る。」としている（下線は筆者による）。刑事捜査にあっては、PC（電子計算機）が差押えの対象である場合、当該 PC に電気通信回線で接続している記録媒体から一定の要件のもとに電磁的記録を他の記録媒体に複写したうえで当該記録媒体の差押えを認めているものの（刑訴法 218 条 2 項）、国外設置サーバー等へのリモートアクセスについてはサイバー犯罪に関する条約に照らし、同条約 32 条 a または b に該当しない限り、一般には、当該他国の同意を取り付けるか、捜査共助の要請によるべきと解されるとされているようである[27]。

　かかるサイバー犯罪に関する条約の趣旨や刑事捜査における取扱いに徴すると、PC 等のアクセス端末が国内にあるからといって、日本国外に設置されているサーバーに保存されている電子データ文書に立入検査の中でアクセスし、当該サーバーから電子文書を記録媒体に複写することは、当該電子データ文書を日本に開示させる正当な権限を有する者からの同意がない限り、サーバー設置国の主権を侵害すると解されるおそれがある。

　もちろん、行政調査と刑事捜査の相違を強調して、間接強制としての立入検査にはサイバー犯罪に関する条約の趣旨は及ばず、立入検査対象の営業所等の管理責任者に国外設置サーバーへのアクセス権限がある限りは、審査官によるリモートアクセスや複写も問題ないとする考え方もありえよう。ただし、刑事捜査に準じて扱われる犯則調査についても同様のことがいえるのかどうか、かりに犯則調査ではサイバー犯罪に関する条約の趣旨を尊重した対応をとるのだとすると、通常の行政調査と犯則調査とでは国外設置サーバーへのリモートアクセスについて異なる取扱いとなるが、果たし

---

[27]　安冨潔『刑事訴訟法〔第 2 版〕』（三省堂・2013）218 頁。

てそのような不均衡が生じることが妥当なのかどうか、検討の余地はあろう。

　なお、国外設置サーバーへのアクセスおよび同サーバーに保存されている電子文書の記録媒体への複写についてだけは立入検査から切り離して任意調査として行う、という手法が考えられないではないが、刑事罰の威嚇のもと行っている立入検査のさなか、突然この部分だけ任意調査で行うといわれても、刑事罰による威嚇の影響を取り払うことは困難であり、違反被疑事業者側からの同意が真に任意の同意であるかどうかについては疑問なしとしない。この点の疑念を払拭する観点からは、公取委職員としては、立入検査の実施中ではなく、立入検査の実施日とは別の日に改めて任意調査を行い、当該営業所等の管理責任者が国外設置サーバーに保存されている電子データ文書について日本国で開示させることについての権限があるかどうかを十分に確認したうえでその者から承諾を得て、当該サーバーにアクセスし、記録媒体への複写を行うべきであろう。

## 6　時間的範囲

　犯則調査による臨検等は、許可状に夜間でも執行できる旨の記載がなければ日没から日の出までは執行に着手することができず、日没前に開始した臨検等は、必要があると認めるときに限って、日没後まで継続することができるとされている（104条1項、2項）。

　これに対し、立入検査については、時間的範囲の明文規定がない。しかしながら、このことは、時間的に無制限に許容されることを意味するものではない。犯則調査における強制処分と異なり、立入検査が相手方の承諾を得たうえで行われているとしても、その承諾は罰則による制裁をもとにして間接的に強制されていることから、検査の対象範囲（場所的範囲）と同様に、比例原則の適用があるというべきであろう。また、任意の供述聴取であっても、指針の第2・2(4)アでは、深夜（午後10時以降）に及ぶ聴取は慎まなければならないとされている。

　他方で、立入検査および提出命令を完了させず、中断すれば、中断中の証拠破棄の危険性もあり、犯則調査の臨検等も必要がある場合には日没後の継続も認められ、実際に夜間にわたって継続され翌日まで続くこともあるとされている[28]。

　任意の供述聴取における供述人も、立入検査に立ち会う責任者等も立入検査の

間は事実上その場を離れることができず行動の自由が制約されている点において同じ状況にあることにかんがみれば、立入検査についても午後10時以降に及ぶことは慎むべきであり、①立入検査の対象範囲が営業部門だけでも広範であり、午後10時以降に及ぶことが真にやむをえない場合、または②後記Ⅳ2（▶91頁）にて指摘する違反被疑事業者側の現場での謄写要求など違反被疑事業者側の事情により立入検査または提出命令発出が遅延した場合などに限って、午後10時以降の立入検査・提出命令の継続が認められるべきであろう。

## 7 不服申立て

47条の規定に基づいて審査官がした立入検査等の処分を受けた者が当該処分に不服があるときは、処分を受けた日から1週間以内に、その理由を記載した文書をもって、公取委に異議の申立てを行うことができるとされており（審査規則22条）、異議申立期間が1週間と相当に短期間であることに注意をしなければならない。

なお、指針の策定により導入された苦情申立制度（第2・4）は、強制調査ではない任意の供述聴取のために設けられたものであるが、事業者向け説明資料の末尾では、「事件担当部署に対して、調査手法についての申入れのほか調査中の事件に関して御意見をいただいた場合には、誠意をもって対応することとしています。」と記載されていることから、是正・検討が必要と思われる立入検査の運用については、異議申立ての手法に限定されることなく、積極的に意見を公取委に対して述べてくことも検討されてよいように思われる。

なお、不服申立てについては、第5章Ⅰ「審査官の処分に対する異議申立て」（▶159頁）も参照。

---

28) 白石ほか・論点体系554頁〔藪内俊輔〕。

## III 提出命令への対応

### 1 提出命令の対象範囲

　提出命令の対象範囲については法47条3項において特に規定されておらず、指針の第2・1(4)アでは、「物件の提出命令は、審査官が事件調査に必要であると合理的に判断した範囲で行う」とされている。

　しかしながら、提出命令も、立入検査と同様に、被疑事実の調査のために行われるものである。また、罰則の制裁を背景として命令の対象とされた文書等の物件の提出について承諾を求める強制調査である。さらに、立入検査当日の提出命令は、立入検査と時間的な連続性をもって行われる（前記Ⅱ1〔▶56頁〕参照）。

　そのため、提出命令においても、立入検査と同様に、被疑事実の関連性が当然要求されるとともに、行政調査上の比例原則の適用があり、また税務調査の質問検査に関する荒川民商事件・最決昭48・7・10の趣旨が及ぶものと解される（前記Ⅱ5〔▶70頁〕参照）。

　したがって、①被疑事実と「関連性」を有する物件であることが前提とされ、②提出を要求する客観的必要があり、かつ③これと相手方との私的利益の衡量において社会通念上相当な限度においてとどまることが提出命令の要件となると解される。

---

■ **携帯電話**

　指針の第2・1(4)では、「個人の所有物のように、一般にプライバシー性の高いもの（手帳、携帯電話等）であっても、違反被疑事実の立証に資する情報が含まれていることが疑われるため、審査官が事件調査に必要であると合理的に判断した場合には提出を命じる」とされ、個人の携帯電話であっても提出命令の対象になるとされている。

　たしかに、不当な取引制限など、競争業者間での「意思の連絡」が重要な立証要素となるような場合には、被疑事実に関与したと疑われる従業員等の携帯電話には、被疑事実の立証に資する情報が含まれている可能性があるといえる。

他方で、不当な取引制限、共同の取引拒絶および通謀型の私的独占とは異なり、競争業者間での「意思の連絡」が成立要件等とされていない違反行為においては、特段、従業員の携帯電話が被疑事実の立証に資する情報が含まれている可能性が高いとはいえず、携帯電話の提出を要求する客観的必要性は低いといえよう。加えて、携帯電話については、プライバシー性が高く、相手方との私的利益の衡量の観点からは、一般論としては、「意思の連絡」を伴わない違反行為が被疑事実である場合は、携帯電話は、提出命令の物的範囲を画する前記②③の要件（▶78頁）を満たしていない例が多いといえよう。

　また、「意思の連絡」を伴う違反行為が被疑事実である場合であっても、携帯電話を留置されれば、相手方は新たな携帯電話を購入することによる高額な費用負担や電話番号やメールアドレスの変更等に伴う不利益のほか（これらはプライバシー性が高いという点で共通する手帳を提出する場合には生じない不利益である）、携帯電話に保存している、被疑事実とは関係のない種々の情報を利用することが困難になるなど、プライバシー侵害以外にもさまざまな不利益を被る。したがって、通信履歴など他の記録媒体（micro SD メモリーカード等）に複製保存ができない情報がある場合には、携帯電話の提出を求めざるをえないとしても、当該携帯電話の保存情報のうち他の記録媒体への複製保存ができる情報については、所持者が提供する記録媒体への複製保存を行うなど、可能な範囲で所持者が当該携帯電話の保存情報を利用できるような取扱いが求められる。

### ■弁護士・依頼者秘匿特権対象の文書

　欧米を中心とする諸外国では、一定の条件の下で、依頼者と弁護士との間の法的アドバイスにかかる秘密の交信（コミュニケーション）は、口頭によるものと文書によるものとを問わず、当局・第三者との関係でも秘密性を法的に保護され、競争当局の調査においても当該交信の提出を拒否できるという、弁護士・依頼者秘匿特権が認められている。

　これに対し、わが国では、弁護士・依頼者秘匿特権は法制としては認められていない。JASRAC 事件記録閲覧謄写許可処分取消請求事件の東京高判平 25・9・12 審決集 60-2-167[29]においても、具体的権利ないし利益としての弁護士・依頼者秘匿特権は認められていない。

　弁護士・依頼者秘匿特権については、別途第 8 章（▶257 頁〜）において論じられ

---

[29) 　審判資料の閲覧謄写請求に対して弁護士・依頼者秘匿特権等で保護されるべき資料の不開示を求めた原告に対して、わが国の原稿の法制度の下では、弁護士と依頼者の意思疎通の内容について公取委が利害関係による閲覧謄写を拒否する正当な理由となるべき、具体的権利ないし利益としての弁護士・依頼者秘匿特権なるものが存在することは肯認できないとした。

ているため、詳細な議論は同章に譲ることとして、ここではありうべき考え方の骨子だけを述べておくこととしたい。

　まず、懇談会報告書の第4・2(2)では、公取委によると「秘匿特権の対象となる文書は立証のための決定的な証拠となった事例はない」とされていることからすると、証拠としての必要性は低いことを指摘できる。この点は、弁護士と依頼者との交信において作成される文書は、すでに存在する第一次資料を基礎とするものであるため、弁護士依頼者間の交信文書を証拠とせずとも、その基礎となった第一次資料を証拠とすれば足りることからしても、上記の公取委の指摘は正しい。

　次に、弁護士・依頼者秘匿特権とは、依頼者が企業等の事業者である場合には、事業者が安心して弁護士に相談し、すべてを包み隠さず弁護士に相談することによって、正確な情報に根ざした法的助言を弁護士から得ることを目的としており、事業者のコンプライアンスの推進・向上に必要不可欠な制度・仕組みである。逆に、弁護士と依頼者との交信が当局に知られ、事業者に不利な証拠として使われるとなると、事業者に萎縮効果が働き、弁護士に対して十分な相談ができなくなるため、弁護士と依頼者との交信に係る資料に対して提出命令を発することは、事業者のコンプライアンスの推進・向上を阻害するという点で、事業者の私的利益を損なうだけでなく、コンプライアンスという公益に準じる利益を損なうものとすらいえる。

　そうだとすると、弁護士・依頼者間の交信文書に対する提出命令は、提出を求める客観的必要性と相手方との私的利益の衡量において社会通念上相当な限度においてとどまっているとはいえず、前記③（▶78頁）の要件を欠く点で、提出命令の物的範囲を超えており、提出命令の対象とするべきではないといえよう。

## ■ 電子データとしての弁護士・依頼者秘匿特権への対応

　電子データを記録媒体（USBメモリ等）に複写し、当該記録媒体に対して提出命令を発する場面では、弁護士・依頼者秘匿特権は困難な問題に直面することになる。サーバーの中にある被疑事実に関連する電子データ文書に関して、審査官は個々の文書内容を確認したうえで複写保存するというよりは、被疑事実に関係する事業部門の文書が保存されているファイルの中からフォルダ単位で複写保存していると思われるところ、提出命令の際の目録と物件との照合の際、違反被疑事業者としては、記録媒体内の電子データを視認することができないため、弁護士・依頼者間の交信文書が記録媒体に複写されているのかどうかの確認が事実上不可能だからである。

　この点に対する対策としては、①事業者としては、弁護士・依頼者間の文書による交信は紙媒体にて行うこと、②かりに、弁護士・依頼者間の交信文書を電子データにて保存する場合には専用フォルダを保存し、立入検査時には当該専用フォルダの複写しないよう審査官に要請すること、③これら①②の対応をしていなかった場合には、

公取委の複写保存したフォルダや PC を確認しておき、立入検査後、それらの中の弁護士・依頼者間の交信文書をリスト化し、かかるリストを公取委に可及的速やかに提出し、証拠から除外するように要請することなどが考えられよう。

## 2　立入検査当日の謄写

### (1) 日常の事業活動に必要な資料等
(a)指針の立場

　指針の第2・1(4)ウでは、「立入検査当日における提出物件の謄写の求めについては、事業者の権利として認められるものではないが、日々の事業活動に用いる必要があると認められるものについて、立入検査の円滑な実施に支障がない範囲で認めるものとする。……なお、謄写の方法については、違反被疑事業者等所有の複写機だけではなく、デジタルカメラ、スキャナー等の電子機器を用いることも認められる。」とされている。

　公取委が留置する資料等の物件の中には、日常の事業活動に必要なものがあり、これらが違反被疑事業者の管理下から離れるとなると、円滑な事業活動が著しく害されることになる。たとえば、スケジュール情報が記載されている手帳などはその典型例であり、手元からなくなれば、翌日以降、場合によっては当日の活動にすら支障を来すことになる。

　このため、指針でも、「日々の事業活動に用いる必要があると認められるもの」については、立入検査の円滑な実施に支障がない範囲で認めるものとしている。

(b)必要性の判断権者

　「日々の事業活動に用いる必要」があるかどうかについては、事業活動にあたっている被疑事業者側の担当者らこそが最もその点を判断する能力を備えているので、それらの者の判断が尊重されるべきであり、違反被疑事業者側に第一次的な判断権があるといえよう。

(c)立入検査の円滑な実施に支障がない範囲

　審査指針考え方 No. 35 では「立入検査の円滑な実施に支障がない範囲」は個

別具体的な事案ごとに判断されるため、具体的な例示は困難としているが、逆に支障が生じうる例としては、①提出物件を破棄される可能性がある場合、②謄写作業に非常に時間を要するような場合[30]が挙げられている。被疑事業者の立入検査後の円滑な事業活動を保障することで、提出命令における比例原則を担保する観点からは、検査に支障が生じる明白かつ切迫した危険性がない限りは、「立入検査の円滑な実施に支障がない」と扱われるべきであろう。

### (2) その他（日常の事業活動に必要な資料以外）の物件

(a) その他物件の当日複写の必要性と許容性

日常の営業活動に必要な資料とまではいえない文書等ではなくても、被疑事実に関連する資料等は、被疑事実が不当な取引制限（カルテル・入札談合）であれば課徴金減免の事後申請を検討するうえで有用であろうし[31]、被疑事実が不当な取引制限以外の違反行為であったとしても、被疑事業者の社内調査や公取委の調査への対応を検討していくうえで重要である[32]。また、国際カルテル事件において、被疑事実に関する重要な証拠を他の違反被疑事業者よりも早期に提出したことによって罰金や制裁金の減額の度合いが変わるような制度を採用している海外当局との関係では、提出命令の対象となる被疑事実に関連する資料等を謄写して立入検査当日に入手しておくことの有用性は高いといえる。

この点、提出命令における提出者には、後日、留置物件に関する閲覧謄写の機会が与えられている（審査規則18条）。しかしながら、後記3(2)（▶85頁）のとおり、審査規則による謄写閲覧は、実務において、立入検査の翌日からただちに認められているわけではなく、立入検査から数週間を経てから認められるのが一般的である[33]。そうだとすると、不当な取引制限にあっては申請に期限のある課

---

30) 審査指針考え方 No. 34。
31) なお、調査開始日以後の課徴金減免申請については、後記(b)①の電子データ文書など原本自体の提出を求められない媒体の活用や関係する役職員のヒアリングの実施による対応が代替策として提案されているほか、他社が先んじて申請する可能性から確保が困難な資料収集や関係資料の精査に割く時間の余裕のなさについても指摘されている（白石ほか・論点体系550頁〔藪内俊輔〕）。
32) 白石・争訟実務127頁〔渡邉恵理子〕は、事業者が、調査手続中に適切な防御活動を行ううえで、公取委が収集した証拠を検討・評価することがきわめて重要であり、証拠の閲覧・謄写は事業者の防御権の基礎であるとする。
33) このほか、迅速かつ円滑な制度利用の障害となる運用例として、公取委から、閲覧謄写の必要性の

徴金減免の事後申請を検討するためにも[34]、また他の違反行為についても早期に被疑事業者としての調査対応方針を検討するために、被疑事実に関係する資料を立入検査当日に謄写しておく必要がある[35]。

　他方で、日常の事業活動に必要な資料以外の物件について謄写を認めることについて弊害があるとすれば、前記(1)(c)（▶81 頁）でみたとおり、証拠破棄の危険性のほか、長時間を要する謄写作業により検査または提出命令の円滑な実施が阻害されることであろう。しかし、違反被疑事業者側においても、被疑事実に詳しくない部署の従業員に謄写作業を行わせることや被疑事実に関係する部署の従業員等の意見を参考にして謄写する資料の範囲を限定させることで、そのような弊害を除去することが考えられる[36]。

　したがって、被疑事業者側が謄写範囲を限定するなど弊害除去に向けた対応をする限りにおいては、運用上、被疑事実に関係する資料についても検査当日の謄写が許容されてしかるべきであろう[37]。

(b)留意点
①電子データ文書の検討の重要性
　立入検査当日に被疑事実に関係する紙媒体の資料を謄写することの必要性・有

---

　　立証が求められたり、目録の記載が簡潔であるにもかかわらず詳細な特定が求められたりすることを指摘するものとして、村上ほか・条解 864 頁〔川合弘三＝島田まどか〕。
34)　課徴金減免の事後申請は、立入検査後、休日を除き 20 日以内に行わなければならない（減免規則 5 条）。この点、審査指針考え方 No. 34 は、課徴金減免の事後申請は、期限までに必要な資料を提出すれば足り、検査当日に詳細な資料をすべて提出しなければ行えないわけではないとする。しかしながら、事後申請では、提出命令等によりすでに公取委によって把握されているものを除く事実・資料（以下「新規情報」という）の提出が求められているため（7 条の 2 第 12 項 1 号）、事後申請を行う事業者としては、種々の被疑事実に関係する資料を担当者らに提示して可能な限りの記憶を喚起させることで、より確実に新規情報を入手し期限内に提出しておくことが求められている。
35)　検査当日の謄写の必要性は、審査規則 18 条による閲覧謄写がどれだけ迅速に認められるかによっても大きく変わってくる。事件および留置物件の規模にもよるであろうが、立入検査の数日後からの閲覧謄写が可能となることが望まれる。
36)　なお、書類の謄写が限度を超える場合には検査妨害として罰則の対象となりうるとする見解もあるが（酒井紀子「公正取引委員会の業務と法曹有資格者の活動」自由と正義 55 巻 6 号〔2004〕55 頁）、謄写範囲を限定する場合には「検査を妨げ」た（94 条 4 号）とまではいえないであろうし、提出前の謄写は、罰則を背景とした提出の受忍義務に従うことを前提としたうえで、提出に先立って複写を行うにすぎないので、「提出しない」（94 条 3 号）に該当するとまではいえないであろう。
37)　従前の実務においても、日常の事業活動に必要なもの以外の資料について、提出前の謄写が認められた例も散見されたようである（白石・争訟実務 55 頁〔酒井紀子〕）。

用性は否定しがたいが、同時に、電子データ文書の検討にも重点がおかなければならない。実務上、サーバー保存の電子データ文書は、DVD・USB・HDD の記録媒体に複写されて当該記録媒体それ自体に提出命令が発せられたり、印刷されて留置されるのが一般的であるため、これらの電子データ文書の原本に相当するデータはサーバーや PC に残存し、違反被疑事業者の手元に残ることになる。電子メールによる交信やワープロ・計算ソフトによる文書作成が日常化している今日、紙媒体の証拠物の重要性が相対的に減じていることも事実である[38]。このため、違反被疑事業者としては、提出命令の対象となった紙媒体の資料の複写だけでなく、デジタル・フォレンジック技術等を用いた被疑事実に関連する電子データ文書の検索・検討にも力を入れることが考えられる。

②米国等が絡む国際カルテル事件での対応

　近時の国際カルテル事件では、複数の競争当局が各国で被疑事業者の営業所等に同時に立入検査等を行うことがある。このように、立入検査段階で、被疑事実国際カルテルであり、米国市場への影響が疑われる場合には[39]、事後に米国でカルテル被害者らによる民事訴訟が提起される可能性がきわめて高い。米国法下の民事訴訟における広範なディスカバリー制度により、違反被疑事業者が謄写した証拠について提出義務が生じる可能性が高いため、立入検査当日に被疑事実に関係する資料等まで謄写をするかどうかについては慎重な検討を要する。とりわけ、米国反トラスト法違反の民事損害賠償訴訟では 3 倍賠償制度や集団訴訟制度があり、賠償額が高額となるおそれが高いことからすると、日本法の下だけでの部分最適を求めるのではなく、当該国際カルテル事件での全体最適を確保する観点から、①米国反トラスト法の適用および違反の可能性の大小、②米国または他国の当局に被疑事実に関連する証拠を提出することによる罰金・制裁金の減額の度

---

38) ただし、電子データ文書の印刷物への手書きでの書き込みなどが重要な意味をもつこともあるため、電子データ文書の検討のみで足りるということにはならないであろう。
39) 国際航空貨物利用運送業務事件・排除措置命令平 21・3・18 審決集 55-723 のように、当初は日本当局（公取委）のみに調査対象とされた案件が、公取委による行政処分後、米国当局の調査対象となるような日本当局先行型事件もあるが、公取委の立入検査当日に被疑事実告知書の内容や時間的に限定された社内調査から、将来の米国当局からの摘発についてまで予測して謄写対応を行うことは困難であることが多いであろう。

合い等について現地弁護士との検討を踏まえ、謄写の必要性・有用性が高い場合には、審査規則18条の閲覧謄写制度（後日謄写）を利用することになろう。

## 3　審査規則18条による閲覧謄写対応（後日謄写）

### (1) 閲覧謄写手続の概要

　審査規則18条による閲覧謄写制度は、提出命令立入検査の翌日から公取委への申込みが可能であり（図表2-8参照）公取委への申込み後、違反被疑事業者の意見も聴き、閲覧謄写の日程調整を行い、公取委に指定された日時・場所・方法にて閲覧謄写を行うことになる（同条2項）。

　日時は、対象物件の量にもよるが、平日で複数日にわたり謄写作業が認められることが多い。場所は、通常は公取委庁舎内であり、閲覧謄写の方法としては、被疑事業者（提出を命じられた者）がコピー機やスキャナー機を自前で持ち込み（実務上レンタルリースを用いることが多い）、審査官が終始監視する下で、被疑事業者の従業員または代理人にて閲覧および謄写をするのが一般的である（なお、持ち込める複写機の数には公取委庁舎の電源容量の関係から制限があるほか、謄写の際は、物件の原状を維持するため、ホチキス止めの資料についてはホチキスを外すことはできず、複写機のオートフィーダー機能を用いることはできないため、1枚1枚を謄写するなど謄写の方法にも制限がある）。

　「事件の審査に特に支障を生ずることとなる場合」には閲覧謄写は認められないとされており（同条1項ただし書）、事件関係人の間で回覧・打合せが行われ、事案解明を妨害するおそれがある場合などが想定されているが[40]、閲覧謄写申請が拒否された事例はないようである。

### (2) 課　題

　平成17年改正により導入された制度であり、同改正前までは被疑事業者の権利としてはいっさい認められてこなかった留置物件についての閲覧謄写が認めら

---

40)　根岸・注釈648頁〔鈴木孝之〕。

●図表 2-8 「提出物件の閲覧・謄写申請書」

平成　年　月　日

提出物件の閲覧・謄写申請書

1　事件名
平成○○年（査）第…号　◇◇の製造販売業者らに対する件

2　申請者

| 事業者名 | |
|---|---|
| 代表者名 | |
| 所在地 | |

3　閲覧又は謄写対応者

| 部署名・役職名 | |
|---|---|
| 対応者名 | |
| 連絡先 | |

※　代理人も立ち会いを行う場合には、委任状を提出してください。

4　閲覧又は謄写

| | 閲覧のみ希望 | | 謄写のみ希望 | | 閲覧及び謄写を希望 |
|---|---|---|---|---|---|

※　希望するものに○を付してください。

5　閲覧又は謄写希望日時

| 第1希望日 | 平成　年　月　日（　）　午前・午後　時　～　時ころ |
|---|---|
| 第2希望日 | 平成　年　月　日（　）　午前・午後　時　～　時ころ |

6　閲覧又は謄写を希望する物件（留置物目録記載事項による）

| 品目番号 | 品目名 | 数量 | 備考欄 |
|---|---|---|---|
| | | | |
| | | | |
| | | | |

7　謄写枚数（謄写を希望する場合）

| 約　　　　　　枚 |
|---|

8　閲覧又は謄写を希望する理由

| |
|---|
| |

※　用紙が足りない場合には別紙により作成し、同申請書に添付してください。
※　謄写・閲覧の際は、必ず対象となる提出命令書の原本を持参してください。

れたという点では適正手続・防御権の保障の観点からは大きな意味をもつ。

　運用における課題は、やはり閲覧謄写ができるまで数週間待たされることが多いという、時期についてであろう。この点の改善が見られない限り、立入検査当日の被疑事実に関する資料の謄写に対する違反被疑事業者の要請は今後も継続して生じることになろう。

　また、被疑事業者が自前で複写機等を持ち込むという方法については、現在、公取委における有料の複写機の設置について検討が進められているようであり[41]、早期の実現が望まれる。

　なお、米国が絡む国際カルテル事件については慎重な対応が必要であることについては、前記2(2)(b)②参照。

## 4　提出命令品目録の概要と課題

　公取委の審査官は、立入検査に際し、調査に必要な物件を発見した場合には、これらを提出命令品目目録に記載し、対象物件の所持者に提出命令書を送達する（審査規則9条1項4号）。通常、提出された物件は、公取委に留置されることになり、留置にあたっては留置調書とともに留置物品目録を作成し（同15条）、提出者に留置通知書とともに交付する（同16条）。指針の第2・1(4)イでは、「留め置くに当たっては、立入検査場所の責任者等の面前で物件を<u>1点ずつ</u>提示し、全物件について当該目録の記載との照合を行う」としている（下線は筆者による）。

　かかる目録作成にあたっての実務上の課題は、「1点」という概念が曖昧なものであり、目録の記載（物件の特定情報）があまりに概括的なことである。複数の文書が1つの標目に包含されて「1袋」に保管にされるなど、文書の特定性という点できわめて不十分なものであることは従来から指摘されている[42]。提出命令および留置は、命令対象者の対象物件に対する所有権ないし占有権を制限していることからすると、後々留置文書を所持者側で特定できないような概括的な記

---

41)　審査指針考え方 No. 38。
42)　白石・争訟実務 129 頁〔渡邉惠理子〕。

載では、還付の際に留置された物件がすべて返還されているかどうかを確認するうえで問題があるし、審査規則 18 条による閲覧謄写にあたって閲覧謄写を行う物件を選別の効率性も阻害する。

　他方で、目録作成にあたり、詳細な記載を求められるとなると、提出命令・留置に長時間を要することもまた事実であるため、迅速かつ効率的な提出命令・留置に支障に来さない方法も求められているといえる。

### ■ 照合時のデジタルカメラ等による表紙等の撮影

　提出命令および留置の品目目録の特定性を高めるための一つの対応方法として考えられるのは、提出命令・留置の際の目録と物件との照合時に、物件のスマートフォンのデジカメ機能等を用いて、違反被疑事業者側で提出物件を撮影して補充情報とするという方法であり、違反被疑事業者側より、照合の際、提出物件の撮影を求められた場合には、審査官がそれを許容するという運用が考えられる。

　たとえば、いくつもの文書を「1 袋」に入れられてしまう場合には、ホチキスやクリップによりとめられている文書単位で机上に並べて照合する際に、各文書の 1 枚目をデジカメで撮影することで、違反被疑事業者側にも文書特定に関するかなりの情報が残ることとなるし、審査官が各文書ごとに 1 枚目の標題等を目録に記載するよりははるかに迅速に手続を進めていくことができると思われる。

　ファイル・フォルダ・バインダー・ノート・手帳等についても、撮影によって形状・色等のビジュアル情報が残るため、被疑事業者側でもそれらの写真を見れば、目録の文字情報に比べると、どのような文書や情報が記載されているかより正確に予測することができよう（各物件の中身の 1 枚目を撮影すればさらに特定性を高めることができよう）。

　スマートフォンの普及率を考慮すれば、違反被疑事業者側でも撮影機能を有する機器を手元に有している可能性は高いので、現実的な文書等の特定方法といえる。

### ■ 公取委による後日補充

　提出命令および留置の品目目録の特定性を高めるための方法として、公取委側で留置後に作成するであろう留置物品の初期のリストを違反被疑事業者と共有することも考えられる。

　審査指針考え方 No. 37 および No. 39 には、「立入検査直後には、留置した数多くの物件を早急に整理」すると記載されており、この整理にあたっては、何がしかの整理表が目録の番号等と関連づけて作成され、その整理表には提出物件の特定に有用な情

報が記載されていると推測される。審査官らによる証拠としての評価に関する情報等を除いた、特定性を高める情報のみを抜粋したリストないし整理表を違反被疑事業者に交付することができるのであれば、現行実務における特定性の不備を補う観点からは有意義といえる。

■ **電子データ文書（記録媒体）の提出命令等への対応**

　指針の第2・1(4)アでは、「サーバ、クライアントPC等に保存された電子データ（電子メール等のデータを含む。）については、記録媒体に複製及び保存したもの（必要に応じてクライアントPC等の本体）の提出を命じる。」とされている。このため、記録媒体に複線保存された電子データは、品目目録では記録媒体（USBメモリ等）それ自体が品目として記載されるだけであって、当該記録媒体に複製保存された文書の表題や内容は品目目録の記載からは何もわからないことになる（図表2-6末尾参照）。

　他方で、サーバー内またはPC内にある電子データをフォルダ単位で複製保存すれば被疑事実との関連性がほとんどない文書も複製されている可能性は十分にあるであろうし、公取委に留置された電子データについて記録媒体の名称以外に何らの情報がないということは違反被疑事業者にとって審査への対応方針等を構築する観点からも好ましいとはいえない。また、電子データは複製されたデータが収集されるため、原本に相当するサーバー内またはPC内の電子データは違反被疑事業者側の残ることから、デジタル・フォレンジック技術等を用いて効率的な分析ができるにもかかわらず、複製保存された電子データ文書がわからないためにそれがかなわないというのも好ましくない。

　そこで、違反被疑事業者側としては、複製保存された電子データに関する情報を取得することを検討するべきであり、方法としては、①PC内データについては、公取委は、複製保存する文書データ等を収集したフォルダをPC内に作成し、そのうえで当該フォルダ内の文書を複製保存することがあるため、その場合には当該フォルダ内の文書データを確認するという手法が、②サーバー等であれば複製保存に立ち会う違反被疑事業者の役職員によって複製保存したデータの保存先のメモを取るという手法が、③留置の照合等の祭に、複写したフォルダの名前等を審査官らに確認するという方法が考えられよう。

　ちなみに、韓国独占禁止法では、電子データを収集した調査公務員は、収集された電子データについて被調査事業者が複製を要請した場合にはこれを交付しなければならない」（調査手続規則23条1項）とされており[43]、今後日本においても同様の運

---

[43] 21世紀政策研究所「韓国の競争法審査手続に関する実態調査報告」（2016）8～9頁。www.21ppi.

用が望まれる。

## 5 不服申立て

立入検査同様、提出命令についても、独占禁止法 47 条の規定に基づいて審査官がした処分なので、当該処分に不服があるときは、処分を受けた日から 1 週間以内に、その理由を記載した文書をもって、公取委に異議の申立てを行わなければならない（審査規則 22 条）。その他については、前記 II 7（▶77 頁）および第 5 章 I（▶159 頁）参照。

# IV　その他の立入検査・提出命令等の諸問題

## 1　第二次立入検査等

立入検査が行われるのは一つの事件について一回とは限らない。同一事件について、初回の立入検査から間を空けて「第二次立入り」などと呼ばれる立入検査が行われることがある。審査の膠着状態の打破や立入検査後も違反行為が継続されている場合にはその証拠の収集を目的として行われるようであるが、初回の立入検査から時間が経過しており、その間、社内調査の結果を記した資料（報告書等）が作成され、法務部門等に保管されている可能性が高いためか、第二次立入りでは法務部門等が検査対象とされることが少なくないことに注意を要する。法務部門への立入検査の問題点については前記 II 5 コラム「法務部門への検査」（▶72 頁）参照。

なお、このほか、法務部門への立入検査が行われる可能性がある例としては、①同一商品について他国でカルテルが行われることが疑われている事案で、他国の競争当局の調査が先行している場合、②刑法の談合罪に関する捜査が先行している場合など、先行する関連案件があるため、社内調査報告書等が法務部門に作

org/pdf/thesis/160315.pdf。

成・保管されていることが想定される案件が考えられる。

## 2 任意提出等

### (1) 手続の概要

　行政調査においては、公取委職員が被疑事業者の営業所等に赴き、相手方に資料の提出等について任意の協力を求めたり、任意の供述聴取の際に供述人が指摘した資料等について任意の提出を要請したりすることが実務上見受けられる。行政調査は、強制調査権限に用いることなく、関係者の任意の協力を得つつ、行われることもある。

　物件等の任意提出に際して、審査官は、「必要があると認めるときは」、提出事件関係人等に、物件の所有者等の氏名・職業・住所品目・提出年月日を記載した文書（任意提出書）の提出を求めるものとされている（審査規則19条）。手続の明確性を確保する観点からは、任意提出書の作成が困難な場合を除き、原則として「必要があると認めるとき」に該当し、任意提出書の提出を求めるべきであり、実際にそのような運用がなされているようである。

　なお、公取委の運用上、任意提出書の品目録は、提出者から要請すれば、写しを交付することとされている[44]。

### (2) 違反被疑事業者の留意点

#### (a) 任意調査であることの確認

　当該調査が任意調査であることについての告知方法としては、指針の第2・1(2)において、「審査官等は、相手方に対し、身分証明書等を提示した上で、当該事件調査の趣旨及び独占禁止法第47条の規定に基づくものではなく相手方の任意の協力に基づいて行うものであることを説明」するとされている。

　もっとも、「任意」という言葉がもつ具体的な意味、すなわち「要請に応じない場合でも罰則の適用を受ける等の不利益な取扱いを受けることがない」という

---

[44] 審査指針考え方 No. 43。

点については、審査指針考え方 No. 49 では、「審査官等は相手方に対して独占禁止法第 47 条に基づくものではない旨を説明……することで、これに応じない場合でも罰則の適用がないことは明確に伝わるものと考えます」とされ、上述した「任意」という言葉の相手方にとっての実質的な意味を伝えることについては、「事件調査に応じなくてもよいと公正取引委員会側から慫慂するようで適切でないと考えます」とされている。

これに対し、任意調査の問題点としては、任意の外形をとりつつ、事実上の強制に近いような実質を伴う調査方法であることに留意を要するとの指摘がされている[45]。また法的素養が常に高いとは限らない相手方が、「独占禁止法第 47 条に基づくものではない」との説明から、要請に応じなくとも不利益な取扱いを受けないことを理解するかどうか疑問でもあるが、要請を受けた従業員等が適切な判断を下せるよう、事業者側において、調査には強制的なものと任意のものがあり、任意調査においては、当局の要請に対していったん保留して法務部門等が相談したうえで対応を決めることも選択肢の一つであることを社内研修等の機会を通じて周知しておくことが望まれる。

(b) 提出前の複写

任意提出については、審査規則 18 条の閲覧謄写制度の適用はないため、いったん提出した後は謄写をする権利は、被疑事業者であれば、意見聴取通知後の謄写制度（52 条）が利用できるまではないことになる。したがって、事業者の手元に写しがない資料等については、複写をしたうえで、提出するよう注意しなければならない。

(c) 国際カルテル事件との関係

秘匿特権の対象となる文書を公取委に任意提出することは、秘匿特権を放棄したものと評価されるため、秘匿特権制度を認める海外法域の競争当局や裁判所に対しても当該文書を提出せざるをえなくなる。

したがって、国際カルテル事件における任意提出にあたっては、提出する文書

---

45) 村上ほか・手続と実務 91 頁〔栗田誠〕。

が秘匿特権の対象でないこと（弁護士との交信に関する文書または弁護士作成の文書でないこと）を十分に確認することが必要である。

### (3) 指針の苦情制度との関係

　任意提出において強制的な手法が用いられた場合などは、指針の第2・4の苦情申立て制度を利用するべきである。たしかに、同制度は、任意の供述聴取についての制度であり、任意提出に関するものではないが、事業者向け説明資料の末尾にも、「上記の手続以外でも、事件担当部署に対して、調査手法についての申入れ……に関して御意見をいただいた場合には、誠意をもってこれに対応することとしています」とされており、同制度が任意の供述聴取のみならず任意調査一般の不服申立制度としても運用されていくことが望まれる。

## 3　意見聴取手続開始後の補充調査としての立入検査（強制調査）等

### (1) 意見聴取手続段階

　平成25年改正前の独占禁止法、すなわち審判制度が存在していた独占禁止法にあっては、審判手続中に審査官が47条1項の強制調査権限を行使することができると解されていたため（森永商事事件・公取委決定昭41・11・11審決集18-284）、聴聞手続という点では審判手続と一定の共通性を認めうる意見聴取手続においても、立入検査や提出命令を行うことができるとも考えられなくはない。

　これに対し、意見聴取手続は、当事者（排除措置命令・課徴金納付命令の名宛人となるべき事業者）の防御の機会を与えるための手続であること、審査官による主要な証拠説明の後は、当事者からの証拠提出のみが規定されていること（54条）にかんがみて、公取委は意見聴取通知（50条）を行う前に十分な証拠収集を行っておくべきであり、意見聴取手続開始後は限定的な補充調査のみ認め、当事者の防御権が侵害されるよう形での調査は任意調査を含めて許すべきでない、との傾聴すべき指摘が近時なされている[46]。

---

46)　村上ほか・条解686〜687頁〔池田毅〕。

### (2) 取消訴訟段階

 平成 25 年改正前の独占禁止法の審決取消訴訟では、新証拠の申出が原則として制限されていたため（旧法 81 条）、この段階で行政調査を行われた実例はほとんどなかったものと思われる。これに対し、平成 25 年改正法では新証拠の申出制限制度を廃止しているため、取消訴訟段階でも証拠提出のための立入検査・提出命令を行うことが許されると考えられなくもない。

 しかしながら、当事者としては、意見聴取通知後の証拠閲覧制度（52 条）で確認した証拠（以下「閲覧証拠」という）によって公取委の認定事実を導き出せるかどうか分析し、導き出せないと判断して取消訴訟にいたっているにもかかわらず、取消訴訟段階で、公取委が閲覧証拠以外の証拠を立入検査や提出命令によって新たな証拠を入手して補充することは、「不意打ち」であり、適正手続保障の観点から不当であるほか、排除措置命令を受け入れるかまたは取消訴訟を提起するかについて綿密な検討を行う機会を与えるという意見聴取手続の趣旨を没却するものである。他方で、かりに強制調査を認めず、その結果、証拠を補充できず、排除措置命令等の取消判決が下されたとしても、公取委がその後に強制調査を行い、証拠を補充して再度行政処分を行う事態が考えられるところ、（当事者が再度手続的な負担を強いられることを回避するという意味での）手続の効率性も考えると、一定の合理理由がある場合には証拠提出を認めるという考え方もありえないわけでない。

 なお、この点については、排除措置命令後、命じられた措置が実施されているかどうかを確認するために立入検査・提出命令等の強制調査権限（47 条）を行使できるとする 68 条が平成 25 年改正で導入されており、この規定の反対解釈として、排除措置命令後は同条に規定されている場合以外では、そもそも強制調査は当然、任意調査も認められないとする考え方が近時提唱されている[47]。

---

[47] 村上ほか・条解 687 頁〔池田毅〕。この考え方によれば取消判決後に、公取委が補充証拠入手のための強制調査も任意調査も行うことは許されないこととなり、手続の効率性への配慮は不要と考えることになろう。

# Ⅴ 犯則調査―臨検・捜索・差押えへの対応

犯則調査手続は、刑事処分を求める告発の対象となりうる独占禁止法違反被疑事件を調査するための手続であり、通常の行政調査手続とともに、独占禁止法違反被疑事件の強力な調査手続であるが、指針の対象とはされていないので[48]、以下では、主として犯則調査手続の条文および執筆者らの実務経験等に基づいて、違反被疑事業者の対応について検討していくこととしたい。

## 1 犯則調査手続の概要

### (1) 手続の概要

犯則調査手続とは、「犯則事件(第89条から91条までの罪に係る事件をいう。……)を調査するために必要があるとき」に用いられる手続であり、「犯則事件」には、不当な取引制限以外の違反行為も含まれている[49]。しかしながら、これまでの実務で公取委が刑事告発を行ったのは、不当な取引制限(カルテル・談合)だけである。したがって、犯則調査手続においては、被疑事実は事実上不当な取引制限に限定されることになる。

犯則調査手続は、公取委内で所定の手続[50]を経たうえで、①犯則嫌疑者等(違

---

[48] 指針の(注1)。その理由としては、指針の策定の契機となった懇談会の議論が、実際の事件調査の大部分を占める通常の行政調査手続を対象としていたことが挙げられている(審査指針考え方 No.5)。平成17年改正で導入されてから発動された件数も平成28年1月現在8件であり、公取委の実務も指針を策定するほどには確定していないことや犯則調査手続は国税犯則取締法、関税法および金融商品取引法といった他の行政官庁が所管する法令にも導入されており、公取委による指針策定がこれらの法令の犯則調査手続にも影響を与える可能性があることなども犯則調書について指針を策定しないことの理由として考えられる。しかし、犯則調査手続には通常の行政調査手続よりも権限が強化された調査方法があり、また刑事告発を目指す点において適正手続が保障される必要性が高いことからすると、犯則調査手続を指針の対象とすることは懇談会提言の趣旨にかなうことこそあれ、反するものではなく、近い将来、指針に犯則調査手続が盛り込まれることが望まれる。
[49] 具体的には、私的独占、事業者団体による競争の実質的制限等、排除措置命令・競争回復措置命令違反および銀行・保険会社の議決権保有制限違反がある。
[50] 犯則事件の端緒に接した審査局長が委員会に報告し、委員会が必要があると認めた事件について、犯則事件の調査を行う職員(犯則事件調査職員)を指定する(犯則規則4条1項・3項)。

反に関与した役職員と役職員が所属する法人）の営業所等に対して、裁判所の許可状に基づく臨検等を行い、証拠資料等を押収し、②犯則事件調査職員が押収物件を精査し、犯則嫌疑者等に対する任意の供述聴取を複数回行いながら刑事告発に向けて調査を進め、③刑事告発のめどが立ち始めたころから検察庁との並行調査が行われ、④刑事告発が行われた場合には、事案により、その後も検察庁の捜査が継続して一定の時期に刑事起訴されたり、刑事告発後同日に検察官により刑事起訴されるなどし、⑤その後、刑事手続が落ち着きを見せ始めたころから、排除措置命令や課徴金納付命令等の行政処分を行うために、通常の行政調査が開始され、必要な証拠が揃えば行政処分が下される、という流れをたどることが多い。

**(2) 犯則調査の種類**

　本節では、前記(1)の手続のうち、主として①の犯則嫌疑者等（犯則嫌疑者および参考人）の営業所等に対する臨検等について検討するが、犯則調査にも、任意調査と強制調査が存在し、任意調査としては、犯則嫌疑者等に対する出頭要請、質問、所持品の検査、任意提出物件等の領置が代表的な手法であり（101条1項）、強制調査には臨検、捜索および差押え（102条）がある。

　「臨検」とは犯則嫌疑者等が所持する物件または住居その他の場所についてその存在および性質、形状、現象その他の状態を五感の作用によって知覚実験し、認識することを目的とする強制処分であり、「捜索」とは犯則嫌疑者等の身体または物件について差し押さえるべき物件を発見するために行う強制処分であり、「差押え」とは犯則事件の証拠となると思われる物件の占有を取得する強制処分である。

　臨検、捜索または差押えは、対象者に直接強制力を行使することができる点が、罰則の威嚇力を利用しながらも対象者の同意を得て行う、通常の行政調査手続の立入検査・提出命令との大きな相違である（解錠、開封その他必要な処分をできるとする107条や抵抗排除のため警察官の援助を求める110条参照）。

　なお、強制調査は対物的調査に限定されており、対人的調査のおける強制調査、すなわち逮捕勾留等の身柄拘束の権限は犯則調査手続では認められていない。通常の行政調査手続との比較については、図表2-4を参照されたい。

## 2 臨検等への対応

### (1) 許可状等の確認

#### (a) 初期対応

　審査官の訪問を受けた段階では、犯則嫌疑者等としては、調査が、通常の行政調査なのか犯則調査なのかはわかりにくい。調査開始の冒頭で、①被疑事実告知書の交付があるか（審査規則20条）、あるいは裁判所の許可状の提示だけなのか②公取委職員から提示される身分証が、審査官証（47条3項・審査規則8条）なのかまたは犯則事件調査職員証（106条）なのかにより判別することになるが、①による判別がより容易であることは、前記Ⅰ3(2)（▶51頁）で述べたとおりである。

　また、犯則調査手続においては、後記(2)（▶99頁）にて述べるとおり、処分中の出入り禁止（108条）との関係で若干の検討は必要であるが、調査対象となった部門・部署としては、まず法務部門や弁護士への連絡を行うべきであるという点は、通常の行政調査と同様であり、詳細は前記Ⅰ3(1)（▶49頁）を参照されたい。

#### (b) 許可状記載の被疑事実情報の確保

　臨検等を行うためには、所定の裁判所または裁判官があらかじめ発行する許可状が必要であり、この許可状には犯臨検・捜索の場所や差し押さえるべき物件のほか、犯則嫌疑者の氏名や被疑事実（「犯則の事実」）も記載され（102条4項）、臨検等を行う際に、処分を受ける者に「提示」しなければならない（105条）。

　ここにいう「提示」とは、105条と同種の規定である刑事訴訟法110条では、①令状の内容を知る機会を与えることであり、単に令状の存在を示したのみでは足りず、内容を理解できると思われる時間は示す必要があるとされる一方で、②処分を受ける者が抵抗したり執行を妨害したりしようとする態度を示しているときは、相手から要求があったからといって、令状をその者に渡したり、読んで聞かせたりする必要もなく、③処分を受ける者から令状の写しの交付請求や筆写（撮影）の要求があっても、応じる義務はないとされている[51]。

---

51) 東京地決昭34・5・22下刑集1-5-1339。

しかしながら、通常の行政調査における立入検査においては被疑事実告知書が交付されることとなっており（審査規則20条）、行政調査手続という意味では同じ犯則調査においても、通常の行政調査手続との均衡から、さらには犯則調査手続が刑事訴訟手続との連続性を有し、かつ臨検等では直接強制までも認められていることからも、通常の行政調査手続以上の適正手続が保障されてしかるべきである。

　また、現在の実務では刑事告発事件は不当な取引制限に限られているため、犯則調査手続の対象となる被疑事実も事実上不当な取引制限（カルテル・入札談合）に限定されており、不当な取引制限においては課徴金減免申請が調査開始日以後にも認められているところ、かかる事後申請を行うことを検討するためにも許可状の記載内容を確認することが犯則嫌疑者には求められている。とりわけ、犯則調査手続下での課徴金減免の事後申請では、犯則嫌疑者としては刑事罰という多大な不利益を受ける可能性があることを念頭において検討をする必要があるため[52]、違反事実の有無についてより慎重な検討が求められている[53]。

　さらに、前記裁判例でも、処分を受ける者が抵抗したり執行を妨害したりしようとする態度を示しているときは、令状をその者に渡したり、読んで聞かせたりする必要もないとされているにすぎない。いわゆる粗暴犯が含まれる刑事事件に比べると、独占禁止法違反事件では、処分を受ける犯則嫌疑者側が調査手続に抵抗したり、その執行を妨害する危険性は低いため、許可状を手渡したり、読んで

---

52) 平成17年10月7日「独占禁止法違反に対する刑事告発及び犯則事件の調査に関する公正取引委員会の方針」によれば、調査開始日前に<u>最初の</u>課徴金減免申請を行った事業者および関係役職員に対しては刑事告発を行わないこととされている。過去の刑事告発事件を見る限り、調査開始日以後の課徴金減免申請により刑事告発が免除された事案はないようである。なお、調査開始日前の2番目または3番目の課徴金減免申請を行った事業者についてすら、調査の協力の度合い等を総合的に考慮して告発するか否かを判断するというケース・バイ・ケースの対応をとるとされている（品川武＝岩成博夫『課徴金減免制度等の解説』〔公正取引協会・2005〕19頁）。

53) 第6章Ⅴ3（▶203頁）のとおり、犯則調査手続により調査を開始した事案における課徴金減免申請は、刑事告発が免除される調査開始日前の最初の申請以外は、申請した被疑事業者には課徴金が30％減額される利益がもたらされるものの、違反行為を実施した被疑事業者の役職員にとっては審査への協力義務を事実上負うことにより黙秘権を行使することができず、みずからの刑事告発の可能性を高めるだけで何らの利益も保障されてはいないため、自社の役職員の刑事処分の犠牲のもとに、課徴金の減額を受けるという構図を生み出す結果、被疑事業者としては、犯則事件調査手続における事後申請にはいっそう慎重な対応を求められることになる。

聞かせることの障害は事実上存在しないものと思われる。

したがって、許可状の内容や被疑事実の記載について、筆写や撮影を行うことは権利として認められているわけではないが、処分を受ける者が、抵抗したり、執行を妨害していない場合には、筆写や撮影の要望に対しては、犯則事件調査職員としても、①筆写や撮影の要望を受け入れることが運用として望まれるし、②少なくとも臨検等の処分を受ける者が筆記できるような速度や回数の口述を行うべきである。また、処分を受ける者としても積極的に筆写・撮影または被疑事実等の筆記のための口述を要望していくべきである[54]。

**(2) 処分中の出入りの禁止に関する問題**
(a)法務部門・弁護士への電話連絡

犯則事件調査職員は、臨検等を行う際に、証拠の散逸防止および外部からの妨害排除のために、許可を受けないでこれらの処分の実施場所へ出入りすることを禁止することができる（108条）。

この出入り禁止措置によって、外部との連絡、具体的には法務部門や弁護士との電話連絡等が制限されることにはならない。たとえば、弁護士への電話連絡それ自体は、「その場所に出入りすること」には該当しないため、禁止されるいわれはない。これに対し、連絡を受けた弁護士が処分場所へ入ることができるか（立ち会えるか）については以下の(b)にて検討する。

なお、処分中の出入り禁止を認めた上述の趣旨からして、証拠散逸・外部からの妨害の可能性が低い状況であるにもかかわらず、単に犯則事件の調査の便宜を理由に出入り禁止措置をとることはできないと考えられよう[55]。

(b)弁護士の立会い

犯則事件調査職員は、臨検等の執行中には「何人に対しても、許可を受けないでその場所に出入りすることを禁止することができる」とする108条を理由に、臨検等の対象となった事業者から依頼を受けた弁護士に対しても立会いを拒否で

---

54) 白石ほか・論点体系 555〜556 頁〔藪内俊輔〕、平成 21 年 11 月 10 日競争法フォーラム「審査手続の在り方に関する提言書」33 頁以下参照（http://www.jclf.jp/works.html にて入手可能）。

55) 白石ほか・論点体系 560 頁〔藪内俊輔〕。

きるか、については以下の理由から否定されるべきである。

指針第2・1(5)によれば、通常の行政調査手続の立入検査にあっては、弁護士の立会いは、「立入検査の円滑な実施に支障のない範囲」で認められていることからすると、行政調査という本質において同質の犯則調査手続において、弁護士の立会いが認められない理由はない。108条は、前記(a)のとおり、証拠散逸防止・外部からの抵抗排除を目的としていることからも、証拠散逸または外部からの抵抗をもたらすといった、臨検等の円滑な実施に支障を及ぼすことがない限り、弁護士の立会いは排除されるべきではない[56]。

なお、弁護士が、強制処分の対象場所の管理者の「代理人」として立ち会うこと（109条1項）の可能性や実際の臨検等において弁護士が立ち会っている事例があることが指摘されている[57]。

### (3) 調査開始日以後の課徴金減免申請の注意点

(a) 臨検等当日の社内調査

前記(2)のとおり、臨検等当日は、臨検等の対象部門においては出入り禁止措置が講じられている可能性が高く、臨検等の対象場所に被疑事実の関係者がいる場合には、この措置により、営業所外から出ることは困難であることが考えられる。このようななか、法務部門・弁護士が調査開始日以後の課徴金減免申請を行うかどうかを検討するためには、法務部門または弁護士が臨検等の対象場所へ赴いて被疑事実の関係者への事情聴取等を行うことを検討せざるをえない。

また、108条の出入り禁止措置は、犯則調査手続の質問（任意の供述聴取）においても認められている。犯則事件調査職員が臨検等当日に、臨検等の対象場所において被疑事実の関係者（キーパーソン）に質問を行う場合には（前記Ⅱ4(3)(b)〔▶69頁〕参照）、出入り禁止措置によりその者に対して法務部門・弁護士が事情聴取を含む社内調査を行うことが困難となる可能性がある。これに対しては、質問等の任意調査は裁判所の審査を経て発出された許可状をもって行われるもので

---

[56] 白石ほか・論点体系551頁〔藪内俊輔〕は、弁護士が臨検等の執行場所で犯則調査手続の説明をすることで混乱が沈静化したり、臨検等が円滑に行われるよう事業者に助言をしたり、社内調査を並行して行う場合の犯則調査との調整（後記(3)(a)参照）を行ったりする可能性を指摘している。

[57] 白石ほか・論点体系551頁〔藪内俊輔〕。

はないことから任意性の確保には慎重さが求められ、質問等に応じることを余儀なくさせるような態様でキーパーソンに対して出入り禁止措置を講じることは、供述を事実上強制する態様での質問であり、黙秘権侵害となるため許されないとの指摘があり[58]、妥当というべきである。法務部門・弁護士としては、キーパーソンへの調査に関して、犯則事件調査職員と調整を図るべきであり、また犯則事件調査職員としても黙秘権侵害となるような出入り禁止措置を行わないようにし、犯則嫌疑者側の社内調査との調整に応じるべきである。

(b)会社と担当者個人との利害対立

　刑事告発を免除される課徴金減免申請者事業は、調査開始前の最初の申請者のみであり[59]、調査開始後の課徴金減免申請では、申請事業者が課徴金の30％が減額される可能性があるだけであり、担当者個人が刑事告発される危険は存続する。このような状況で事業者が課徴金減免を申請した場合には、担当者個人が事実上公取委への調査協力義務を負うことでみずからの刑事告発の危険性を高めさせながら、事業者だけが課徴金を減額されることで利益を得る関係になるため、担当者個人と事業者との間に利益相反が生じることが考えられる。

　したがって、法務部門または事業者から依頼を受けた弁護士としては、事業者と担当者個人とのコンフリクトに留意し、ケースによっては一方に別の弁護士をつけさせることも検討する必要がある。

## 3　臨検等の範囲

### (1)臨検・捜索の場所的範囲

　臨検等の許可状には、「臨検すべき場所、捜索すべき場所、身体若しくは物件」が記載されており（102条4項）、典型的には犯則嫌疑者の営業所等が記載されていることが想定される。

---

58)　白石ほか・論点体系560頁〔藪内俊輔〕。
59)　公取委「独占禁止法違反に対する刑事告発及び犯則事件の調査に関する公正取引委員会の方針」（平成17年10月7日）。

当該営業所全体について犯則嫌疑者が管理しているのであれば、当該営業所全体が臨検・捜索の場所の最大の場所的範囲ということになるが、証拠収集および証拠隠滅防止を目的とする臨検等の目的からして当該営業所のなかでも被疑事実と明らかに関連性のない部門・部署は、証拠が存在する可能性が基本的には認められない以上、臨検・捜索の対象範囲から除外されるべきである[60]。かように臨検・捜索の場所的範囲を犯則嫌疑者として確認するためにも、前記2(1)(b)にて指摘した許可状の被疑事実に関する情報は重要となる。

　また、法務部門に対する臨検等については、事業者のコンプライアンス推進との関係で慎重な対応が必要であることについては、立入検査と同様であり（前記Ⅱ5コラム「法務部門への検査」〔▶72頁〕参照）、犯則嫌疑者としても法務部門への捜索については被疑事実との関連性についての説明を求めるとともに、被疑事実の関連性が低いことまたコンプライアンス推進への弊害を指摘し、法務部門の臨検・捜索の再考を求めていくことが検討されるべきである。

　従業員等の私宅については、臨検等の許可状に私宅が特定されて記載されていれば臨検等の対象となるが、その場合でも、プライバシー性の高い場所であるため、近隣住人等に臨検等の実施が明らかにならないような配慮や同居の家族に対する犯則嫌疑者本人からの説明の機会が設けられるべきであることが指摘されている（前記Ⅱ5コラム「従業員等の私宅への立入検査」〔▶73頁〕も参照）[61]。

## (2) 差押えの物的範囲

　臨検等の許可状には「差し押さえるべき物」を記載するべきとされており、具体的な物件の名称（手帳、メモ、議事録、報告書、業務日誌等）が記される。この点は、そのような記載による証拠収集の物的範囲の制約がない提出命令とは顕著な相違である。

　もっとも、刑事捜査の捜索差押令状には、具体的な物件の名称に続けて「その

---

[60]　白石ほか・論点体系547〜548頁〔藪内俊輔〕は、実際上の捜索等の必要性を十分に斟酌して許可状の「捜索すべき場所」の範囲が解釈されるべきであるとし、臨検等に裁判所の許可状を必要とする令状主義の精神を没却しないよう、一般探索的捜索を回避する観点から、臨検・捜索の執行場所において犯則事件調査職員に対して犯則事件との関連性についての説明等を求めるべき場合があるとする。

[61]　白石ほか・論点体系548頁〔藪内俊輔〕。

他本件に関係ある物件」という包括的な文言が記載されることが多く、犯則調査手続の臨検等の許可状にもこれに類する文言が記載されていると推測される。この包括的な文言それ自体は広範にすぎるものであるものの、調査の初期段階で行われることが多い差押えに関しては、違反被疑事件の全体像が解明されていない時期であることから、ある程度概括的な記載も致し方ないという面があるとともに、具体的な物件の例示がこの文言に先行して存在することと被疑事実の記載があり、これらにより一定程度の限定が加えられることから、刑事訴訟法では特定性に欠けるとまではないとされており[62]、同様の理解が犯則調査手続においてもなされるものと思われる。

逆にいうと、差押え物件の無限定に広がりを避ける観点からも、犯則嫌疑者としては、許可状に記載されている被疑事実を把握したうえで（前記2(1)(b)）、犯則事件調査職員が差押え対象とする物件についての被疑事実と関連性を確認し、関連性が疑われる物件については、被疑事実の関連性について注意を喚起し、説明を求め、関連性についての疑いが払拭できない場合には、差押えの物的範囲に含まれていないことを指摘していくべきである[63]。

### (3) 臨検等の時間的範囲

104条1項は、臨検等の執行着手の時間に制限を設け、原則として日没から日の出までは執行に着手できないとし、夜間の執行着手を禁止している。他方で、同条2項は、日没前から開始した執行については、必要があると認められた場合には日没後も継続することができるとしている。

実務では、午前中から臨検等が行われるのが通常であるが、日没時点で継続する必要がないと判断される状況は考えにくい。また、大規模な場所が臨検等の対象となる場合には夜間にわたって継続され、翌日まで続くこともあるとされている[64]。

---

[62] 新関雅夫＝佐々木史郎ほか『増補令状基本問題（下）』（判例時報社・1996）234〜242頁〔秋山則雄〕。
[63] 白石ほか・論点体系548〜549頁〔藪内俊輔〕。
[64] 同上554頁〔藪内俊輔〕。

## 4 社内弁護士による押収拒絶権

　刑事訴訟法105条に定められている弁護士の押収拒絶権は、独占禁止法の犯則調査に関する規定には見当たらないものの、国税犯則取締法の差押えについて準用を認めた裁判例[65]が存在しており、独占禁止法の犯則調査手続においても準用されるものと考えられる。

　そして、犯則嫌疑者に所属する、いわゆる社内弁護士も、「弁護士」であるとともに、社会生活上特別の意義を有する弁護士の業務および依頼者が弁護士に開示した秘密は保護されるという信頼を保護するという同条の制度趣旨は犯則嫌疑者を依頼者とする社内弁護士にも等しく及ぶものであることから、社内弁護士は所属先の犯則嫌疑者からの委託により保管・所持する物件で秘密に関するものについては押収拒絶権を行使できると解される。

　なお、社内弁護士が所属先の犯則嫌疑者から委託を受けた業務の範囲が不明確である場合や委託により保管・所持する物件の範囲が営業所内等で客観的に明確にされていない場合には押収拒絶権を行使できる範囲が不明確になることについての注意も指摘されていることから[66]、社内弁護士においては、秘密性のある資料を所属先の委託により保管・所持する場合にはその物件の範囲を明確にしておくことに留意するべきである。

## 5 差押え物件の事前複写

　犯則事件調査職員は、差押えをしたときは、その目録を作成し、差押物件の所有者もしくは所持者にその謄本を交付しなければならない（112条、図表2-9参照）。差押え物件については、通常の行政調査手続の提出命令（47条3号）の対象物件で認められている謄写制度（審査規則20条）に比肩するような制度はない。また、提出命令とは異なり、相手方の同意を要せずに占有を取得できる直接

---

65) 熊本地決昭60・4・25判タ557-290。
66) 白石ほか・論点体系546頁〔藪内俊輔〕。

◉図表 2-9　差押・領置目録謄本

表紙共　葉

差押
目録謄本
領置

〒100－8987
東京都千代田区霞が関1－1－1中央合同庁舎第6号館B棟
公正取引委員会事務総局審査局犯則審査部
第●特別審査（担当）　△△、　▲▲
電話03（3XXX）XXXX（直通）

記録第　号

平成　年　領第　号

| | | | |
|---|---|---|---|
| 差押<br>領置 | 目録 | 差押え 領置 の場所 | |
| | | 被差押人、差出人住居(所在地)、氏名 | |
| | | 差押え 領置 の日 | 平成　年　月　日 |

| 符号 | 連番 | 番号 | 品名又は名称 | 数量又は個数 | 物件所有者の住居(所在地)・氏名 | 備考 |
|---|---|---|---|---|---|---|
| | | | | | | |
| | | | | | | |
| | | | | | | |
| | | | | | | |
| | | | | | | |
| | | | | | | |
| | | | | | | |
| | | | | | | |
| | | | | | | |
| | | | | | | |

平成　年(犯)第　号

強制による強制調査であることから、通常の行政調査との相違を強調して、被疑事業者が差押え前に差押え物件の複写することについては、強い拒否反応を示す傾向がある。

この点については、日常の事業活動に必要な資料は、提出命令とは異なって事後的な謄写制度がないからこそ時間がかかっても複写を行う方がよいとの考え方も示されている[67)]。

他方、課徴金減免申請に有用な資料等のうち、違反行為の存在を裏づけるような資料については、犯則事件調査職員としては口裏合せによる証拠隠蔽につながる可能性を想定して断固として複写を拒否する可能性が高いことも指摘されている[68)]。調査開始日以後の課徴金減免申請において被疑事実に関連する資料の必要性・有用性は通常の行政調査手続にあっても犯則調査手続にあっても径庭はない

67）　村上ほか・条解 864 頁〔川合弘造＝島田まどか〕。
68）　白石ほか・論点体系 550 頁〔藪内俊輔〕。

が、直接強制による強制調査という相違を考慮すると、社内調査については、関係する役職員からの事情聴取に力点をおき、そこから関係する書類を電子データ（公取委がDVD・USB・HDD等の媒体に複写しデータそのものは違反被疑事業者の手元に残る資料）の中から選出するといった代替的な手段の検討・利用にリソースを用いた方が現実的である可能性が高い。

なお、目録の記載方法（物件の特定方法）に関する改善策について、前記Ⅲ4のコラム「照合時のデジタルカメラ等による表紙等の撮影」（▶88頁）参照。

## 6 不服申立ての方法

独占禁止法は、犯則調査手続の不服申立てについて、行政手続法および行政不服審査法の適用除外を規定するのみで（107条・108条）、犯則嫌疑者等が犯則調査手続について不服を申し立てる方法それ自体については規定していない。

不服申立ての規定がない点は国税犯則取締法も同様であるが、同法に関する最高裁判例では、収税官吏に対して裁判官が行った差押えの許可も差押え処分は、独立した準抗告の対象とはならず、行政事件訴訟法に基づき差押処分の取消しを求めるべきである旨判示していることから[69]、独占禁止法の犯則調査においても同様の取扱いになると考えられる。

ただし、実際に行政事件訴訟法の取消訴訟を行うことが可能なのは処分による法的効果が還付まで存続する差押えについてだけであり、臨検と捜索については執行時に行政処分の効果が即時的に生じ、その後に法的効果が残らないため、「訴えの利益」が欠け、訴訟は不適法却下となる可能性が高いことが指摘されている[70]。

なお、処分そのものを争うものではないが、犯則調査手続に違反して収集された証拠については、後日、刑事裁判で提出された場合には、違法収集証拠として

---

69) 最大決昭44・12・3刑集23-12-1525。
70) 白石ほか・論点体系552頁〔藪内俊輔〕は、臨検については五感の作用により知覚実験をして認識が形成されれば取り消すべき効果なく、捜索も差し押さえるべき物件が発見された後には取り消すべき効果がないとする。

証拠能力を争う方法も考えられる[71]。

## 7 行政調査権限と犯則調査権限の関係

　独占禁止法では、通常の行政調査と犯則調査という2つの調査手続が認められ、通常の行政調査を通じて行政処分が行われ、また犯則調査を通じて刑事手続が行われていくことが想定されている。もっとも、これが交錯する場合、すなわち、行政調査を開始した後に犯則調査に移行して刑事告発を経て刑事裁判にいたること、もしくは犯則調査を行いながらも刑事告発にはいたらず、行政処分を行われることもあるため、行政調査で取得した証拠を犯則調査もしくは刑事手続に、また犯則調査で収集した証拠を行政処分に流用することはできるのかについて検討しておく。

**(1) 行政調査により収集した資料を犯則調査・刑事手続に利用する場合**

　国税犯則取締法の最高裁判例は、行政調査により取得した資料が犯則調査の「端緒」となることは認めているが、このことは質問検査権（行政調査）が犯則調査もしくは犯罪捜査のための「手段」として行使されることまでをも認めるものではないと解される[72]。行政調査たる税務調査は犯罪捜査のために認められたものと解してはならないと規定されていることから（独占禁止法上の同様の視点として47条4項参照）、犯罪捜査および犯罪捜査に直結する蓋然性が高い犯則調査の目的で行政調査を利用すること、換言すれば行政調査が犯罪捜査等の手段として行使されることは許されてはならない半面、調査の発展的性格にかんがみれば通常の行政調査の結果、犯罪にあたる事実を了知したにもかかわらず、通常の行政調査に着手したがゆえに犯則調査や犯罪捜査へいっさい移行できないというのも硬直にすぎるため、上記最高裁判例の立場は妥当なものといえよう[73]。

---

71)　白石・争訟実務165頁〔渡邉惠理子〕。
72)　最判昭51・7・9集刑201-137。
73)　なお、行政調査で収集した資料が結果的に単に犯則調査の「端緒」となったにすぎないのか、あるいはそもそも犯則調査の「手段」として収集されたのかについては、慎重な事実認定を要求されることも事実であり、後掲注74)の最高際判例の事案でも第1審（松山地判平13・11・22判タ1121-

また、通常の行政調査により取得した資料も刑事裁判での証拠能力を肯定した最高裁決定も存在する[74]。

### (2) 犯則調査により収集した資料を行政処分に利用する場合

犯則調査手続は、令状主義の要請が満たされているだけでなく、黙秘権が保障されている手続であることから、調査対象者に権利保障を与えたうえで収集された資料によって行政処分を課すことは特に問題がなく、国税犯則取締法の最高裁判例も犯則調査によって得た資料を徴税に利用することを認めている[75]。

もっとも、当初から刑事告発を目的とせず、行政処分に用いる資料を得るためにより強力な犯則調査権限を行使することは認められるべきではなかろう[76]。

### (3) 公取委の調査体制

以上のとおり、行政調査と犯則調査とは一方の権限が他方の目的のために行使することが許されるべきではないことから、公取委では、審査部門を犯則調査部門と行政調査部門とに分けたうえでファイアーウォールを設けることとされている。

# VI　さいごに

以上、通常の行政調査における立入検査・提出命令を中心に、違反被疑事業者の営業所等への公取委の強制調査の流れ、指針の立場、公取委として検討の余地のある運用および違反被疑事業者の留意点について論じてきたが、予告なしに開始され、かつほぼ1日で完了する立入検査・提出命令については、どのように対応するのかについて法務部門を中心として社内でのマニュアル作成や対応方針についての社内周知が行われていない限り、調査当日の違反被疑事業者としてのあるべき防御活動を十分に行うことは不可能と思われる。

---

264)・最高裁と控訴審（高松高判平15・3・13判時1845-149）とではこの点についての判断が分かれた。
74) 最決平16・1・20刑集58-1-26。
75) 最判昭63・3・31判時1276-39。
76) 佐藤英明「犯則調査権限導入に関する若干の論点整理」ジュリ1270号（2004）51頁。

同時に、違反被疑事業者としての留意点は大小さまざまあり、本章で取り上げたものも代表的・典型的なものにとどまる。そのため本章だけで留意点が尽くせているとはいえないであろうし、今後新たに生起する問題もあると思われる。とりわけ、現在公取委の独占禁止法研究会で検討されている裁量型課徴金制度が今後導入され、課徴金の減額要因として「審査協力」が含まれることとなった場合には、立入検査の物的・場所的範囲や提出命令の対象範囲について違反被疑事業者が異議を留めることまたは提出命令の対象物件の当日複写を求めることなどが「審査協力」の認定にどのような影響を与えるのかという点は重要な検討課題となろう。

　さらに、混乱する現場の収拾とともに、刻一刻と変化する状況への対応も行わなければならないなかにあって、本章で指摘したすべての留意点について同じ重点で対応しようとすれば、かえって注意力および人的リソース等が分散され、「虻蜂とらず」となる危険性があることは本章の冒頭で指摘したとおりである。

　したがって、マニュアル等の作成段階から、各社の独占禁止法リスクの領域や企業風土等を十分に考慮したうえで、留意点についても軽重や優先順位をつけて、「当社において立入検査等の際に必ず守らなければならないものが何か」という視点を忘れないようにしていただきたい。

（多田敏明）

# 第3章 供述聴取

本章では、審査官による事業者の従業員等の供述聴取について間接強制による審尋と任意手続による供述録取についてそれぞれ解説する。

　これまで公取委は供述証拠を客観証拠のない場合の証拠として、また客観証拠をつなぐ証拠として重視し、従業員やその他の関係者に対する供述録取を頻繁に実施している。多くの場合が任意手続によるものであるが、代理人の立会いは認められず、メモ取りも禁止され、調書の写しの交付も認められていない。供述聴取の録音・録画も認められない。他方で、時にストーリー聴取と批判される供述聴取もなされるおそれがある。

　本章では、こうした供述録取に関連する論点を挙げて、新たな審査指針を分析し、説明したうえで、最後に将来の供述聴取の在り方について述べる。

# I　独占禁止法における供述調書聴取に関する制度

## 1　独占禁止法審査手続に関する指針

　公取委が独占禁止法違反の疑いがあるとして審査する場合、関係者から供述を得て証拠とする方法をとることが一般である。独占禁止法審査手続についての懇談会では、この供述調書について、供述聴取の対象者の権利の保護、審査対象者の防御権の保護、被疑事実の実体解明の必要性の観点から、さまざまな議論がなされた。

　平成 25 年独占禁止法改正法附則 16 条で、「我が国における他の行政手続との整合性を確保しつつ、事件関係人が十分な防御を行うことを確保する観点から検討を行い、……必要があると認めるときには、所要の措置を講ずるものとする。」としたが、その所要の措置の検討課題の一つが供述聴取の問題である。

　そこで、前述のように懇談会でさまざまな議論がなされたが、その経過および結果は II で詳述する。懇談会報告書を受けて、公取委では、平成 27 年 12 月 25 日に「独占禁止法審査手続に関する指針」を公表した[1]。指針には、供述聴取について以下のとおり記載されている。

> 「2　供述聴取
> (1)　根拠・法的性格
> 　供述聴取には、任意の供述聴取及び間接強制力を伴う審尋がある。任意の供述聴取は、聴取対象者の任意の協力に基づいて供述の聴取を行うものであり、審尋は、独占禁止法第 47 条第 1 項第 1 号の規定に基づいて、聴取対象者に出頭を命じた上で供述の聴取を行うものである。審尋の場合には、聴取対象者が正当な理由なく出頭せず又は陳述をせず若しくは虚偽の陳述をした場合には罰則（独占禁止法第 94 条）が適用されることがある。

---

[1] http://www.jftc.go.jp/houdou/pressrelease/h27/dec/151225_1.html

(2) 供述聴取時の手続・説明事項

ア 任意の供述聴取

㈦ 任意の供述聴取は、審査官等が、直接又は違反被疑事業者等若しくは代理人を通じて、聴取対象者の都合を確認し、その都度、任意の協力に基づいて行う供述聴取である旨を明確にした上で、聴取対象者の同意を得て行う。

㈸ 任意の供述聴取を行うに当たって、審査官等は、冒頭（供述聴取が複数回に及ぶ場合は初回の冒頭）、聴取対象者に対し、身分証明書等を提示した上で、任意の供述聴取である旨及び任意の供述聴取であっても事案の実態を解明して法目的を達成するためには自らの経験・認識に基づき事実を話してもらう必要がある旨を説明する。また、審査官等は聴取対象者に対して、任意の供述聴取に協力が得られない場合には別途審尋の手続に移行することがある旨を、必要に応じて説明する。

イ 審尋

㈦ 独占禁止法第 47 条の規定に基づき、聴取対象者に出頭を命じて審尋する場合は、その都度、出頭命令書を送達して行う（審査規則第 9 条）。出頭命令書には、法的根拠、出頭すべき日時及び場所並びに命令に応じない場合の罰則（独占禁止法第 94 条）について記載する。

㈸ 審尋を行うに当たって、審査官は、冒頭、聴取対象者に対し、審査官証を提示した上で、その法的性格（独占禁止法第 47 条の規定に基づくものである旨）を説明するとともに、陳述を拒み又は虚偽の陳述をした場合には罰則（独占禁止法第 94 条）が適用されることがある旨を説明する。

ウ 任意の供述聴取に係る事前連絡時又は審尋に係る出頭命令時に、審査官等は、聴取対象者に対し、直接又は違反被疑事業者等若しくは代理人を通じて、事業者等向け説明資料のウェブ掲載場所を伝えるとともに、聴取対象者が事前に同資料の内容を確認していない場合には、当該聴取対象者に対する初回の供述聴取の開始時に、事業者等向け説明資料を手交する。

エ 供述聴取を行うに当たって、審査官等は、必要に応じて、あらかじめ聴取対象者に対し、供述を録取した書面は、意見聴取手続（独占禁止法第 49 条

等）において、閲覧・謄写の対象となる可能性がある旨及び閲覧・謄写制度の趣旨・目的等（目的外利用が認められない旨を含む。）（注4）について説明する。

（注4）意見聴取の通知を受けた事業者等が、意見聴取手続において閲覧・謄写した供述調書等の内容をもって、自社従業員に対する懲戒等の不利益取扱い、他の事業者に対する報復行為等を行う可能性があるときは、『第三者の利益を害するおそれがあるときその他正当な理由があるとき』（独占禁止法第52条第1項）に該当し、公正取引委員会は当該供述調書等の閲覧・謄写を拒むことができる。このように、意見聴取の通知を受けた事業者等が閲覧・謄写した内容を意見聴取手続又は排除措置命令等の取消訴訟の準備以外に利用することは目的外利用となるため、閲覧・謄写の申請書の様式には、申請者が目的外利用はしないことを約す一文が置かれている。

(3) 供述聴取における留意事項

ア 供述聴取を行うに当たって、審査官等は、威迫、強要その他供述の任意性を疑われるような方法を用いてはならない。また、審査官等は、自己が期待し、又は希望する供述を聴取対象者に示唆する等の方法により、みだりに供述を誘導し、供述の代償として利益を供与すべきことを約束し、その他供述の真実性を失わせるおそれのある方法を用いてはならない。

イ 供述聴取時の弁護士を含む第三者の立会い（審査官等が供述聴取の適正円滑な実施の観点から依頼した通訳人、弁護士等を除く。）、供述聴取過程の録音・録画、調書作成時における聴取対象者への調書の写しの交付及び供述聴取時における聴取対象者によるメモ（審査官等が供述聴取の適正円滑な実施の観点から認めた聴取対象者による書き取りは含まない。）の録取については、事案の実態解明の妨げになることが懸念されること等から、これらを認めない。

(4) 聴取時間・休憩時間

ア 供述聴取は、1日につき8時間（休憩時間を除く。）までを原則とし、聴取時間が1日につき8時間を超える場合には、聴取対象者の同意を得るものとする。また、やむを得ない事情がない限り、深夜（午後10時以降）に及

ぶ聴取は避けなければならない。

イ 供述聴取において、聴取が長時間となる場合には、審査官等は、聴取対象者の体調等も考慮した上で、休憩時間を適時適切に確保する。

なお、休憩時間は、原則として聴取対象者の行動を制約せず、審査官等が指定した休憩時間内に、聴取対象者が弁護士等の外部の者と連絡を取ることや記憶に基づいてメモを取ることを妨げないものとする。ただし、例えば、複数の関係者を対象として、同日の近接する時間に聴取を実施する場合等、休憩時間に聴取対象者が他の事件関係者と接触し、供述内容の調整（口裏合わせ等）が行われる等のおそれがあるときは、例外的に、審査官等が付き添う。

また、食事時間等の比較的長めの休憩時間を取る場合には、供述聴取に支障が生じない範囲で、聴取対象者が必要に応じて弁護士等に相談できる時間となるよう配慮しつつ適切な時間を確保するようにする。

ウ 審査官等は、供述聴取を行ったときは、聴取時間及び休憩時間について記録する。

(5) 調書の作成・署名押印の際の手続

ア 審査官等は、聴取対象者が任意に供述した場合において、必要があると認めるときは、供述調書を作成するものとする。また、審査官は、独占禁止法第47条の規定に基づいて聴取対象者を審尋したときは、審尋調書を作成しなければならない（審査規則第11条及び第13条）。

イ 審査官等は、違反被疑事実の立証に当たって、それまでに収集した様々な物的証拠や供述等を総合的に勘案した上で、当該事件に関係し、かつ、必要と認める内容について、聴取対象者の供述内容を正確に録取し、供述調書又は審尋調書を作成する。聴取対象者が供述したことを速記録のように一言一句録取することは要しない。

ウ 審査官等は、供述調書又は審尋調書を作成した場合には、これを聴取対象者に読み聞かせ、又は閲覧させて、誤りがないかを問い、聴取対象者が誤りのないことを申し立てたときは、聴取対象者の署名押印を得て完成させる。

> 聴取対象者が、自ら供述した内容についての増減変更（調書の記載の追加、削除及び訂正）の申立てをしたときは、審査官等は、その趣旨を十分に確認した上で、当該申立ての内容を調書に記載し又は該当部分を修正し、聴取対象者の署名押印を得る。また、聴取対象者が誤りのないことを申し立てたにもかかわらず、署名押印を拒絶したときは、審査官等は、その旨を調書に記載するものとする（審査規則第11条及び第13条）。」

　以下、供述聴取で本質的に問題となる任意手続と強制手続の区別について論じたうえで、懇談会での議論を紹介しながら供述調書における問題点について詳述し、今後の供述聴取の実務と対応方針について検討し、最後に今後の供述聴取のあり方について論述する。

## 2　強制手続 <small>（法47条1項1号の出頭命令・審尋）</small>

### (1) 公取委の行政調査権限

　公取委は、被疑違反事件の端緒を認知した場合（45条）、必要な調査をするために、同委員会の職員を審査官に指定して、47条1項に定める処分をさせることができる（同条2項）。47条1項1号では、「事件関係人又は参考人に出頭を命じて審尋」することができるとされている。いわゆる出頭義務、陳述義務および虚偽陳述の禁止の定めである。同47条1項の権限は、独占禁止法が公取委に授権した強制的行政調査権限である。同項違反がある場合には、1年以下の懲役または300万円以下の罰金が科される可能性がある（94条1号）。

### (2) 手　続

　公取委が、47条1項の審尋をするためには、審査官が事件関係人または参考人に出頭を命じる出頭命令書を送達しなければならない（審査規則[2]9条1項1号）。当該命令書には出頭すべき日時および場所や出頭しない場合の制裁等を記

---

2）　平成17年10月19日公取委規則第5号。

載する必要がある（同条2項）。

　審尋にあたって、審査官は審尋調書を作成する必要がある（48条、審査規則10条・11条）。当該調書は、審査官が供述人の供述を録取し作成する文書であって、供述人が作成した文書ではない。他方、この審尋調書は、供述人に読み聞かせ、または供述人に閲覧させて、誤りがないかどうかを問い、供述人が増減変更の申立てをしたときは、その供述を調書に記載しなければならないとされており（審査規則11条1項）、供述人が当該調書に誤りがないことを申し立てたときは、これに署名押印することを求めることができるとされている（同条2項）。署名押印の拒絶した場合は、その旨調書に記載するものとされている（同条4項）。当該調書の証明力を担保する趣旨である。

**(3) 審尋調書の記載方法**

　審尋調書の記載方法については、独占禁止法または審査規則に明示されていないが、一般的には一問一答式によるとされている[3]。それは、審尋にあたって「陳述せず」または「虚偽の陳述をし」た場合に、前述の刑罰を科される可能性があり、その事実認定のためには、供述人が審査官の質問にどのように応えたのか正確に記載されている必要があるとされているからである。

　後述Ⅱのように、任意手続による供述調書は一般的にはいわゆるストーリー調書であり、供述人が述べた内容を審査官がまとめて物語的に記載する方法をとるが、同様の取扱いを審尋調書にも採用した場合、審査官の恣意が介在し、虚偽陳述をしたかどうか事実認定に支障を来すと考えられている。

　しかし、公取委は、法文上（審査規則11条）は一問一答式であるとは明示されておらず、必ずしも一問一答式による必要はない、と回答している[4]。虚偽陳述かどうか審査官が証明できると判断すれば、必ずしもその方法による必要はないという意見もある。

---

[3] 白石ほか・論点体系405頁〔多田敏明〕。
[4] 公取委「『独占禁止法審査手続に対する指針』（案）に対する意見の概要及びそれに対する考え方」36頁。

### (4) 虚偽陳述の判断基準

　では、虚偽陳述として 94 条 1 号が適用される場合とは、どのような場合であるのか。

　この点については、供述人の記憶に反することと解する主観説と客観的事実に反することと解する客観説があるが、前者が判例・通説である[5]。しかし、その自然人の内面を立証することは難しく、客観的な事実との乖離や供述人の他の証拠等により立証されることになる。他方、そのような立証は困難であると同時に審査官にとっては本来の事件解明と別途の作業となり煩瑣であることから、その権限の発動は容易ではないと考えられる。

### (5) 自己負罪拒否特権との関係（憲法 38 条 1 項）

　この行政調査権限による審尋には憲法上の自己負罪拒否特権が及ぶかが問題となる。旧所得税法下の行政手続に関する川崎民商事件（最大判昭 47・11・22 刑集 26-9-554）における判旨では、「同法 70 条 10 号、63 条に規定する検査が、もっぱら所得税の公平確実な賦課徴収を目的とする手続であって、刑事責任の追及を目的とする手続ではなく、また、そのための資料の取得収集に直接結びつく作用を一般的に有するものでもないこと、および、このような検査制度に公益上の必要性と合理性の存することは、前示のとおりであり、これらの点については、旧所得税法 70 条 12 号、63 条に規定する質問も同様であると解すべきである。そして、憲法 38 条 1 項の法意が、何人も自己の刑事上の責任を問われるおそれのある事項について供述を強要されないことを保障したものであると解すべきことは、当裁判所大法廷の判例（昭和 27 年（あ）第 838 号同 32 年 2 月 20 日判決・刑集 11 巻 2 号 802 頁）とするところであるが、右規定による保障は、純然たる刑事手続においてばかりではなく、それ以外の手続においても、実質上、刑事責任追及のための資料の取得収集に直接結びつく作用を一般的に有する手続には、ひとしく及ぶものと解するのを相当とする。」とされたが、当該行政手続はそれには及ばないとされて憲法 38 条 1 項の適用はないとした。この趣旨は、同様に

---

5）　根岸・注釈 828 頁、831 頁〔佐伯仁志〕。東京高判昭 34・6・29 下刑集 1-6-1366。

間接強制による行政調査権限である審尋にも及ぶと考えられる。

ただし、刑事手続に移行する可能性がある事件については、必ずしも別異に解すべきではなく、たとえ陳述を拒否しても、正当な事由があるとして独禁法94条1号の陳述拒否による刑罰の対象とすべきではない[6]。

## 3 任意手続

以上の強制手続に比べ、任意手続は独占禁止法では明確な規則が定められていない。調書の作成にかかる48条、審査規則10条は任意の供述聴取にも適用がある。また、審査規則13条は、委員会の職員が事件関係人または参考人が任意に供述した場合において、必要があると認めるときは、これを録取した供述調書を作成するものとすると定めており、読み聞かせや供述人からの増減変更の申立てがあった場合はこれを調書に記載すること等審尋調書に関する審査規則11条を準用すると規定している。

任意の供述聴取は、公取委の行政処分権限によらない手続であって、本来供述人が任意で応じていることから実施されているものである。実務では、ほとんどの供述聴取は、任意手続により実施されている。その理由は、一問一答式による調書が必要であるかどうかは別として強制手続による審尋のように厳格な手続を必要としないこと、虚偽供述として罰則を発動するということを考慮する必要がないこと、任意手続の場合、必要であると認めるときに供述調書を作成すればよく、実際にも何度か供述聴取をした後に供述調書が作成されることがほとんどである等柔軟な手続であることにあると考えられる。

他方、「任意性」とは、本来、応じる自由、中断する自由、供述を拒む自由等供述人の自由な意思のもとで行われるべきものである。すなわち、任意手続は、

---

[6] 参考として、「私的独占禁止法第46条にもとづいて行なう臨検検査等は、被審人側の承諾を前提とし、正当な理由なくして、その承諾を拒むことを認めない趣旨において、刑罰の制裁を設けているにとどまり、公正取引委員会の直接の実力行使を認めているものではないから、司法官憲の発する令状なくしてこれを行なっても、憲法第35条に違反するとは認めがたい。」とする公取委の審決がある（森永商事事件・公取委決定昭41・11・11審決集18-284）。

行政処分権限の発動とされない限度で認められる手続であり、その限度を超える場合は、審尋手続によらなければならない。

ところが、後述Ⅱに述べるように、実際の任意手続による供述聴取の実務には、弁護士の立会いの拒否・メモの録取の禁止・聴取時間の長時間化等さまざまな制約があり、本来の「任意性」が保障されているかどうか疑問である。こうした制約が、公取委の施設管理権や供述人本人の同意に根拠を求めることにも無理があると思われる。後述Ⅱでは、指針の内容を検討しつつ、任意手続における問題について分析する。

## 4 犯則手続

独占禁止法違反被疑事件が、89条から91条までにかかる刑事罰を科するに相当であるとされる場合には、犯則事件の調査に移行する（101条以下）[7]。行政処分権限と犯則処分手続とは峻別されており（47条4項）、前者による審査が犯罪捜査のためにするものと解釈してはならないとして、行政処方に令状主義（憲法35条）、自己負罪拒否特権（憲法38条1項）の適用がないことを明示したものである。

犯則手続でも、任意手続（101条）と強制手続（102条）があり、前者について、犯則事件では、犯則嫌疑者または参考人に対して出頭を求め、質問をすることができるとされている（101条1項）。その結果、犯則嫌疑者の役職員に対して出頭を求め、事情聴取を行い、供述調書を作成することが行われている。他方、犯則調査では、犯則被疑者を逮捕することはできない。

任意手続により供述を録取する場合には、刑事事件を前提とすることから、犯則嫌疑者には自己負罪拒否特権（憲法38条1項）が認められる[8]。ただ、実務上は、当該権利（黙秘権）の告知はなされておらず[9]、また、任意手続といっても

---

7) 実務上は、不当な取引制限に係る事件について犯則調査が行われている。
8) 所得税法違反被告事件・最判昭59・3・27刑集38-5-2037、村上・条解87頁〔島田まどか・沼田知之〕、根岸・注釈848頁〔佐伯仁志〕。
9) 上記所得税法違反被告事件最高裁判決では、黙秘権の告知は立法政策の問題であり個々の法律に委

行政調査と同様に弁護士の立会いは認められず、メモの録取も禁止されている。

## II 供述調書における制度改革の問題点

### 1 検討の背景事情

#### (1) 独占禁止法基本問題懇談会
　課徴金の額の引上げ、課徴金減免制度等の独占禁止法の実施強化策を盛り込んだ平成17年改正独占禁止法施行後に内閣府に設置された独占禁止法基本問題懇談会は、平成19年6月29日に報告書を公表した[10]。その報告書では、行政調査（審査）手続は、事業者が適切に防御権を行使できるよう、運用面においても配慮することが望ましい（たとえば、犯則調査か間接強制による行政調査か任意調査かについて事業者に誤解を生じさせないように留意する）、とされたものの、供述調書作成時における写しの提供、供述聴取の際の弁護士の同席はいずれも制度を変更して認める必要はないとされた。

#### (2) 平成25年改正法
　その後、審判制度が廃止され意見聴取手続を経て直接抗告訴訟を申し立てることにする平成25年改正独占禁止法では、その附則16条で「我が国における他の行政手続との整合性を確保しつつ、事件関係人が十分な防御を行うことを確保する観点から検討を行い、……必要があると認めるときには、所要の措置を講ずるものとする。」としたが、その所要の措置の検討課題の一つが供述聴取の問題であった。
　なお、改正法附則16条の規定に関して、衆議院経済産業委員会における改正法案の審議の際、「公正取引委員会が行う審尋や任意の供述聴取等において、事業者側の十分な防御権の行使を可能とするため、諸外国の事例を参考にしつつ、代理人の立会いや供述調書の写しの交付等の実施について、我が国における刑事

---

　ねられているとする。
10)　http://www8.cao.go.jp/chosei/dokkin/archive/finalreport.html.

手続や他の行政手続との整合性を確保しつつ前向きに検討すること」との附帯決議がなされている（平成25年11月20日）。

### (3) 独占禁止法審査手続についての懇談会

上記附則16条の趣旨に従って、内閣府に独占禁止法審査手続についての懇談会が設置され、論点が議論された結果、平成26年12月24日に懇談会報告書が公表された。

同懇談会では、平成25年改正独占禁止法附則16条に従って事件関係人の防御権を保護する趣旨から審査手続の見直しを検討したが、最終的に、供述聴取に関係する項目では以下のような結論となった。

- 事件関係人の十分な防御の確保とともに、公取委による実態解明機能が損なわれないようにすることに留意する。
- 現状の仕組みの下で供述聴取時の弁護士の立会いおよび供述聴取過程の録音・録画を認めるべきとの結論にはいたらなかった。ただし、これらを認めるべきとの意見もあり、実態解明の実効性を損なわない措置を検討するなかで、今後、その必要性を含め導入の可否を検討していくことが適当であるとの結論にいたった。
- 調書作成時における供述人への調書の写しの交付、供述聴取時における供述人によるメモの録取および自己負罪拒否特権については、これを認めるべきとの結論にはいたらなかった。
- 公取委は、次の点につき指針等に明記して公表し、広く情報が共有されるようにするとともに、供述人に対して明確にする必要がある事項については、たとえば、供述聴取を実施する前等の適切な場面において、書面による方法も活用しつつ、供述人に伝えることが適当との結論にいたった。
  - 供述聴取が任意のものであるか間接強制権限による審尋であるかを供述人に対して明確にする。
  - 聴取時間の目安を示す。
  - 供述聴取に支障が生じない範囲で、食事時間等の休憩は供述人が弁護士に相談できる時間となるよう配慮しつつ適切に確保する。休憩時間には供述

人が弁護士等の外部の者と連絡を取ることや記憶に基づいてメモを取ることが妨げられないことを供述人に対して明確にする。
・調書の読み聞かせの段階で誤りがないかどうかを問い、供述人が増減変更の申立てをしたときは、審査担当官がその供述を調書に記載することを供述人に対して明確にする。
・供述聴取時において供述人が審査担当官の対応に不満がある場合に苦情を受け付ける仕組みを公取委内部に整備する。その際、当該仕組みの第三者性・中立性に配慮する。また、苦情の申立理由およびその処理結果について、類型化された形での公表を行う。

### (4) 独占禁止法審査手続に関する指針

上記懇談会報告書に基づいて公取委が作成し、パブリック・コメント、関係各団体からの意見も聴取したうえで公表したものが、指針である。

## 2 供述調書における問題点

### (1) 供述調書録取手続

(a) 任意手続

前述のように実際の供述聴取手続では、圧倒的に任意手続が利用される。その理由はⅠ3に記載したとおりであり、手続の柔軟性と審査官にとっての利用のしやすさということである。任意手続では、事件関係人または参考人が任意に供述した場合において、必要があると認めるときにこれを録取した供述調書を作成するものとすると定めている（審査規則13条）。実際の供述聴取手続でも、複数回にわたる供述聴取後に、当該供述聴取の結果に基づいて審査官が供述調書の案文を作成し、その内容を供述人と確認して供述人に読み聞かせ、または供述人に閲覧させて、誤りがないかどうかを問い、供述人が当該調書に誤りがないことを申し立てたときは、これに署名押印することを求めることができるとされている（審査規則13条2項で準用される11条1項、2項）。

しかし、調書を作成するまでに供述聴取を受ける回数は平均して2.8回から

3.1回にも及び（平成21年度から平成23年度までの各年の平均）、合計聴取時間の平均は約15時間から16時間である。その期間で最も回数の多かった供述聴取は42回（約235時間）にも達している[11]。1回毎の聴取時間は半日から1日かかり、長い場合は夜遅くになることもある。このような回数の供述聴取を実施することは、任意手続といってもきわめて拘束性の強いものである。また、供述人は公取委に精通してないことが多く、メモ取りの禁止等を含めて、こうした供述聴取は応じなければならない・供述しなければならない手続であると認識してしまう傾向にある。

　以上のように、任意手続での供述聴取は、供述人に強制手続であると認識されるおそれがあり、供述人の心理も審査官に迎合的になる可能性がある。任意手続において作成される供述調書が、審査官の理解するストーリー調書であることもあいまって、供述調書が実態を誤解させる可能性もあることに注意を払わなければならない。

　指針では、「任意の供述聴取は、審査官等が、直接又は違反被疑事業者等若しくは代理人を通じて、聴取対象者の都合を確認し、その都度、任意の協力に基づいて行う供述聴取である旨を明確にした上で、聴取対象者の同意を得て行う。」（第2・2(2)ア(ｱ)）とされ、また「任意の供述聴取を行うに当たって、審査官等は、冒頭（供述聴取が複数回に及ぶ場合は初回の冒頭）、聴取対象者に対し、身分証明書等を提示した上で、任意の供述聴取である旨及び任意の供述聴取であっても事案の実態を解明して法目的を達成するためには自らの経験・認識に基づき事実を話してもらう必要がある旨を説明する。また、審査官等は聴取対象者に対して、任意の供述聴取に協力が得られない場合には別途審尋の手続に移行することがある旨を、必要に応じて説明する。」（第2・2(2)ア(ｲ)）として、任意手続の説明と審尋手続と異なることの明示をすることとした。

　また、審査規則では、供述人が調書の記載の増減変更を申し立てたときは、その旨を調書に記載しなければならないとされているが（審査規則13条2項で準用

---

[11] 懇談会（第10回）における公取委提出資料。

される同規則11条1項)、実際は供述人が訂正や削除を求めても審査官が応じないこともあるといわれており、調書の作成者が審査官であることを理由として説明される場合もある。しかし、作成者は審査官であっても、審査規則に例外なく供述人が調書の記載の増減変更を申し立てたときは、その旨を調書に記載しなければならないとされていること、調書の内容は供述人の記憶に基づいた事実を記載するものであることから、供述人の記憶が客観的な証拠と異なる場合以外は、その訂正に応じるべきである(そのような場合でも、審査官は客観的な証拠を供述人に示して記憶を喚起すべきであり、その結果喚起された供述人の供述内容を正確に調書に記載しなければならない)。指針では、「聴取対象者が、自ら供述した内容についての増減変更(調書の記載の追加、削除及び訂正)の申立てをしたときは、審査官等は、その趣旨を十分に確認した上で、当該申立ての内容を調書に記載し又は該当部分を修正し、聴取対象者の署名押印を得る。」(第2・2(5)イ)と記載しているが、「その趣旨を十分に確認した上で」という審査規則には記載のない文言が拡大解釈されることがないように留意すべきである。

(b)審　尋

　他方、審尋手続による場合は、その都度、出頭命令書を聴取対象者に送達して行い(審査規則9条)、出頭命令書には、法的根拠、出頭すべき日時および場所ならびに命令に応じない場合の罰則(94条)について記載することとされていることから、それが強制処分であることを供述人は理解して参加する。

　前述のように、審尋にあたっては、虚偽供述の立証のために一問一答式により調書が作成されると理解されてきた。指針によると、「速記録のように一言一句録取することを要しない」とされるが、できるだけ供述人の発言をそのまま記載する必要性があることに変わりがないことから、任意手続で作成される供述調書とは異なり、供述人の供述内容が正確に記載される形式によるべきである。

　調書の作成にあたっては、聴取の結果に基づいて審査官が供述調書の案文を作成し、その内容を供述人と確認して供述人に読み聞かせ、または供述人に閲覧させて、誤りがないかどうかを問い、供述人が当該調書に誤りがないことを申し立てたときは、これに署名押印することを求めることができるとされている(審査

規則 11 条 1 項、2 項)。供述人が調書の記載の増減変更を申し立てたときは、その旨を調書に記載しなければならないとされているが(審査規則 11 条 1 項)、その問題点については任意手続における場合と同様である[12]。

## (2) 証拠としての価値

供述調書は、審査の段階で審査官により頻繁に作成される。被疑対象事業者の役員、従業員だけではなく、独占禁止法違反行為により被害を受けたとする事業者やカルテル・談合等複数の事業者が関与する違反行為に加担した他の参加事業者の関係者の供述調書も違反事実を立証するために作成される。

独占禁止法違反事件で証拠として利用されるものには、供述証拠のほか、客観的証拠がある。客観的証拠とは、供述のような関係者の記憶による主観的証拠ではなく、違反行為の手段とした電子メールやファクシミリ文書、違反行為を報告した社内報告書や書き留めたメモ書き、談合等に参加した従業員の手帳、価格を決めた価格表、談合等の会合に参加した際に取得した名刺や会合の領収書や交通費精算関係文書等の違反行為時に作成された文書やデータのほか、価格の推移を説明する文書、違反行為時を含めた事業報告書や売上げ・利益率等のデータを記載した文書等がこれにあたる。

独占禁止法では、違反行為について、高度の蓋然性がある程度の立証をする必要があるとされているが[13]、実際には刑事手続と同様に合理的な疑いのない程度の立証が必要とされているようにも思われる。それは、排除措置命令は行政的措置であっても、事業者の事業活動の私的自治を制約するものであり、課徴金納付命令では、不当利得の剥奪を超える罰則的な料率の金額が課され、また犯則手続に移行すれば将来の刑事手続も想定しなければならないからである。

客観的証拠は、違反行為立証にとって(偽造された証拠以外)存在自体を否定しがたい証拠であり、証拠としての価値は主観的証拠に対して高いといえる。しかし、客観的証拠は、あくまで一時点での証拠であり、複数の時点をつないで実

---

12) これとは別に、審査官は、違反被疑事実等を直接証明する用途を意図せずに、事件関係人または参考人とはしない者から関連情報収集のために供述書をとった場合、供述人に内容の確認を求めることはせず、供述調書報告書としてとりまとめることがある(根岸・注釈 647 頁〔鈴木孝之〕)。
13) 酒井紀子『独占禁止法の審判手続と主張立証』(民事法研究会・2007) 142 頁。

態を解明する必要がある。また、必ずしも客観的証拠のない場合もある。そこで複数の時点をつなぐための証拠または客観的証拠のない事実を立証する証拠として供述証拠が利用されるのである。その点において、供述証拠の価値を否定することはできない。上記のように、違反行為が高度の立証を必要とすることから、客観的証拠と共に供述証拠が不可欠であることは理解できる[14]。

　では、本当に独占禁止法違反事件において合理的な疑いのない程度の立証が必要なのであろうか。独占禁止法は、刑法と異なり競争に関する政策法であり、時の競争政策により違反行為の内容・範囲も異なる[15]。そのような競争政策法に、刑事手続と同様の厳格な立証を求める必要性はないと考える。むしろ、そうした考え方の元となる硬直した独占禁止法の枠組みを変更し、裁量的課徴金制度、カルテルにおける和解手続、私的独占を中心とした確約制度等の柔軟な制度を取り入れ、（少なくとも、そうした迅速手続により解決する事件については）違反行為の立証も厳格ではなくともよいとすべきである。そうすることで、供述証拠の偏重も改善され、供述聴取手続における問題も是正される。

### (3) 実態解明との関係

　懇談会では、事件関係人の十分な防御の確保と同時に、事件関係人の防御について議論する際には、公取委による実態解明機能が損なわれないようにすることに留意するとともに、必要に応じて、公取委による実態解明機能に影響を及ぼすことがないよう、調査権限の強化についても検討が行われた[16]。

　指針では、「違反被疑事実の立証に当たっては、物的証拠その他当該被疑事実に関する十分な証拠を収集するよう努めるとともに、聴取対象者の供述については、予断を排して慎重かつ詳細に聴取し、その内容の合理性、客観的事実との整合性等について十分に検討した上で、その信用性について判断しなければならな

---

14) 長年にわたり、審査官は、その供述聴取の実務を検察官から教示されてきた。そのため、どうしても自白偏重の傾向が生じたともいわれている。
15) 米国では、シカゴ学派による考え方が主流で競争の結果生じた寡占に対する規制が緩いのに比べて欧州では域内の人、物、サービス、金の移動を阻害する寡占に対しては厳しい競争政策を実施しており、競争政策といっても各国・各地域により異なる場合がある。
16) 懇談会報告書5頁。

い。」[17]としている。

　もちろん、独占禁止法違反事件の審査にあたって実態解明は重要である。しかし、主観的証拠である供述調書にあまりに依拠することで、かえって実態解明に支障を生じることがあるのではないかと危惧される。審査官が、物語調のストーリー調書を作成するのも、審査官が考える違反行為の実態を立証するための証拠の作成を企図しているからではないだろうか。審査官は、さまざまな客観的証拠を精査して実態解明に努めるが、ある時点で証拠と経験値に基づき目標とするストーリーを仮定し、（修正が必要な場合は修正したうえで）その立証を目指す。この手法は、刑事捜査手続でもとられ、時に冤罪を生じて批判されてきた[18]。仮定と立証の繰り返しが効率的な捜査の一つの手法であるとはいえ、批判されるべき論点も内在する。

　特に、独占禁止法違反事件では、刑事事件以上の供述調書が偏重されていると思われる。違反行為の被害者とされる複数の関係者の供述調書には、同様の内容の供述（時には同じ言回しの供述）が散見される。当該事件が審判・裁判で争われても、こうした証拠に基づいて事実が認定される場合がきわめて多い。他方、これらの証拠の証拠能力を争おうとしても、あまりに数が多く、参考人審尋等の限られた場では到底争うことができない。反対尋問権は、被疑事業者に保障されるべき権利であるが実現には程遠く、さらに反対尋問を経ることで実態解明に資するところ、こうした証拠の利用方法は実態解明にも重大な問題を生じることになる。

### ■日本音楽著作権協会（JASRAC）事件と供述調書

　日本音楽著作権協会（JASRAC）事件の審決[19]では、以下のように客観的証拠に基づいて多くの供述証拠による証明を否定した。この件で審査官は、排除効果の点に関し、放送事業者15社の著作権関連部門、編成部門等の役職員が、追加負担を回避するため競争事業者管理楽曲の放送での利用を自粛した等と述べる供述調書および競争

---

17)　指針第1・3(4)。
18)　いわゆる村木・郵便不正事件・大阪地判平22・9・10判タ1397-309。
19)　審判審決平24・6・12審決集59-1-59。

事業者代表者等の多くの供述調書が提出され、競争事業者が放送等利用に係る管理事業に参入した平成 18 年 10 月上旬以降、FM ラジオ局を中心とした放送事業者が、その管理楽曲を放送で利用すると追加負担が生じることから、みずから制作する放送番組において、放送等利用が見込まれる大塚愛の「恋愛写真」を含む競争事業者管理楽曲をほとんど利用しなかったと主張した。しかし、JASRAC が放送分野での大塚愛の「恋愛写真」の利用実績をデータから解析して証拠として提出した結果、それと同時期に CD が発売されて同程度のヒットとなった他の楽曲および大塚愛自身の他の楽曲と比較して、遜色のない形で放送事業者による放送番組において利用されており、放送事業者に対する無料化措置の通知の前後において、その利用状況に格別の変化はなかったものと認められるとされた。また、放送事業者の関係者が、上記文書に競争事業者管理楽曲を利用する場合は 1 曲ごとに放送等使用料を支払う必要があるので注意するようにと通知文に記載したことは、番組制作担当者にとって、競争事業者管理楽曲の利用を自粛させる効果があったといえると供述する部分についても、参考人審尋を実施した結果、上記通知文書が番組制作担当者に競争事業者管理楽曲の利用を差し控えさせる効果を有していたと認めることはできないとされた[20]。

　このように、供述調書は必ずしも実態の解明に資するものではなく、事案によってはかえって実態とは異なる事実を認定することに作用することにもなる重大な危険を内包する。

　こうした供述調書の問題点は、結局、客観的証拠で埋められない点を補完的に供述で埋めて実態の解明を図るという供述証拠の本来的目的が軽視されていることである。たとえば、任意手続で行われる供述聴取の方法は、客観的な証拠を容易に示すことなく、会話だけで聴取する方法をとることがある。欧米では、客観証拠について事情聴取することが主たる方法であって、供述人の記憶だけで調書として証拠化することはほとんどないことと対照的である。

### (4) 代理人の立会い

　欧米では、弁護士が当局の事情聴取に立ち会うことが認められているが、懇談会の結論は、「議論の結果、供述聴取時の弁護士の立会いについては、供述人は

---

20) JASRAC 事件はその後競合事業者が審決取消訴訟を提起し、東京高等裁判所で審決が取り消され（東京高判平 25・11・1 審決集 60-2-22）、さらに最高裁判所で高裁判決が維持されて（最判平 27・4・28 民集 69-3-518）、現在審判手続が再開されて審理されている。

身柄拘束を受けているわけではなく、休憩時間に弁護士と相談できること、従業員たる供述人に萎縮が生じることによる実態解明機能への影響が懸念されること等から、現状の仕組みの下でこれを認めるべきとの結論には至らなかった。ただし、供述聴取時の弁護士の立会いを認めるべきとの意見もあり、実態解明の実効性を損なわない措置を検討するなかで、今後、その必要性を含めて導入の可否を検討していくことが適当であるとの結論に至った。」というものであった[21]。

ここで前提となるのが、事情聴取に立ち会う代理人とは、事業者の代理人か個人の代理人かという点である。懇談会では、この点個人での代理人であることを数人の委員が前提とすべきであると主張したにもかかわらず、事業者の代理人が立ち会うことを前提として議論されている[22]。そのため、「独占禁止法の行政調査手続の場合、行政処分を受けることになるのが事業者であるのに対し、供述聴取の対象となるのは、典型的には、行政処分を受けることにはならない当該事業者の従業員である。このため、例えば、従業員は事実をありのまま話したいと考えているが、事業者が否認の戦略を採っている場合に、当該事業者とその従業員の間に利害の対立という問題が生じる。また、従業員が社内処分等を恐れて萎縮する等実態解明が阻害されることが懸念される。」とされて[23]、上記の結論にいたっている。欧米では、重要な従業員には、通常事業者代理人以外の独立した代理人を選任するのであって、その理由はそのような利害相反を懸念しているからである。したがって、懇談会での議論はその前提からして、異論を生じるものとなっている。

代理人が供述聴取に立ち会うことには、供述人の権利保障および実態解明のいずれからも望ましい。「供述人が調書の記載の修正を求めても審査担当官が応じてくれない」、「供述がストーリーに沿わなければ調書を作成しない」等の不当な聴取に対して、供述人を防御する反面、供述人が弁護士から法的助言を得られ、不当な調査に対する防御が確保されることを通じて、作成される調書の信用性が

---

21) 懇談会報告書 33 頁。
22) 同上 20 頁注 12。
23) 同上 19 頁注 9。

担保される。弁護士が立ち会うことで供述人がみずからの記憶に基づいた正確な供述をすることができることから、弁護士の立会いは実態解明や効率的な法執行にとっても有意義である。他方、立ち会う弁護士が聴取を妨害した場合には、立会いを認めなければよいのであって、過度な妨害行為に対しては弁護士懲戒を申し立てることもありうるし、そのような行為に対する罰則を新設することも考えられる[24]。これに対して、前述の従業員に対する萎縮効果のほか、供述人が身柄拘束を受けていないこと、休憩時間に弁護士に相談することができること等から、弁護士の立会いを認めるべき必要性は低い、弁護士が供述内容を正確に把握することで当該事業者内または他の事業者との間の供述調整（口裏合せ）につながるおそれがある、といった反対意見もあり、最終的に前述の結論となった[25]。

ただし、供述聴取に支障が生じない範囲内で、食事時間等の休憩は供述人が弁護士に相談できる時間となるよう配慮しつつ適切に確保すること、休憩時間には供述人が弁護士等の外部の者と連絡をとることや記憶に基づいてメモを作成することが妨げられないことを供述人に対して明確にすることが懇談会報告書に明記され[26]、指針でも、同様の内容が示されている[27]。

懇談会報告書を受けて作成された指針では、当初案には弁護士の立会いは記載されていなかった。しかし、公表された指針では、供述聴取時の弁護士を含む第三者の立会い（審査官等が供述聴取の適正円滑な実施の観点から依頼した通訳人、弁護士等を除く）については、事案の実態解明の妨げになることが懸念されること等から認めないとされたが、「審査官等が供述聴取の適正円滑な実施の観点から依頼した」場合での弁護士の参加の可能性は明示された。実際に、従業員が公取委の審査に対して敵対的で弁護士が同席した方が適切な供述をする場合や外国人のように弁護士が同席することで安心して供述するような場合等がこれにあたる

---

24) 米国では、そのような妨害行為は法廷侮辱罪に問われる可能性がある。
25) 国税通則法に基づく税務調査においては、税務代理（税理士法2条1項1号）を委任された税理士（税理士登録した弁護士等を含む）の立会いは認められている（税理士登録をせずに、国税局長に通知することにより税理士業務を行うことができる弁護士にも立会いを認めている〔税理士法51条1項〕）。
26) 懇談会報告書34頁。
27) 指針第2・2⑷イ。

ものと思われるが、今後こうした実例を通じて公取委が弁護士の立会いが有益であることを認識していくことが望まれる。

## (5) 供述聴取手続の可視化

　懇談会では、供述聴取過程の録音・録画について、「議論の結果、供述聴取過程の録音・録画については、不当な供述聴取が行われていないか事後に検証する手段としての有効性を否定するものではないものの、その全過程を対象とする場合だけでなく、読み聞かせ等の場面に限定して実施する、又は公取委の裁量により実施することとした場合であっても、供述人に萎縮効果が生じ、実態解明機能が損なわれるとの懸念が払拭できないこと等から、現状の仕組みの下でこれを認めるべきとの結論には至らなかった。ただし、供述聴取過程の録音・録画を認めるべきとの意見もあり、実態解明の実効性を損なわない措置を検討する中で、今後、その必要性を含めて導入の可否を検討していくことが適当であるとの結論に至った。」という結論となった[28]。

　刑事手続においては、明文上の規定はないものの、検察当局において、身柄拘束事件等の一部について、録音・録画を行っている。他方、金融商品取引法に基づく取引調査および国税通則法に基づく税務調査においても同様である[29]。

　供述聴取手続の可視化の根拠は代理人の立会いの理由と同様である。公取委の審査担当官による誘導的な質問や先入観に基づく誤導による聴取等、不当な聴取が行われていないかを事後的に検証することが可能となる。調書の任意性および信用性については、これまでに審判または裁判所で争われている例があるが[30]、録音・録画をしていれば、その内容を確認することですぐに解決するのであり、録音・録画は、その後の手続において供述の信用性が争点になることを防ぐ効果があるほか、早期の実態解明にもつながる。かえって、録音・録画は、公取委の審査の透明性・適正性を高めるうえで有効な手段である[31]。

---

28)　懇談会報告書33頁。
29)　同上23頁。
30)　大東建設事件・東京高判平26・4・25公取委ウェブサイト、JFEエンジニアリング他事件・東京高判平20・9・26審決集55-910等。
31)　懇談会報告書24頁。

他方、録音・録画を認めることに慎重、またはこれを認めるべきでない理由・根拠として、独占禁止法違反行為の処分の対象が事業者であるのに対し、録音・録画により聴取時の供述人の対応状況や供述内容が供述人以外の者（特に違反被疑事業者）に知られることにより、供述人に萎縮効果が生じてしまうという懸念があることや独占禁止法違反事件は、一定の範囲で録音・録画を行っている刑事手続とは異なり、裁判員裁判の対象ではないこと、身柄拘束が行われないこと、不当な聴取が行われたとの審決または判決はないこと等の点で、そもそも刑事手続の場合とは、前提が異なっているのではないか、等の点が挙げられた[32]。

　さらに、証拠化される最後の場面である調書の読み聞かせの際に限定し、加えて、公取委の裁量により実施する場合を限定することが考えられるが、このように二重に限定しても全過程で実施する場合と同様に供述人に萎縮効果が生じてしまうという懸念が残るとされ、供述人への萎縮効果への懸念が最大の理由とされた[33]。

　その結果、指針では、供述聴取過程の録音・録画については、事案の実態解明の妨げになることが懸念されること等から、これらを認めない、とされた（第2・2(3)イ）。

　ところで、代理人の立会いでも供述聴取過程の録音・録画でも供述人に対する萎縮効果が制度導入の否定論の主要な根拠である。その理由は、供述人が違反事業者の従業員である場合に事業者が供述の模様を把握して当該従業員に不利益取扱いをする可能性があるというものである。しかし、当該事業者は意見聴取手続の過程で従業員の供述調書の写しをとることができるのであって、事業者にとって証拠となる供述証拠が手に入る以上、その供述の過程を知ることでさらに格段の不利益を当該従業員に与える可能性があるとは思われない[34]。むしろ、審査官

---

32)　懇談会報告書24頁。
33)　同上25頁。
34)　ただし、意見聴取の通知を受けた事業者等が、意見聴取手続において閲覧・謄写した供述調書等の内容をもって、自社従業員に対する懲戒等の不利益取扱い、他の事業者に対する報復行為等を行う可能性があるときは、「第三者の利益を害するおそれがあるときその他正当な理由があるとき」（52条1項）に該当し、公取委は当該供述調書等の閲覧・謄写を拒むことができる。その範囲では萎縮効果の議論には理由がありそうであるが、実際それを理由に閲覧謄写を拒んでいる例があることを知らない。

が従業員を説得する過程を事業者に開示されると、容易に説得しがたくなるという審査上の理由ではないかと思われる。その理由自体は理解できるが、萎縮効果とは異なる。また、供述証拠に頼らない客観証拠の積み重ねによる立証を中心とした審査実務を継続することでより、説得力のある実態解明ができると期待したい。

**(6) メモ取りの禁止**

懇談会では、供述聴取中のメモ取りについて、「供述聴取時における供述人によるメモの録取については、供述調整に用いられる可能性が否定できないこと、簡単な単語や項目のみに限定するとしても、その線引きは実務上困難であること等から、これを認めるべきとの結論には至らなかった。供述聴取に支障が生じない範囲内で、食事時間等の休憩は供述人が弁護士に相談できる時間となるよう配慮しつつ適切に確保する。休憩時間には供述人が弁護士等の外部の者と連絡を取ることや記憶に基づいてメモを作成することが妨げられないことを供述人に対して明確にする。」との結論であった[35]。

供述聴取時における供述人によるメモの録取を認めるべき理由・根拠として、供述人が調書の内容を細部まで記憶しておくことは事実上不可能であり、メモにより供述人が供述聴取後にみずからの供述内容を検証し、弁護士に効果的な助言を求めることができること、供述人が自己の供述内容を確認し、誤りや不適切な点等があれば適時に是正できること、また、それにより実態解明に資することが挙げられている[36]。他方、供述聴取時における供述人によるメモの録取を認めることに慎重またはこれを認めるべきでない理由・根拠として、供述人は、記憶に基づいて経験した事実を述べればよく、事業者の防御活動に役立てるということであれば、メモの録取を認める必要はないこと、供述人が供述聴取の際に審査官から聞かれた内容や審査官の関心事項・手持ち情報が、他の事業者との間でまたは事業者内の供述人間で共有され、調書の写しの交付の場合と同様に、供述調整（口裏合せ）が行われる可能性が否定できず、適切な防御権とはいえないこと、

---

35) 懇談会報告書 34 頁。
36) 同上 27 頁。

録取したメモが事業者に渡されれば、事業者がその従業員の供述内容を事実上監視することとなり、従業員が自由に供述することの妨げになるおそれがあること、供述人はできる限り詳細なメモを取ろうとすることが予想され、メモの作成に気をとられて審査担当官の質問に真摯に対応しなくなるとともに、メモの作成のために供述聴取が頻繁に中断されるおそれがあること等が挙げられている[37]。

録取するメモが詳細なものではなく、供述聴取後に弁護士と相談する際に最低限記憶を喚起できる程度の単語や項目程度のものを想定する場合には、前記のような問題が生じるおそれはなく、実態解明機能を阻害しないと公取委が認める範囲でメモの録取を認めることは問題ないのではないか、との意見に対しても、最低限記憶を喚起できる程度の内容であれば、休憩時間中にメモを取ればよいこと、記憶を喚起できる最低限の範囲のメモといっても、供述事項として「調整会議の有無、開催頻度」、「違法行為の期間」等が他の事業者との間でまたは事業者内の供述人間で共有されると、審査への影響は大きいと考えられること、許容できるメモはどの程度かという具体的な基準を設けることは困難であること、供述聴取時に休憩時間が適切に確保されれば、その時間にメモを作成することで、メモの録取の目的はおおむね達成できること、等の理由で実現しなかった[38]。

指針でも、原案ではメモ取りは認められないと記載されていたが、外部意見を踏まえて、「供述聴取時における聴取対象者によるメモ（審査官等が供述聴取の適正円滑な実施の観点から認めた聴取対象者による書き取りは含まない。）の録取については、事案の実態解明の妨げになることが懸念されること等から、これらを認めない」として、括弧書きのように「書き取り」という用語を使用して、審査官等の裁量で認める場合があることを明示した。審査官が、次回の供述聴取期日までに供述人に調査を依頼した場合のその調査項目や事業者への伝達等がこれにあたると思われる。本来供述人が審査官から問われた内容をメモに取り、その供述について事後に検討することができることがかえって実態解明にも資する。他の従業員や事業者と口裏合せや事業者による監視の対象となるといわれるが、そうし

---

37) 懇談会報告書28頁。
38) 同上。

た具体的な可能性があるのであれば、個別に制限すればよいのであって、任意手続における供述人の自由を原則制限する理由とはならない。

　そもそも、任意の供述聴取であるにもかかわらず、メモ取りを禁止する根拠はないはずである。原則自由として、供述聴取の支障を来すことが明らかである場合等合理的な理由がある場合に制限できるとすることが適当であり、原則・例外が逆転している指針はさらに見直されるべきである。

**(7) 調書作成時における供述人への調書の写しの交付**

　懇談会では、供述調書作成時における供述人への調書の写しの交付については、「実態解明プロセスの段階でこれを交付すると他の事業者との間で又は事業者内の供述人間で共有され、供述調整に用いられる可能性が否定できないこと等」を理由として、これを認めるべきとの結論にはいたらなかった。

　公取委による供述聴取においては、調書作成時に供述人に対して調書の写しを交付することについて、法令上、これを認める、または認めないとする明文上の規定はない[39]。しかし、平成25年改正独占禁止法により、意見聴取手続における証拠開示が規定され、対象事業者またはその従業員の供述を録取したものとして公取委規則で定めるものについては謄写も可能となった（52条1項）。

　調書の写しが交付されれば、供述人が供述聴取後にみずからの供述内容を検証し、弁護士に効果的な助言を求めることができるだけでなく、供述人がみずからの供述内容を確認し、誤りや不適切な点等があれば適時に是正できる。また、それにより実態解明に資するといえる。

　結局、調書の写しの交付に関しては、上記の平成25年独占禁止法改正により、意見聴取手続における証拠開示が規定された改正法施行後の運用状況を見定めてから、さらに検討すべきである。

---

39)　金融商品取引法に基づく取引調査および国税通則法に基づく税務調査では、調書の写しの交付について、法令上、明文上の規定はなく、実務上も認めていない。刑事手続の捜査段階においても、関連する規定はおかれておらず、実務上、被疑者等に供述調書作成時における供述調書の写しを交付するという取扱いはされていない。

## III 供述調書の実務と対応方針

### 1 任意手続か強制手続か

　供述聴取に関連する問題への対応について、以下論点毎に検討する。その前提として、公取委の指針があたかも事業者に対する指針であると理解される傾向にあるが、指針は公取委の審査官に対する指針であり、審査の対象とされる事業者やその関係者に対する指針ではないことを理解しなければならない。そこで、審査官が指針を遵守せずに審査をした場合は、それが47条1項の行政処分である場合は、当該処分を受けた日から1週間以内に、その理由を記載した文書をもって、委員会に異議の申立てをすることができる（審査規則22条1項）。委員会は異議の申立てに理由があると認めるときは、異議を申し立てられた処分の撤回、取消しまたは変更を審査官に命じ、これを審査官に通知する（同条2項）。異議の申立てを却下した場合はこれを申立人に理由を示して通知する必要がある（同条3項）。

　ただし、審査官の処分に対しては、行政手続法の適用はされず（70条の11）、行政不服審査法による不服申立てもできない（70条の12）。他方、行政処分にあたらない場合は、異議申立ての対象とはならない[40]。したがって、指針には記載されているが47条1項の行政処分にあたらない審査官の行為に対しては審査規則22条の異議の対象とはならない。他方で、指針はあくまで審査官を名宛人とする審査に関する指針であるから、行政処分ではない任意手続については、審査官の依頼に従わない場合に罰則はなく、審査官がこれに対して審尋を実施する等の行政処分権限を発動するだけである[41]。

　そこで、供述聴取については、前述のように、任意手続と審尋による行政処分

---

[40]　審査官が提出書類の謄写を認めなかったことに対する異議の申立てについて、審査官の処分にあたらず、異議申立ての対象とはならないとした事案がある（マイクロソフト異議申立て事件・公取委決定平10・2・13審決集44-423）。

[41]　もちろん、審査官の依頼に従うかどうかは、事業者の対応方針による。課徴金減免申請をした事業者であれば、その追加報告の求め（7条の2第16項）に応じる必要があり（ただし、協力義務があるとまではいえないとされている）、合理的な依頼には応じることが期待されている。

手続があり、その聴取の方法には前述のように相違があり、またこれに応じなければ罰則があるかという点で別違に論じる必要がある。したがって、供述聴取が任意手続であるかどうかが、対応方針を決めるうえで重要な分岐点となるのであるから、事業者としてはそれら2種類の手続について理解をしておく必要がある。審査規則は、任意手続（第2・2⑵ア）および審尋（第2・2⑵イ（イ））のいずれの手続についても、審査官が供述人に当該手続の内容・性質について説明するとしており[42]、また任意の供述聴取にかかる事前連絡時または審尋にかかる出頭命令時に、審査官等は、聴取対象者に対し、直接または違反被疑事業者等もしくは代理人を通じて、事業者等向け説明資料のウェブ掲載場所を伝えるとともに、聴取対象者が事前に同資料の内容を確認していない場合には、当該聴取対象者に対する初回の供述聴取の開始時に、事業者等向け説明資料を手交する、という手続もとられることになっている。

　任意手続であれば、本来、これに応じる自由、中断する自由、供述を拒む自由等供述人の自由な意思のもとで行われるべきものでる。すなわち、任意手続は、行政処分権限の発動とされない限度で認められる手続であり、その限度を超える場合は、審尋手続によらなければならない。その場合、審査指針では、任意手続による供述聴取について、審査官が審査指針に従っていない言動があった場合も、供述聴取を受けた日から1週間以内に、書面で公取委に苦情を申し立てることができるとされているので（第2・4）、必要に応じて利用することも考える。

　事業者としては、公取委から任意手続である供述聴取の依頼が関係者に対してなされた場合は、①当該依頼が任意の手続であることを確認し、②公取委の審査に理由があると考えるときには、その従業員であれば執務中でも供述聴取に応じることを承認し、元従業員であれば当該従業員に審査官からの依頼を伝える等、合理的な範囲で協力し、③②の場合で、審査手続が合理的な範囲を超えると考える場合は審査官に事実上の異議を申し出る、審尋をするように促す等の対応を行

---

42）　審査官は、必要に応じて、供述聴取を行うにあたって、あらかじめ聴取対象者に対し、供述を録取した書面は、意見聴取手続（49条等）において、閲覧・謄写の対象となる可能性がある旨および閲覧・謄写制度の趣旨・目的等（目的外利用が認められない旨を含む）について説明する。

い（もし対応に著しく合理性が欠ける場合は、これに応じないこともありうる）、④公取委の審査に理由がないと考える場合は、任意手続にどこまで応じるか、審尋となった場合の罰則等のリスクを考慮して判断する、という論点に留意したい。

また、⑤供述聴取を受けた関係者に対しては、当日休憩時間に連絡をとり、聴取の内容や方法について報告を受け、必要に応じて弁護士に相談する等して任意手続としての供述聴取手続範囲を超えていないか確認し、また事件の対応方針を決定する情報とすることが望ましい。⑥供述聴取の間の休憩時間に時間の関係でそのような対応ができないとしても、終了後に当日の聴取の内容についてできるだけ正確な記憶に基づきメモを作成し、その内容を精査して事件に対応することも必要である。

## 2　強制手続への対応

他方で、強制手続である審尋に対しては、①公取委から強制的行政調査権限としての審尋として、出頭義務、陳述義務および虚偽陳述の禁止の定めがあり、同項違反がある場合には、1年以下の懲役または300万円以下の罰金を科される可能性があること（94条1号）を供述人に理解させる、②出頭義務があるので、供述人が従業員の場合は、出頭するように業務上の命令を出し、元従業員であれば出頭を促す等の連絡をすることになる。それ以上は、上記任意手続⑤および⑥と同様の対応を行うことになる。

## 3　立入時の供述聴取の注意点（減免申請への配慮を含めて）

立入検査時に、審査官が立入中に関係する従業員に任意に同行を求めて供述聴取をすることがある。審査官としては、立入以降であれば供述調整（口裏合せ）が行われる可能性があることから審査を効果的に実施するために、立入時に被疑事実について供述聴取をするためである。

他方で、立入りの対象となった事業者としては、①立入検査の根拠となった被

疑事実を迅速に把握して対応方針（証拠の隠滅等を効果的に防ぐことを含む）を迅速に検討すること、②立入検査後の課徴金減免申請（7条の2第12項）を申請する可能性を検討し、可能な場合は迅速に申請に必要な事実関係を把握すること、③国際カルテル等他の当局の調査が並行して実施されることに備えることを主な目的として、当該従業員から独自に事情を聴取することが必要となる。

　審査官による当該供述聴取は、出頭命令がなされない限り任意手続であるので、断わることもありうるが、混乱したなかでは断ることも難しい場合がある。短時間でも面談をすることを審査官に求めることが望ましい。公取委としても、立入検査後の課徴金減免申請が法定されている以上、それに必要な範囲で面談を認めることが適当である（詳細は、第6章Ⅳ2「立入検査時の対応」〔▶196頁〕を参照）。

## 4 供述聴取手続に対する対応方針（日程調整、準備と事後の対応、代理人との打合せ）

　公取委から、供述聴取の依頼がある場合（または出頭命令がある場合）には、対象となった供述人は、審査官と打合せのうえで日程を調整する（審尋のための出頭命令の場合は記載されている）。複数日にわたる場合やあまりにも長くなる場合は、審査官に変更を依頼することも可能である。

　供述聴取の実施日の前には、事業者は代理人と協議のうえで、供述人と面談する等して、どのような内容の聴取となるかあらかじめ予想し、供述人が正確な記憶に基づき回答できるように準備をする。そのためには、事業者も被疑事実に関する証拠をできるだけ把握し、そうした客観証拠に基づいて準備をすることが効率的である。また、重要なことは、事業者が供述者以外の従業員の記憶に基づく事実や当該供述人と関係のない客観証拠を供述人に示す等して、供述人の記憶を作りあげないことである。当該供述人は、あくまで自己が経験した事実についてみずからの記憶にしたがって供述するための準備であるべきである。

　また、供述聴取が終了した場合は、迅速に当該供述人から聴取内容を聞きとり、審査官の関心事項等を把握したうえで、事業者として対応を図ることが望ましい。

いずれの供述人との打合せも、供述人に個人の代理人を選任した場合は、当該代理人の参加を得て実施すべきである。

## 5 聴取時間・休憩時間

　指針では、聴取時間について「供述聴取は、1日につき8時間（休憩時間を除く。）までを原則とし、聴取時間が1日につき8時間を超える場合には、聴取対象者の同意を得るものとする。また、やむを得ない事情がない限り、深夜（午後10時以降）に及ぶ聴取は避けなければならない。供述聴取において、聴取が長時間となる場合には、審査官等は、聴取対象者の体調等も考慮した上で、休憩時間を適時適切に確保する。」という点を示し（第2・2(4)アおよびイ）、休憩時間については、「原則として聴取対象者の行動を制約せず、審査官等が指定した休憩時間内に、聴取対象者が弁護士等の外部の者と連絡を取ることや記憶に基づいてメモを取ることを妨げないものとする。ただし、例えば、複数の関係者を対象として、同日の近接する時間に聴取を実施する場合等、休憩時間に聴取対象者が他の事件関係者と接触し、供述内容の調整（口裏合せ等）が行われる等のおそれがあるときは、例外的に、審査官等が付き添う。また、食事時間等の比較的長めの休憩時間を取る場合には、供述聴取に支障が生じない範囲で、聴取対象者が必要に応じて弁護士等に相談できる時間となるよう配慮しつつ適切な時間を確保するようにする。」という指針を示している（第2・2(4)イ）。以上の指針は、審尋および任意手続のいずれにも適用される。

　まず、指針はあくまで審査官に対する審査指針であるので、任意手続による場合は聴取対象者が指針に従う義務はない。もちろん、前述のように、任意手続の聴取に参加しなければ出頭命令により審尋手続に移行する可能性があるが、その場合でも審査官には逮捕・勾留する権限はないのであるから、聴取対象者を留め置くことはできない。審尋手続違反による罰則（94条1号）が科される可能性があるということになる。

　事業者としては、以上の手続を理解したうえで、弁護士等に相談しながら、供

述聴取に応じる従業員等に手続を説明し、必要に応じて供述聴取の日取り、日数や頻度について審査官に確認し、聴取対象者の体調等も考慮して、日程等の変更を求めてもよい。指針では、1日につき8時間（休憩時間を除く）までを原則とすると記載しているが、8時間は聴取時間であって、休憩時間や審査官が打合せのために退席する時間は含まれていない。そこで、こうした時間を含めると8時間を超してしまうような場合は、日取りを変更して聴取をすることを申し出ることも考慮してよい。

　また、指針では、供述聴取の頻度については記載がないが、前述のように連日となったり、日数が数十回になる事例も散見されるのであるから、そのような場合も、聴取対象者の体調、仕事との調整等も考慮したうえで変更を求めることも検討すべきである。

　最後に、指針によれば、審査官等は、供述聴取を行ったときは、聴取時間および休憩時間について記録することとしており（第2・2(4)ウ）、当該記録を確認することが必要な場合もある。また、前述のように、公取委に対して苦情を申し立てることもありうる。

## 6　メモ取りへの対応

　指針では、「供述聴取時における聴取対象者によるメモ（審査官等が供述聴取の適正円滑な実施の観点から認めた聴取対象者による書き取りは含まない。）の録取については、事案の実態解明の妨げになることが懸念されること等から、これらを認めない」としているが（第2・2(3)イ）、括弧書きのように「書き取り」という用語を使用して、審査官等の裁量で認める場合があることを明示した。

　このメモ取りの禁止は、任意手続であれば、本来禁止できないはずであり、その必要性がある場合には、メモ取りを求めるべきである。聴取中のメモ取りができなくても、少なくとも、休憩時間や供述聴取が終了してからすぐに新鮮な記憶に従い、聴取された内容のメモを作成し、事業者の防御活動のために利用することが望ましい。審査官がどのような事実について関心があり、審査の対象として

いるのかを知ることは事業者の防御にとって重要であるからである。事業者としては、従業員からの聴取メモに基づいて、手持ちの書類等と照合して、もし従業員の記憶している事実と異なるのであれば、それを当該従業員に指摘して正確な記憶を喚起するようにして、次回の聴取の機会に審査官に指摘するべきである。供述調書が作成された後でも、実態解明のためにも、必要に応じて上申書等を提出して修正点を指摘しておく必要がある。

審査指針では、審査官等が供述聴取の適正円滑な実施の観点から認めた聴取対象者による書き取りは含まない、との記載が追記されたが、審査官が、次回の供述聴取期日までに供述人に調査を依頼した場合のその調査項目や事業者への伝達等に限られず、供述聴取者が事実について確認したいと考えた場合は、積極的に書き取りを求めることもありうることから、事業者としては、供述聴取を受ける従業員に対してその旨を説明しておくことが望ましい。

## 7　審査官の供述聴取方法

指針では、「供述聴取を行うに当たって、審査官等は、威迫、強要その他供述の任意性を疑われるような方法を用いてはならない。また、審査官等は、自己が期待し、又は希望する供述を聴取対象者に示唆する等の方法により、みだりに供述を誘導し、供述の代償として利益を供与すべきことを約束し、その他供述の真実性を失わせるおそれのある方法を用いてはならない。」とされているが（第2・2(3)ア）、これは当然のことを定めたものである。過去には、そのような審査方法が実施されていたと疑われる事案があり、注意書きとして明示したのである。現在では、そのような聴取方法がとられることはないと考えるが、審査官がいわゆるストーリー聴取に固執してしまうと、供述聴取者からするとこの規則に反すると思うような聴取がなされる可能性がある。それでは、かえって実態解明にも反する事態にもなりかねない。そこで、そのような場合は、公取委に対して苦情を申し立てることもありうる（強制手続について審査規則22条1項、任意手続について指針第2・4）。

## 8　調書の作成・署名押印手続の際の配慮事項

　調書には強制手続により作成される審尋調書と任意手続で作成される供述調書がある。いずれも、審査官等が供述人の供述を録取して、作成するものであり、供述人には、誤りのないことを明示して署名させる（審査規則11条、13条）。指針では、審査官等は、聴取対象者の供述内容を正確に録取し、供述調書または審尋調書を作成するとしている（指針第2・2(5)イ）。審尋調書は、これまで一問一答式で記載されるべきであるとされていたが、同指針では、聴取対象者が供述したことを速記録のように一言一句録取することは要しないとしている。しかし，その点について疑問であることは前述したとおりである。

　供述人が「誤りのないことを申し立てたとき」に署名を求めることができる、ということは、署名すれば供述調書に記載した内容に供述人の記憶の基づく事実が記載されているという証明力が高まることになる。また、審尋調書の場合、虚偽陳述した場合に刑事処分の可能性があるのであるから（94条1号）、なおさらである。したがって、「審査官等は、供述調書又は審尋調書を作成した場合には、これを聴取対象者に読み聞かせ、又は閲覧させて、誤りがないかを問い、聴取対象者が誤りのないことを申し立てたときは、聴取対象者の署名押印を得て完成させる。聴取対象者が、自ら供述した内容についての増減変更（調書の記載の追加、削除及び訂正）の申立てをしたときは、審査官等は、その趣旨を十分に確認した上で、当該申立ての内容を調書に記載し又は該当部分を修正し、聴取対象者の署名押印を得る。また、聴取対象者が誤りのないことを申し立てたにもかかわらず、署名押印を拒絶したときは、審査官等は、その旨を調書に記載するものとする（審査規則第11条及び第13条）。」という慎重な手続をとることが明示されている。

　しかし、指針には、審査官等は、「違反被疑事実の立証に当たって、それまでに収集した様々な物的証拠や供述等を総合的に勘案した上で、当該事件に関係し、かつ、必要と認める内容について」、聴取対象者の供述内容を正確に録取し、供述調書または審尋調書を作成するとされ、必ずしも供述人が供述した内容をそのまま記載するものでないように記載されている。審査官が、手持ち証拠を基にし

て被疑事件に関連する事実として考える事実は、必ずしも供述人の記憶に基づく事実と一致するわけではない。そこで審査官は、一部の手持ち証拠を供述人に示す等の方法で供述人の記憶を喚起する努力をすると同時に、時にみずからが考えるストーリーに基づいた質問を発問しがちである。証拠を示して記憶を喚起することは適切な聴取方法であるが、みずからの事件に対する見方を強調することは供述人が記憶に基づかない事実を調書に記載することになり、本来の供述調書のあり方に反し、実態解明にもならない場合も生じる。

そこで、供述人には、あくまで自己の記憶に基づき、正確に供述するように説明し、もし記憶と異なる表現が供述調書案に記載された際には、みずから供述した内容についての調書の記載の追加、削除および訂正の申立てをすることを助言する。指針によると、「審査官等は、その趣旨を十分に確認した上で、当該申立ての内容を調書に記載し又は該当部分を修正し、聴取対象者の署名押印を得る。」（第2・2(5)ウ）とあるが、「その趣旨を十分に確認した上で」の趣旨は、供述人の記憶に間違いがないかを確認するという意味である。また、供述人が「聴取対象者が誤りのないことを申し立てたにもかかわらず、署名押印を拒絶したときは、審査官等は、その旨を調書に記載するものとする」（審査規則11条、13条）とされるが、記憶と異なる記載である場合は、これにあたらない。

## 9　従業員の個人代理人の選任の可否

独占禁止法違反に関与した従業員のために個人の代理人を委託するかどうかは個別の配慮が必要である。

前述のように、懇談会報告書では、事業者の代理人が個人に助言すると、従業員は事実をありのまま話したいと考えているが、事業者が否認している場合に、当該事業者とその従業員の間に利害の対立という問題が生じたり、従業員が社内処分等を恐れて萎縮する等実態解明が阻害されることが懸念される場合がある。そこで、そのような場合は、従業員に対して個人の代理人を委任することが適当な場合がある。

たとえば、米国でカルテルが摘発されると司法省は個人の刑事責任を問うのが一般的である。その場合、個人は刑事罰を受けないように、または軽減するように、司法省と交渉する。時には、そのような活動は事業者の利害とは一致しない。また、事業者の代理人が助言する場合は利益相反を生じかねない。そこで一般的には、個人の刑事責任を問われる可能性のある従業員には事業者の代理人ではない個人代理人を選任する[43]。国際カルテルであれば、日本の公取委の審査においても当該従業員には個人の代理人が助言することになる。

　また、日本だけの手続であっても犯則手続において個人の刑事責任（89条）が追及される可能性がある場合は、当該従業員に個人の代理人（弁護人）を別個に選任するべきである。

　以上のように、事業者の利害と従業員の利害が反する可能性のある場合は、事業者としては個人の代理人を選任することを検討すべきである。それ以外の場合は、事業者の代理人が従業員に対しても助言するのであるが、その場合、従業員に対して、事業者の代理人であること、したがって事業者の利益のために活動することを明確に説明すべきである。

## IV　これからの供述聴取手続について―協力のインセンティブによる証拠収集方法への舵取り

　公取委は、2016年2月に、裁量型課徴金制度を含む課徴金制度の在り方について検討を行うため、「独占禁止法研究会」を開催することとし、検討がなされている[44]。独占禁止法違反にかかる各国の制裁制度は、独占禁止法違反行為に対して、事業者の調査への協力・非協力の程度等を勘案して、当局の裁量により課徴金額を決定する仕組みであり、同様の制度は、EU、アジア諸国等、数多くの国・地域においても採用されている[45]。懇談会では、裁量的課徴金制度を含む将

---

43)　その場合、個人に希望がなければ事業者が推薦し、その費用も事業者が支払うことが通例である。しかし、その場合でも、代理人はあくまで個人の利益を最優先すべき義務を負うことになる。
44)　http://www.jftc.go.jp/houdou/pressrelease/h28/feb/160210_3.html.
45)　同上。

来の制裁制度の見直しに伴い、審査手続も以下のとおり再度見直すこととしている。

> 「裁量型課徴金制度等により、事業者が公正取引委員会の調査に協力するインセンティブや、非協力・妨害へのディスインセンティブを確保する仕組みが導入された場合には、事業者による協力が促進されることにより、現状の仕組みの下で懸念されるような実態解明機能が損なわれる事態は生じにくくなると考えられる。このため、今後、本懇談会において現状の仕組みの下で実施すべきとしているもの以外の防御権の強化を検討するのであれば、このような仕組みの導入について併せて検討を進めていくことが適当であるとの結論に至った。」[46]

上記のような「協力するインセンティブ」「非協力・妨害へのディスインセンティブ」とはどのような意味を将来の審査手続に与えるのだろうか？

EUでは、調査協力が違反行為にかかる制裁金の減額事由となっており、リニエンシー制度においては、第1位の申請者については制裁金が免除され、第2位以下の申請者については協力の程度に応じて制裁金が裁量的に減額される。リニエンシー制度の適用には、全面的かつ継続的な協力が条件とされている。また、調査妨害は、違反行為にかかる制裁金の増額事由となるほか、妨害行為単体でも、別途制裁金の対象となりうる。米国では、調査協力が違反行為にかかる量刑の減算事由となっており、リニエンシー適用者には、刑事訴追免責等があり、その他の事業者については、司法取引により調査協力の度合いに応じた裁量的な量刑の軽減が可能となっている。リニエンシーや司法取引の適用には、全面的かつ継続的な協力が条件とされている。また、証拠隠滅等の調査妨害は、違反行為にかかる量刑の加算事由となるほか、司法妨害罪および偽証罪が別途科されうる[47]。

カルテル、談合では、違反行為の参加者が違反行為を隠すためにさまざまな仕

---

46) 懇談会報告書37頁以下。
47) 同上37頁。

組みを考え出すために、違反行為の端緒が見つけにくい。そこで、違反行為者に制裁を与えないことを約束して違反行為をみずから申告させることで捜査・審査を容易にしようとした制度がリニエンシー制度である。それに加えて、違反行為者が捜査・審査に協力した場合に、リニエンシーの申告では免除されなかった事業者も制裁を軽減することでより多くの事業者から違反行為の証拠を得ようとした制度が裁量的な制裁制度である。また、これによって、限られた担当官による捜査・審査の効率化もはかることが可能となる。他方、捜査・審査を積極的に妨害した場合は制裁を重くすることも含まれる。競争阻害行為を除去し、早期に能率競争を市場に回復させることを主たる目的の一つとする独占禁止法においては、このようなインセンティブによる証拠の収集とディスインセンティブによる証拠の確保が重要な役割を果たしており、他国の導入例を見ても十分な機能を果たしている。

　わが国でも、以上のような裁量的な制裁制度の検討が開始されているところであるが、同時に供述録取の制度についても見直しを図る必要がある。協力のインセンティブとは、みずから正確で詳細な情報を申告することに意味があるのであるから、審査担当者がみずから複数回にわたって供述録取をすることを想定していない。また、正確で詳細な情報を提供させるために対象事業者を代理する弁護士の役割も重要であり、裁量的な制裁制度を採用している競争当局は、対象事業者の弁護士を通じて必要かつ価値のある情報を提供させている[48]。供述録取でいえば、弁護士が違反行為に関与した従業員を事情聴取し、客観証拠と照らし合わせて当局に正確かつ詳細な報告をすることが重要視され、当局が事情聴取するのも当該弁護士が立ち会うことが常態である[49]。

　このように、協力するインセンティブにより効率的な捜査・審査をすることが今後わが国の独占禁止法実務に求められることであるが、その場合に供述録取の

---

48) 事業者が競争当局に協力して制裁は軽減する場合には、弁護士が法的知識と経験により正確で効果的な協力をするために機能する。他方、違反行為を争う場合、弁護士は争う事業者の代理人として当局と対峙するのであって、事業者が協力するか争うかで弁護士の役割にも大いに違いがある。
49) ただし、事情聴取の結果をどのように利用するかは、各当局でまちまちであって、米国のように供述調書を作成しない場合もある。

制度も、弁護士の立会いを含めた制度の導入をはかることが必然であると思われる。

　他方で、デジタル・フォレンジック調査（コンピュータ等のデジタルデータを対象とした電磁的記録の証拠保全および調査・分析を行う調査）が広く行われるようになると、客観証拠の収集が以前より格段に容易になり、立証における証拠としての重要性も高まっている。従業員の供述という主観的な証拠もそうした客観的証拠の意味を問い、証拠間の隙間を埋めることが重要な役割となっており、そうした捜査・審査における実務の変化が供述録取の制度に与える影響も大きい。

（矢吹公敏）

# 第4章 報告命令

公取委による主な証拠収集手段には、違反被疑事業者等の営業所等に赴いて物件を確保する方法（第2章）、従業員等を呼び出して供述を聴取する方法（第3章）のほか、違反被疑事業者等に対し一定の期限を付したうえで書面による回答を求める方法である報告命令がある。

　わが国における報告命令の活用はこれまで限定的であり、議論の蓄積も比較的少ないが、今後の活用が期待される手続である。

## I 概　要

　公正取引委員会は、47条1項1号の規定に基づき、違反被疑事業者等[1]に対し、事件調査に必要な情報について、報告を求めることができる。これは報告命令と呼ばれ、命令に違反して違反被疑事業者等が報告をせず、または虚偽の報告をした場合には罰則[2]（94条）が適用されることがある[3]。罰則の存在により履行が間接的心理的に担保されているという意味で、間接強制調査[4]である。

　なお、47条の規定に基づく間接強制調査としての報告命令ではなく、違反被疑事業者等の任意の協力に基づいて報告を依頼する場合もある。これは報告依頼と呼ばれ、事件関係人以外の者に対してはこの形式がとられることが一般的である。

## II 報告命令・報告依頼時の手続

　報告命令は、法的根拠、報告を求める事項、報告の期限[5]、命令に応じない場合の罰則（94条）等を記載し、報告書（回答）の様式を添付した報告命令書を送達して行われる（審査規則9条1項2号、2項、指針第2・3(2)）。

---

1) 違反が疑われる事業者（個人事業主を含む）、事業者団体、その役員および従業員等の事件関係人のほか、参考人を含む（指針（注3））。
　なお、報告命令の名宛人につき、上杉秋則『独禁法国際実務ガイドブック―グローバル経済下の基礎知識』（商事法務・2012）73頁は、「両罰規定が設けられている47条の調査についても、報告命令の名あて人は個人でなければならない。企業あての報告命令の場合には、そもそも命令として有効といえるのかという疑問があり、最低限代表取締役を名あて人として命令する必要があるとされる。この場合、報告する責任は名あて人たる代表取締役個人が負い、その上で企業に対して両罰規定により罰則が科される。この法構造の下では、報告に応ずる責任は代表取締役個人にあるとしかいえない」とする。
2) 1年以下の懲役または300万円以下の罰金。
3) これまでに告発が行われた事例はない（懇談会報告書37頁）。
4) 間接強制調査については、第1章 VII 1 (2)「間接強制調査と任意調査」（▶29頁）参照。
5) 報告命令による報告の期限については、個別具体的な事案ごとに事情を考慮して判断される（審査指針考え方 No. 104）。村上ほか・手続と実務99頁〔栗田誠〕は、「報告期限までの期間が短いと考える場合には、審査官に対して再考を求めるべきであり、本来、そのための手続を整備することが望ましい」とする。

任意の報告依頼は、原則として、書面（報告書〔回答〕の様式を添付し、報告の期限を記載した報告依頼書等）を送付して行われる（指針第2・3⑵）。

## III　報告を求められる内容

報告命令は「事件について必要な調査をするため」（47条1項柱書き）に行われる処分であり、調査と関連性のない事項についての報告を命じることはできないと解せられるが、この点を除けば、報告を求めることができる事項につき法令上特段の制限はない[6]。しかし、実務においては、客観的・外形的にも比較的明らかな事実に限って報告を求める運用がなされている[7][8]。

## IV　報告命令の活用状況

現在の実務において公取委が報告を求める内容は、客観的・外形的にも比較的明らかな事実に限られており、違反被疑行為の核心についての事実について報告を求める運用は行われていない。その理由については、現行の制度では調査協力へのインセンティブ、非協力へのディスインセンティブが不十分であるため、違反被疑行為の核心についての事実につき報告命令を出したとしても、企業がこれに対して真摯に違反被疑行為を報告してくるということは期待できないからだと説明されている[9]。

現行の制度においても虚偽報告に対して罰則を科す仕組み（94条）は存在するがまったく機能しておらず、報告命令を適切に機能させるには制裁措置が適切に機能しなければならないとの指摘[10]も従前よりなされているところである。報

---

6) 現在の実務では、公取委の行う行政調査には自己負罪拒否特権の保障は及ばない。
7) 第12回審査手続懇談会議事録5頁〔松尾勝公正取引委員会経済取引局長発言〕参照。
8) 「事件関係人の設立年月日・資本金・従業員数や、商品の流通経路、売上総額、顧客先別売上高、価格引上げの交渉時期等、客観的な情報や数値を書面により報告させることが多い」（白石ほか・論点体系405頁〔多田敏明〕）。
9) 前掲注7)。
10) 上杉秋則ほか「新春座談会　公正取引委員会の将来像―畏敬される存在となるための具体的提言」

告命令の活用のためには、虚偽報告に対する制裁が現状のままでよいのかどうかは十分に検討すべき課題であるとは思うが、現行の 94 条の罰則が機能していない理由が「虚偽の立証の困難性」にあるとすれば、額を含む制裁のバリエーションについての検討といったレベルではなく、より根本的な限界があるとも思える[11]。その意味では、制裁等のディスインセンティブではなく、むしろ調査協力へのインセンティブを与える制度を中心に検討することが、報告命令の活用に向けた鍵になるのではなかろうか。

### ■ 供述調書中心主義から報告命令の活用へ

わが国の審査手続が多くの問題を抱える理由は、違反行為(特にカルテル)の立証を供述調書に依存していることにある(供述調書中心主義)。わが国では、検察の手法を参考に審査実務が形成されたという歴史的背景もあり、任意の供述聴取において審査官が作成する独白形式の供述調書が公取委による違反行為の立証において重宝されてきた。審査官がその主観に基づきまとめたものであり、起承転結がはっきりしているためわかりやすい。

しかし、独白形式の供述調書は、供述人の認識を必ずしも正確に反映しているとはいえない場合もあり、その作成過程においては、審査官が公取委の考えるストーリーに沿った調書をとろうとする(いわゆるストーリー聴取)ために、執拗な質問・誘導的な質問がなされるといった弊害も指摘されてきた。供述聴取への弁護士の立会いは、端的にいえばこの独白形式の供述調書を作成する妨げになるとして認められず、きわめて閉鎖的な空間の中、聴取対象者と審査官とのやりとりを経て調書が作成される実務の運用が定着している。一問一答式で調書が作成される(法令上の要請ではない)審尋の活用が進まないのも以上の理由によるところが大きい。

供述調書に依存する立証構造は世界的にみれば異例であり、EU などではむしろイ

---

公正取引 723 号(2011)37 頁〔越知保見発言〕。また、同座談会において上杉秋則は「報告命令に対して厳しい処分が下されないと、報告命令を有効活用することはできないでしょう」とする。

[11] 第 9 回審査手続懇談会議事録 31〜32 頁〔山口正行公正取引委員会審査局企画室長発言〕「しかし、報告命令の形式を採るにせよ、供述聴取の形式を採るにせよ、虚偽の供述又は供述の拒否、あるいは報告命令に対する虚偽の報告又は報告の拒否ということについて、罰則を強化して、これを科していければ防止できるのではないかという御指摘だったと思います。これがやれるのであれば、我々としても、既にそうしたいわけですけれども、虚偽の立証というのは非常に難しいと思っております。相手方から、自分はこれが事実だと思っていますと、あるいは報告命令をかけても、これ以上のことは私どもは持っていません、知りませんと言われてしまえば、それが意図した虚偽だということを立証するのは大変難しいと思います。」。

ンタビューの比重はきわめて小さい。客観証拠での立証はもちろんのこと、企業に対する情報提供要請の活用によりカルテル立証に必要な証拠を得られるような実務が形成されている。

　わが国においてもいずれは報告命令の活用により、供述聴取への依存度合いを減らしていくことが望ましい。報告命令の活用促進は、適正手続の確保が不十分な任意の供述聴取を改めることの副次的な産物というわけではなく、①従業員を呼び出して企業の違反行為の証拠を収集するといういびつな構造（そこから種々の問題が生まれてきた）から、端的に企業を名宛人とする証拠収集へのシフト、②弁護士・依頼者間秘匿特権の活用を前提とした社内調査体制整備のいっそうの促進が期待されるという意味でも意義がある。

（篠浦雅幸）

# 第5章 異議・苦情申立て

公取委の行政調査（審査）に対する不服を申し立てる独自の手段として、制度上、①審査官の処分に対する異議申立て、②任意の供述聴取に対する苦情申立ての2つが用意されており、本章ではこれらについて解説する。後者は懇談会の結論を踏まえて創設された新しい制度であり、創設経緯や意義についても述べる。
　いずれの制度においても申立ての対象とならない不服については、制度の枠外で公取委に対して苦情を申し入れるか否かを検討することになる。

# I 審査官の処分に対する異議申立て

## 1 概　要

　47条2項の規定に基づいて審査官がした同条1項各号に規定する処分に対して不服があるときは、処分を受けた日から1週間以内に、その理由を記載した文書をもって、公正取引委員会に異議の申立てをすることができる（審査規則22条1項）[1]。この審査官の処分について、行政不服審査法による不服申立てをすることはできない（70条の12）。

## 2 異議申立ての対象

　異議申立ての対象は、審査官が行った47条の権限に基づく処分であり、具体的には立入検査、提出命令、留置、審尋、報告命令等である。公取委が行う行政調査には、47条の権限に基づくこれらの間接強制調査のほか同条に基づかない任意の調査があるが、任意の調査は異議申立ての対象にはならない。
　任意の調査のうち、任意の供述聴取にかかる不服については、今般、苦情申立制度が創設された（▶II「任意の供述聴取にかかる苦情申立制度」〔160頁〕）。

## 3 異議申立てへの対応

　委員会は、異議の申立てに理由があると認めるときは、異議を申し立てられた処分の撤回、取消しまたは変更を審査官に命じ、これを申立人に通知することとされている（審査規則22条2項）。異議の申立てを却下したときは、これを申立人に通知し、却下の理由を示さなければならない（同条3項）。
　異議申立ての処理結果等については、年度ごとに公表する公正取引委員会審決

---

1) 異議申立ては、公正取引委員会事務総局官房総務課において受け付けている（審査指針考え方No.108参照）。

集に掲載される[2]。

## 4 事例紹介

審査官の処分に対する異議申立てはこれまでに 5 件しか行われておらず、直近のものは平成 15 年に行われている（平成 26 年 10 月時点）[3]。

したがって紹介できる先例は少ないが、よく知られるものとして、留置された書類の謄写を審査官が拒否したことに対する異議申立てについて、審査官が留置した書類の謄写の求めに応じないことは、46 条第 1 項各号（平成 17 年改正前）に掲げられた処分にあたらないとして、これを却下した事例（公取委決定平 10・2・13 審決集第 44-423）や、事情聴取中に作成したメモの提出を命じられたことに対する異議申立てについて、却下した事例（公取委決定平 15・10・24 審決集 50-551）がある。

## II 任意の供述聴取にかかる苦情申立制度

任意の供述聴取にかかる苦情申立制度（以下「苦情申立制度」という）は、平成 26 年 12 月の懇談会報告書を受けて創設されたもので、平成 27 年 12 月 25 日に指針公表とあわせて公表され、平成 28 年 1 月 4 日以降に行われた任意の供述聴取を対象としてすでに運用が始まっている[4]。

### 1 経　緯

公取委が行う供述聴取をめぐっては、特に任意の事情聴取について、かねてより経済界・弁護士等から問題点が指摘されており[5]、懇談会においても委員やヒ

---

2) 審査指針考え方 No. 111。
3) 第 12 回審査手続懇談会議事録〔松尾公正取引委員会経済取引局長発言〕5 頁参照。
4) 公取委「任意の供述聴取に係る苦情申立制度の導入について」（平成 27 年 12 月 25 日）参照。
5) 一般社団法人 日本経済団体連合会「公正取引委員会による審判制度の廃止及び審査手続の適正化に

アリング対象者等から次のような指摘がなされた[6]。

> ◎ 審査担当官から供述人に対して誘導的な質問、執拗な質問、違反被疑事実と関係のない質問等がなされる。
> ◎ 任意の供述聴取を強制的なものと受け止めている供述人も多いとの指摘があるほか、審査担当官が公正取引委員会のストーリーに合った調書をとろうとするため、実際に供述聴取に応じた者からは「何度も呼び出され同じことを聞かれる」、「供述人が調書の記載の修正を求めても審査担当官が応じてくれない」、「供述がストーリーに沿わなければ調書を作成しない」等の不満が出されている。

　ここでの問題は、審査担当官による誘導的な質問やストーリー聴取等がなされたどうかという点もさることながら、より本質的には、供述聴取が密室において行われ、その過程を同時的ないし事後的に検証する手段が存在しないことにある[7]。検証手段が存在しないがために、不適切な行為に対する抑止効果が弱く、また、審査担当官による不適切な行為があったのかなかったのかという事実を巡って水掛け論となり、供述調書の任意性・信用性についての争いの長期化という非効率も生じる。

　したがって解決方策としては、供述聴取時の弁護士の立会い[8]や供述録取過程の録音・録画の導入などによる供述録取過程の透明化が考えられるところであり、懇談会において議論されたが、いずれも実態解明機能への影響が懸念される等の

---

向けて」（平成21年10月20日）、競争法フォーラム「審査手続の在り方に関する提言書」（平成21年11月10日）など。また、公益社団法人 商事法務研究会「平成24年度総合調査研究『我が国経済構造に関する競争政策的観点からの調査研究（競争法における調査手続に関する調査）』報告書」（平成25年3月）における「『独占禁止法の行政調査手続の運用実態に関するアンケート』集計」も参照。

6) 懇談会報告書30頁。
7) 供述録取過程の検証可能性については、上杉秋則ほか「新春座談会 公正取引委員会の将来像―畏敬される存在となるための具体的提言」公正取引723号（2011）38頁の多田敏明弁護士の発言箇所も参照されたい。
8) 弁護士の立会いには、たとえば、供述人が認識している事実が供述調書（ドラフト）に正確に表されているかどうかを署名押印前に確認するなど、聴取課程の検証を超えたより積極的な意義もある。

理由により、認めるべきとの結論にはいたらなかった[9]。

　懇談会は、このような本質的な解決方策については先送りする一方で、供述人からの「苦情が存在すること」は事実であるという前提のもと、審尋のように異議申立ての仕組みがなかった任意の供述聴取について[10]、新たに苦情申立制度を創設することを提言した[11]。

## 2　概　要

　任意の供述聴取については、聴取対象者が、聴取において指針「第2・2　供述聴取」に反する審査官等の言動等があったとする場合には、当該聴取を受けた日から1週間以内に、書面により、公取委に苦情を申し立てることができる（指針第2・4）。

## 3　苦情申立ての対象

　任意の供述聴取において指針「第2・2　供述聴取」に反する審査官等の言動があったとする苦情が対象である。具体的には、次の1(1)～(4)に該当するものである[12]。

1(1) 供述聴取時の手続・説明事項に関するもの
　　（例）　供述聴取開始までに任意である旨の説明がされなかった。
　(2) 威迫・強要など審査官等の言動に関するもの
　　（例）　違反事実を認めるまで部屋から出さないと言われ、強引に供述を

---

9) 懇談会では委員から、たとえば、供述調書の読み聞かせの場面に限定し、公正取引委員会の裁量で録音・録画を行うことはありうるのではないかとの考え方が示されたが、実態解明機能が損なわれるとの懸念が払拭できないことなどから、同じく認めるべきとの結論にはいたっていない（懇談会報告書33頁参照）。
10) 従前は、実務上、事件の調査を担当する審査官等の管理職が対応していた（懇談会報告書30頁）。
11) 懇談会報告書18～19頁参照。
12) 公取委「任意の供述聴取に係る苦情申立制度の導入について」（平成27年12月25日）。

迫られた。
　（例）　審査官等が期待する供述を行う代償として利益を供与することを示唆された。
(3) 聴取時間・休憩時間に関するもの
　（例）　同意なく1日につき8時間（休憩時間を除く）を超える聴取が続けられ、帰りたいと申し出ても帰してもらえなかった。
(4) 供述調書の作成・署名押印時の手続に関するもの
　（例）　署名押印をする前に、審査官等による調書の読み聞かせが行われず、閲読もさせてもらえなかった。
　（例）　調書の訂正を申し立てたが、訂正が行われず、審査官等から訂正しない理由について何ら説明なく訂正しないまま、署名しろと言われた。

　なお、制度の名称からすでに明らかであるが、任意の供述聴取以外の任意調査に対する苦情は、本制度による苦情申立ての対象として想定されていない。審査規則22条が規定する審査官の処分に対する異議申立てが供述聴取（審尋）に対する不服に限定されていないことと比べればやや不均衡であり、あえて限定する必要もないように思われるが、「その他の任意の協力に基づく資料提出の依頼、報告依頼については、特段、問題点も指摘されていない状況であり、苦情申立制度の対象とする必要はない」[13]として、任意の供述聴取に限った制度となっている。

## 4　苦情申立ての方法[14]

　苦情申立ては、供述聴取が行われた日（聴取日）から1週間以内[15]に、次のア

---

13)　審査指針考え方 No. 106。
14)　公取委「任意の供述聴取に係る苦情申立制度の導入について」（平成27年12月25日）。
15)　審査官の処分に対する異議申立ての期間と同じである。異議申立期間および苦情申立期間を1週間に限定することについては、「独占禁止法第47条の規定に基づき審査官がした処分に係る法律関係等を早期に確定させるべきであること、申立てに係る事実関係を詳細に調査するためには関係者の記憶

～オに掲げる項目を記載した書面（申立書）[16]を、公正取引委員会事務総局官房総務課[17]に持参、郵送またはファクシミリ[18]により提出することにより行う（ただし、聴取日から1週間以内に、当該聴取の担当審査官等を指揮・監督する審査長等に対して苦情を申し入れていれば、1週間経過後であっても苦情申立て可）。聴取を受けた者だけでなく、聴取を受けた者の所属する事業者および事業者団体ならびにその代理人も申し立てることができる。

---

ア　苦情申立ての年月日

イ　申立人の氏名・住所（法人又は団体の場合は、主たる事業所の所在地および名称）および連絡先

ウ　苦情申立ての原因となった供述聴取が行われた日時・場所、聴取を受けた者の氏名

エ　当該供述聴取の担当審査官等の氏名・所属

オ　当該苦情申立ての内容が該当する前記1(1)ないし(4)の項目および当該項目にかかる具体的事実

（当該苦情申立てが前記1(1)ないし(4)のどの項目に該当するかについて明らかにし、当該審査官等がどのような行為を行ったのかについて、できるだけ具体的に記載）

---

　　　が鮮明なうちに申立てが行われる必要があることから」適当とされている（審査指針考え方 No. 107）。
16)　資料を添付する場合には、添付する資料の標題および数を記載。
17)　懇談会報告書において、「苦情を受け付ける仕組みを公正取引委員会内部に整備する。その際、第三者性・中立性に配慮し、たとえば、審査部門以外の部門で苦情を受けつけるような仕組みとすることを検討する」（34頁）とされている。
18)　ファクシミリによる提出の場合には、送信の事前または事後に、送付するまたはした旨の電話連絡が必要。

◉図表 5-1　記載例

---

任意の供述聴取に係る苦情申立書

平成　年　月　日

公正取引委員会事務総局
　官房総務課　苦情対応担当官　殿

《申立人》

　　　　　　　　　　　　氏名：東京　一郎
　　　　　　　　　　　　住所：東京都千代田区霞が関１－１－１
　　　　　　　　　　　　所属：△■株式会社　営業部
　　　　　　　　　　　　連絡先電話番号：０３－１２３４－５６７８

　独占禁止法違反被疑事件の行政調査手続において公正取引委員会の審査官等により行われた任意の供述聴取について、下記のとおり苦情を申し立てます。

記

1　苦情申立ての原因となった供述聴取が行われた日時・場所、聴取を受けた者
　　日時：平成○年○月○日　○○時○○分〜○○時○○分
　　場所：公正取引委員会８階　審査局Ａ会議室
　　聴取を受けた者：△■株式会社　営業部　東京　一郎

2　当該供述聴取の担当審査官等の氏名・所属
　　審査局第○審査　公取　太郎

3　苦情申立ての該当する項目及び当該項目に係る具体的事実
　(1)　苦情を申し立てる項目（チェック。複数可。）
　　　□　供述聴取時の手続・説明事項に関するもの
　　　□　威迫・強要など審査官等の言動に関するもの
　　　□　聴取時間・休憩時間に関するもの
　　　□　供述調書の作成・署名押印の際の手続に関するもの

　(2)　具体的事実
　　　別添の陳述書のとおり。

4　添付資料（添付資料がある場合に記載。）
　　陳述書：１通

（公正取引委員会のウェブサイトより）

## 5　苦情申立てへの対応[19]

　官房総務課は、申し立てられた苦情について速やかに必要な調査を行い、調査結果等について公正取引委員会に報告し、公正取引委員会は、当該調査結果等を踏まえ、当該苦情申立てにかかる供述聴取において指針「第2・2　供述聴取」に反する言動があったと認めるときは、必要な措置を講じるとされている。苦情申立ての処理結果は、申立人に対し、書面により遅滞なく通知される。
　苦情申立ての処理結果は、年度ごとに、類型的にまとめて件数が公表される[20]。

## 6　意義と課題

　苦情申立制度創設に対する評価はさまざまであると思われる[21]が、筆者は一定程度の意義があると考える。任意の供述聴取は、当然ながら任意の協力に基づくものであり、苦情を事後的に申し立てるまでもなく、苦情が生じた時点で調査への協力を打ち切って帰ればよいだけのようにも思える[22]。しかしながら、聴取を受けることになった者がこのような対応を思つき、また、実際に実行に移すことは容易ではないことが多いであろう。また、供述聴取時には特に問題がないと思っていた場合でも、追って指針を読み返したり弁護士に報告したりするなかで手続的な瑕疵等に気づき、苦情を申し立てたいということもあるであろう。さらに、

---

19) 公取委「任意の供述聴取に係る苦情申立制度の導入について」（平成27年12月25日）。指針には、「審査官等は、常に適正な手続に基づいてその権限を行使すべきであり、異議や苦情を申し立てられるような対応を行わないことが求められるが、仮に異議や苦情を申し立てられた場合には、当該申立てに係る調査に、誠実に対応するものとする」とされている。
20) 懇談会報告書では、「苦情の申立理由及びその処理結果について、類型化された形での公表を行う」（19頁）とされている。
21) たとえば、根岸哲「独占禁止法懇談会報告書が示すもの」公正取引773号（2015）16頁は、「改善策として画期的なものであると評価される」とし、村上政博「独占禁止法審査手続懇談会報告書（平成26年12月24日）と今後の課題（上）」NBL1042号（2015）55頁は、「その運用と供述聴取過程に多少影響を及ぼすかが注目される程度」とする。
22) なお、第8回懇談会において、中川丈久委員は、「調査に対する異議申立てという制度も、これは審尋というか強制的なものだから作る意味があるわけで、任意でやる供述聴取に異議申立ての制度を作るという発想は、私には非常に違和感があると言わざるを得ません。異議があるのであれば、そもそも調査に応じなければいいわけですので。」としている。

観点は変わるが、苦情申立制度の存在それ自体が、申立て処理結果の公表とあいまって、供述聴取を行う審査官等に対してよい意味での緊張感をもたらすということもあるであろう。

　もっとも、苦情申立制度には根本的な大きな課題がある。苦情申立制度の創設が、供述聴取過程の検証可能性の欠如という本質的な問題の解決方策ではないことはすでに述べたとおりであるが、検証可能性がない状況では、当然ながら苦情の事実があったのかなかったのかを事後的・客観的に検証できず、聴取対象者の救済方法としては制度が有意義にはワークしない可能性があるということである。

## III　調査手法についての申入れ等

　異議申立ておよび苦情申立ての対象とならないものとして、任意の供述聴取以外の任意調査に対する苦情がある。たとえば、提出依頼、報告依頼についての苦情がこれにあたるが、これらの苦情については、従来同様に審査長等が苦情申立制度の枠外で対応する運用がなされる[23]。指針では、「審査長、上席審査専門官等は、違反被疑事業者等から、直接又は代理人を通じて、調査手法についての申入れその他担当事件に関して意見があった場合、誠意をもってこれに対応するものとする」とされている（第1・2(2)）。

　異議や苦情申立ての期間を徒過してしまった場合についても、審査長等に申入れを行うことは排除されるべきではなく、同じく制度の枠外での適切な対応が期待される。

> ■ 指針策定のもう一つの意義
> 　かりに指針に反する審査官等の行動・言動等があった場合には、以上の方法に限らず、現場の審査官等に対して指摘し、適宜その場で是正を求めるべきである。これまでは何が「標準」的な手続であるかが必ずしも調査を受ける事件関係人に明らかではなかったため、極端な場合を除いて事件関係人の側から調査の適正性について確信的

---

23)　審査指針考え方 No. 106。

な疑問をもてることが少なかったように思われる。しかし、今般の指針や事業者等向け説明資料の策定・公表により、現在の実務における標準的な審査手続が明らかになり、事件関係人は手続におけるみずからの権限や運用上認められていること、あるいは公取委の権限の範囲といった知識を、調査前ないしは調査と同時的に認識することが可能になった。これは単に予測可能性が高まったというだけではなく、事件関係人による適切な調査への対応、あるいは防御権の行使が可能になるという意味でも意義がある。

(篠浦雅幸)

# 第6章 課徴金減免制度

違反行為の存在を当局に自主的に報告した事業者に対して課徴金の減免という恩恵を与えることにより、事業者による当局への情報提供のインセンティブを高め、カルテルの発見と解明の容易化をはかろうとする課徴金減免制度[1]は、平成18年1月の運用開始からきわめて活発に利用されており、今日の公取委による積極的なカルテル規制の実現に必要不可欠な制度となっている。

　平成27年12月に公表された「指針」には、課徴金減免制度に関する直接的な規定は設けられていないものの、特に、事件調査手続の初期段階において事業者による課徴金減免制度の円滑な利用が認められるべきことは、調査対象とされた事業者側の防御権の確保のみならず、各事業者による法令遵守の推進という観点からも非常に重要な問題である。そのため、本章においては、課徴金減免制度の概要および手続、審査手続上の課徴金減免申請に係る諸問題等について述べる。

# I　課徴金減免制度導入の経緯と実務の変化

## 1　制度導入の経緯

　OECDにおいては、1990年代から国際取引に悪影響を与える競争制限行為の規制における加盟国間の協力[2]、価格カルテルや入札談合等のハードコア・カルテルの効率的な規制と国際協力の推進[3]についての勧告を公表しており、リニエンシー制度は、カルテルの効率的な規制に有効な制度として世界各国で導入されてきた。米国においては、1993年に処罰軽減の範囲を明確化する等のリニエンシー制度の改定が行われた結果、リニエンシー申請の件数が大幅に増加するとともに、当局により科される罰金総額も増加した。その後、EU（1996年）、韓国（1997年）、ドイツ（2000年）等、多くの国でリニエンシー制度が導入された[4]。わが国においては、平成14年10月から開催された独占禁止法研究会の措置体系の見直しに関する検討において、「事業者にカルテルからの離脱インセンティブを与えるとともに、カルテル禁止規定の実効性を確保する観点から、課徴金制度に措置減免制度を導入することが適当である」[5]とされたことを契機として、課徴金減免制度の導入についての議論が活発となった。同研究会における検討の過程においては、他の法令に類例のない一種の報奨金と同様の制度を独占禁止法のみに導入することは問題である、内部告発的な側面があり国民的理解が得られない等の否定的な意見も存在したものの、「事件審査を容易にすることで違反行為の継続によってもたらされる経済的損失の拡大を防止するなど社会的公正の確保に資することになる」、「違反行為からの早期離脱を促すことになる」、「カルテルは秘密裏に行われ、発見される可能性が低いという特殊性があることから、独

---

1)　一般的にはリニエンシー制度（leniency policy）と称されている。
2)　"Revised recommendation of the Council Concerning Co-operation between Member countries on Anticompetitive Practices affecting International Trade", OECD (1995).
3)　"Recommendation of the Council concerning Effective Action against Hard Core Cartels", OECD (1998).
4)　"Using Leniency to Fight Hard Core Cartels", OECD Policy Brief (2001).
5)　独占禁止法研究会報告書（平成15年10月）。

占禁止法について導入することには十分合理的な理由がある」等の理由から、導入を検討すべきとの結論にいたった。また、課徴金減免制度については、「要件に該当すれば機械的に適用される取引の要素のない制度」であり、「被疑者が特定の情報提供等を行う見返りとして、取引的に処分が軽減される司法取引制度とは明らかに異なるものである」との説明もなされている[6]。そして、課徴金減免制度の導入にいたる実務的な背景として、1990年代のビタミンカルテルおよび黒煙電極カルテル等の大型国際カルテル事件において、減免制度が存在しなかったこともあり公取委への十分な情報提供がなされず、各国当局が厳格な法執行を行うなかで、日本においては排除措置を行うまでにいたらなかったという事情もあったものと考えられる。

　課徴金減免制度は、いわゆる「飴と鞭」の考え方に基づき、違反行為に対する厳格な罰則の存在を前提として、これを減免することにより事業者側に申請のインセンティブが生まれることにより制度として機能することとなる。減免制度が導入された平成17年改正以前の課徴金算定率は原則6％であり、そのままの水準では減免制度も機能しえないと考えられていたものの、課徴金算定率を引き上げる場合には、カルテルによる不当利得の剥奪という課徴金制度の性格をどこまで変更することができるかという問題の検討が必要とされた[7]。平成17年改正においては、課徴金減免制度の導入とともに、違反行為の抑止の観点から、不当利得相当額を超える可能性のある課徴金算定率の原則10％への引上げが行われた[8]。

## 2　実務の変化

　課徴金減免制度の導入により、公取委の情報収集能力は格段に向上した。具体的には、平成18年以降、大型の価格カルテル事件および民間取引における受注

---

[6]　前掲注5)。
[7]　上杉秋則＝山田香織『リニエンシー時代の独禁法実務―グローバル経済下におけるコンプライアンス対応』83～95頁〔上杉〕。
[8]　菅久修一編著『独占禁止法〔第2版〕』（商事法務・2015）206～207頁〔品川武〕。

調整（民需）事件の摘発が相次ぐとともに（図表6-1参照）、納付を命ぜられる課徴金の額も増加した。また、事業者側の対応についても、制度の導入前は、調査対象とされた事業者間で情報交換を行い調査対応について共同するということが行われていたところ、課徴金減免制度の存在により、申請順位の先後による減免割合の相違や他社の違反行為に関する報告の必要性等、違反行為の参加者間で利害の衝突が発生することとなり、共同して防御活動を行うことは困難となった[9]。そして、実務の中心は、社内調査の実施による違反行為の存否と事実関係の早期確認、収集した資料や情報に基づく減免申請および公取委に対する報告と調査への協力となり、従前は公取委が行っていた被疑事実の探知および証拠の収集等の作業の大半を事業者側が自主的に行うことになるという大きな変化が発生した。

●図表6-1　法的措置件数（行為類型別）の推移

|  | 15 | 16 | 17 | 18 | 19 | 20 | 21 | 22 | 23 | 24 | 25 |
|---|---|---|---|---|---|---|---|---|---|---|---|
| 価格カルテル | 3 | 2 | 4 | 3 | 6 | 8 | 5 | 6 | 5 | 1 | 8 |
| 入札談合 | 14 | 22 | 13 | 6 | 14 | 2 | 10 | 3 | 7 | 4 | 2 |
| 受注調整 | - | - | - | - | - | 0 | 7 | 1 | 5 | 15 | 7 |
| その他 | 0 | 0 | 0 | 0 | 0 | 1 | 0 | 0 | 0 | 0 | - |

出典：「公正取引委員会年次報告平成26年版」（平成27年10月）ほか。

## II　課徴金減免制度の概要

### 1　制度の趣旨

カルテルは、秘密裏に行われることから発見することが困難であり、立証することも難しい行為である。課徴金減免制度は、密室で行われるカルテル参加者による自主的な違反行為の報告について課徴金の減免という恩恵を与え、事業者による当局への情報提供の促進、カルテルの早期発見と事実関係解明の実現を図る

---

9)　村上ほか・手続と実務 296頁〔栗田誠〕。

ものである。また、課徴金減免制度の存在は、カルテル参加者間に、いつ、誰がカルテルの存在を当局に申告するかわからないという疑心暗鬼を生じさせ、カルテルの形成と維持を妨げるとともに、各事業者による法令遵守体制の構築を促すという効果も有する。このように、課徴金減免制度は、違反行為の発見・解明の容易化による競争秩序の早期回復と将来の違反行為の抑止、事業者による法令遵守体制の整備・構築の促進という機能を有する。

## 2 制度の概要

### (1) 対象とされる行為類型

課徴金減免制度の対象とされる違反行為は、不当な取引制限、すなわち、価格カルテルや入札談合等のカルテルである。そのほか、不当な取引制限に該当する事項を内容とする国際的協定もしくは国際的契約で課徴金納付命令の対象となる違反行為（7条の2第1項）、事業者団体による不当な取引制限に相当する行為（8条の3）も対象に含まれる。一方、私的独占や不公正な取引方法については、再販売価格維持等の課徴金納付命令の対象とされる行為類型であっても減免制度の対象には含まれない。

### (2) 減免の効果

課徴金の免除または減額の割合は、減免申請の時期と順位に応じて決定される[10]。

①調査開始日前の申請

　　第1位：　　　　全額免除
　　第2位：　　　　50%減額

---

10) 独占禁止法7条の2第7項は、調査開始日等から遡って10年以内に課徴金の対象となる違反行為を行っていた事業者に対する50%の割増算定率を規定しており、同条8項は、違反行為について主導的役割を果たした事業者に対する50%の割増算定率を規定している。課徴金減免制度に基づく課徴金の減額は、「同項（第1項）第5項から第9項までの規定により計算した課徴金の額」（法7条の2第11項、12項）に、50%または30%の割合を乗じて得た額を課徴金額から減額するものとされている。すなわち、違反行為を繰り返した事業者、主導的役割を果たした事業者については、割増算定率を適用して計算した課徴金額を基礎として減額を行うことになる。

第 3 位～第 5 位：30％ 減額

　②調査開始日以後の申請

　　最大 3 社まで（調査開始日前の申請者と併せて合計 5 社まで）：30％ 減額

　調査開始日とは、公取委による立入検査（47 条 1 項 4 号）または犯則事件における臨検等（102 条 1 項）が最初に行われた日である。

　現行法上、課徴金の賦課について公取委の裁量は認められておらず、課徴金の算定方法は、違反行為の対象とされた商品または役務の実行期間中の売上額に一定割合を乗じた金額とされている。課徴金減免制度も、法定の基準に従い減免が決定される非裁量的な制度であり、申請事業者による調査への協力の度合いや提供される情報の内容によって減免の可否や減額割合が判断されるというものではない。もっとも、公取委は、調査への積極的な協力等により課徴金の減額を可能とする裁量型の課徴金制度の導入を含む課徴金制度の在り方について検討を行うための独占禁止法研究会を開催している[11]。

### (3)刑事罰との関係

　カルテルや談合を中心とした不当な取引制限は、公取委の告発により刑事罰の対象とされ、法人に対しては 5 億円以下の罰金、個人に対しては 5 年以下の懲役もしくは 500 万円以下の罰金またはその併科という刑罰が規定されている（89 条、92 条、95 条）。そして、公取委は、①国民生活に広範な影響を及ぼすと考えられる悪質かつ重大な事案、②違反を反復して行っている事業者・業界、排除措置に従わない事業者等にかかる違反行為のうち、公取委の行う行政処分によっては独占禁止法の目的が達成できないと考えられる事案について、積極的に刑事処分を求めて告発を行うとの方針を公表している[12]。

　一方、課徴金減免申請により課徴金の減免が認められるとしても刑事告発の可能性は残されるという場合には、刑事罰への懸念から課徴金減免申請を差し控えるという事態が発生し、課徴金減免制度の利用が妨げられるのではないかとの懸

---

11)　公取委報道発表資料（平成 28 年 2 月 10 日）。
12)　公取委「独占禁止法違反に対する刑事告発及び犯則事件の調査に関する公正取引委員会の方針」（平成 17 年 10 月 7 日、平成 21 年 10 月 23 日改正）。

念が存在した。そのため、課徴金減免制度を有効に機能させるという観点から、調査開始日前の第 1 位の申請事業者、すなわち、課徴金全額免除の対象とされる事業者とその役職員については告発を行わないことが明確にされている[13]。そして、検察官も、その訴追裁量権の行使にあたり、「専属告発権限を有する公取委があえて刑事告発を行わなかったという事実を十分考慮する」[14]ことにより、刑事訴訟法上の告訴・告発の効力は同一事件の全体に及ぶとする「告訴（告発）不可分の原則」（刑訴法 238 条 2 項）にもかかわらず、公取委が告発しなかった事業者およびその役職員に対する刑事訴追は行わないものと考えられる。実務上も、調査開始日前の第 1 位の申請事業者およびその役職員に対する刑事訴追が行われた事例はこれまで存在していない。

## 3　運用状況

わが国においては、平成 17 年の独占禁止法改正により課徴金減免制度が導入され、平成 18 年 1 月 4 日から運用が開始されている。また、平成 21 年の独占禁止法改正においては、課徴金減免制度のより円滑な利用を促進するため、制度の適用対象事業者数を最大 5 社までに拡大するとともに、同一企業グループに属する事業者による共同申請を認めるという制度の見直しが行われた。前述のとおり、課徴金減免制度の導入にいたる過程においては、みずからの利益を得るために他人の違反行為を密告するという制度はわが国の社会・文化と相容れないのではとの議論もなされていたが、実際には導入から今日にいたるまできわめて積極的に活用されている。平成 26 年度の申請件数は 61 件であり、このうち 4 件の価格カルテル・受注調整事件における延べ 10 名の事業者について、課徴金減免制度が適用された旨の公表がなされている。また、制度導入から平成 26 年度末までの申請件数の累計は 836 件となっている（図表 6-2 参照）[15]。

---

[13]　品川武＝岩成博夫『独占禁止法における課徴金減免制度』（公正取引協会・2010) 37 頁。
[14]　第 162 回国会衆議院経済産業委員会議録第 4 号（平成 17 年 3 月 11 日）。
[15]　公取委「平成 26 年度における独占禁止法違反事件の処理状況について」（平成 27 年 5 月 27 日）。

●図表 6-2　課徴金減免申請件数等の推移

| 年度 | H17 | H18 | H19 | H20 | H21 | H22 | H23 | H24 | H25 | H26 | 累計 |
|---|---|---|---|---|---|---|---|---|---|---|---|
| 申請件数 | 26 | 79 | 74 | 85 | 85 | 131 | 143 | 102 | 50 | 61 | 836 |
| 制度適用が公表された法的措置件数 | 0 | 6 | 16 | 8 | 21 | 7 | 9 | 19 | 12 | 4 | 102 |
| 制度適用が公表された事業者数 | 0 | 16 | 37 | 21 | 50 | 10 | 27 | 41 | 33 | 10 | 245 |

## III　申請手続

### 1　調査開始日前の申請

　公取委による調査開始前に社内調査等により違反行為の存在を発見した事業者は、様式第1号の「課徴金の減免に係る報告書」（図表6-4参照）を公取委にファクシミリで送信することにより申請手続を開始する。報告書を受理した公取委は、申請事業者に対して、報告書提出の順位（減免決定の仮順位）を通知するとともに、様式第2号の報告書（図表6-5参照）および資料の提出期限（通常は2週間程度）を通知する。そして、申請事業者は、指定された期限内に様式第2号書面を用いた違反行為にかかる事実の報告および資料の提出を行い、これにより、当該事件に関する申請者としての正式な順位が与えられることになる（図表6-3参照）。

　なお、申請を行うにあたって、事業者の立場からは、みずからが何番目の申請者になるのか、みずからの行為は課徴金減免制度の対象に含まれるものか、あるいは、どのような資料を提出すべきか等について、事前に当局の見解を確認したいという要望が存在する。そのため、必要に応じて、公取委の課徴金減免管理官に事前相談を行うことができる。この事前相談は、事業者名を秘匿して行うことも可能であるが、想定される申請順位を確認するためには、対象製品や違反行為

の態様等についてある程度具体的な内容を説明することが必要となる。

●図表6-3　申請手続の概要（調査開始日前の申請）

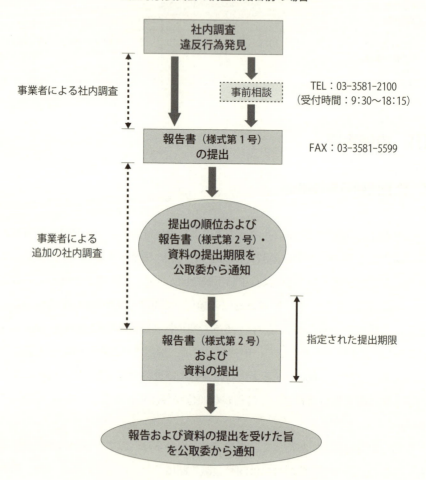

●図表 6-4：課徴金減免申請報告書（様式第 1 号）

様式第 1 号（用紙の大きさは、日本工業規格 A 4 とする。）

課徴金の減免に係る報告書

平成　年　月　日

公正取引委員会　あて
（ファクシミリ番号　03－3581－5599）

　　　　　　　　　　　　　　　氏名又は名称
　　　　　　　　　　　　　　　住所又は所在地
　　　　　　　　　　　　　　　代表者の役職名及び氏名　　　　　印

　　　　　　　　　　　　　　　連絡先部署名
　　　　　　　　　　　　　　　　住所又は所在地（郵便番号）
　　　　　　　　　　　　　　　　担当者の役職名及び氏名
　　　　　　　　　　　　　　　　電話番号
　　　　　　　　　　　　　　　　ファクシミリ番号

　私的独占の禁止及び公正取引の確保に関する法律第 7 条の 2 第 10 項第 1 号又は第 11 項第 1 号から第 3 号まで（同法第 8 条の 3 において読み替えて準用する場合を含む。）の規定による報告を下記のとおり行います。
　なお，正当な理由なく，下記の報告を行った事実を第三者に明らかにはいたしません。

記

○　報告する違反行為の概要

| 1　当該行為の対象となった商品又は役務 | |
|---|---|
| 2　当該行為の態様 | (1) |
| | (2) |
| 3　開始時期（終了時期） | 　　年　　月（～　　年　　月まで） |

## ●図表 6-5：課徴金減免申請報告書（様式第 2 号）

様式第 2 号（用紙の大きさは、日本工業規格 A 4 とする。）

課徴金の減免に係る報告書

平成　年　月　日

公正取引委員会　あて

氏名又は名称<br>
住所又は所在地<br>
代表者の役職名及び氏名　　　　　印<br>
<br>
連絡先部署名<br>
　住所又は所在地（郵便番号）<br>
　担当者の役職名及び氏名<br>
　電話番号<br>
　ファクシミリ番号

　私的独占の禁止及び公正取引の確保に関する法律第 7 条の 2 第 10 項第 1 号又は第 11 項第 1 号から第 3 号まで（同法第 8 条の 3 において読み替えて準用する場合を含む。）の規定による報告を下記のとおり行います。
　なお，正当な理由なく，下記の報告を行った事実を第三者に明らかにはいたしません。

記

1　報告する違反行為の概要

| | |
|---|---|
| (1) 当該行為の対象となった商品又は役務 | |
| (2) 当該行為の態様 | ア<br><br>イ |
| (3) 共同して当該行為を行った他の事業者の氏名又は名称及び住所又は所在地 | |
| (4) 開始時期（終了時期） | 　年　月　日（〜　年　月　日まで） |

2 報告者（連名の場合は各報告者）において当該行為に関与した役職員の氏名等

| 報告者名 | 現在の役職名<br>及び<br>所属する部署 | 関与していた当時の役職名<br>及び所属していた部署<br>（当該役職にあった時期） | 氏　名 |
|---|---|---|---|
|  |  |  |  |
|  |  |  |  |
|  |  |  |  |
|  |  |  |  |

3 共同して当該行為を行った他の事業者において当該行為に関与した役職員の氏名等

| 事業者名 | 現在の役職名<br>及び<br>所属する部署 | 関与していた当時の役職名<br>及び所属していた部署<br>（当該役職にあった時期） | 氏　名 |
|---|---|---|---|
|  |  |  |  |
|  |  |  |  |
|  |  |  |  |
|  |  |  |  |

4 その他参考となるべき事項

5 提出資料
　　次の資料を提出します。

| 番号 | 資料の名称 | 資料の内容の説明（概要） | 備　考 |
|---|---|---|---|
|  |  |  |  |
|  |  |  |  |
|  |  |  |  |
|  |  |  |  |

## 2 調査開始日以後の申請

調査開始日以後の申請は、通常、立入検査を契機としてカルテルの嫌疑の存在と公取委による調査開始の事実を認識した事業者により行われる。申請は、様式第3号の報告書を公取委にファクシミリで送信することにより行い、その期限は、調査開始日から起算して20日を経過した日までとされている（減免規則5条）。公取委は、調査開始の時点において、すでに当該違反行為に関する一定の情報を有していることから、様式第3号の書面には、たとえば、商品の流通経路や発注の対象とされた工事の種類等、違反行為の対象とされた商品または役務の範囲、また、問題となる行為の実施状況や他の事業者との接触状況等を含む、ある程度詳細かつ具体的な情報を記載することが求められる。また、前記20日

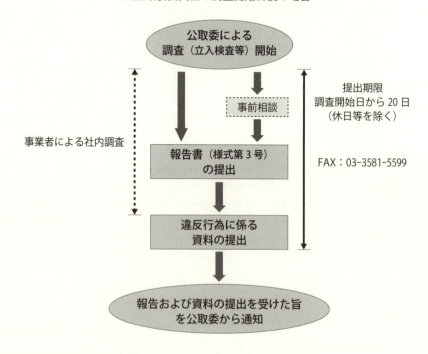

◉図表6-6　申請手続の概要（調査開始日以後の申請）

●図表 6-7：課徴金減免申請報告書（様式第 3 号）

---

様式第 3 号（用紙の大きさは、日本工業規格 A 4 とする。）

　　　　　　　　　　　課徴金の減免に係る報告書

　　　　　　　　　　　　　　　　　　　　　　　　平成　　年　　月　　日

公正取引委員会　あて
（ファクシミリ番号　03－3581－5599）

　　　　　　　　　　　　　　氏名又は名称
　　　　　　　　　　　　　　住所又は所在地
　　　　　　　　　　　　　　代表者の役職名及び氏名　　　　　　　　印

　　　　　　　　　　　　　　連絡先部署名
　　　　　　　　　　　　　　　住所又は所在地（郵便番号）
　　　　　　　　　　　　　　　担当者の役職及び氏名
　　　　　　　　　　　　　　　電話番号
　　　　　　　　　　　　　　　ファクシミリ番号

　私的独占の禁止及び公正取引の確保に関する法律第 7 条の 2 第 12 項第 1 号（同法第 8 条の 3 において読み替えて準用する場合を含む。）の規定による報告を下記のとおり行います。
　なお，正当な理由なく，下記の報告を行った事実を第三者に明らかにはいたしません。

　　　　　　　　　　　　　　　　記

1　報告する違反行為の概要

| | |
|---|---|
| (1) 当該行為の態様 | ア |
| | イ |
| (2) 共同して当該行為を行った他の事業者の氏名又は名称及び住所又は所在地 | |
| (3) 開始時期（終了時期） | 　　年　　月　　日（～　　年　　月　　日まで） |

III　申請手続

2 報告者（連名の場合は各報告者）において当該行為に関与した役職員の氏名等

| 報告者名 | 現在の役職名及び所属する部署 | 関与していた当時の役職名及び所属していた部署（当該役職にあった時期） | 氏　名 |
|---|---|---|---|
|  |  |  |  |
|  |  |  |  |
|  |  |  |  |
|  |  |  |  |

3 共同して当該行為を行った他の事業者において当該行為に関与した役職員の氏名等

| 事業者名 | 現在の役職名及び所属する部署 | 関与していた当時の役職名及び所属していた部署（当該役職にあった時期） | 氏　名 |
|---|---|---|---|
|  |  |  |  |
|  |  |  |  |
|  |  |  |  |
|  |  |  |  |

4 当該行為の対象となった商品又は役務

5 当該行為の実施状況及び共同して当該行為を行った他の事業者との接触の状況

6 その他参考となるべき事項

7 提出資料
　次の資料を提出します。

| 番号 | 資料の名称 | 資料の内容の説明（概要） | 備　考 |
|---|---|---|---|
|  |  |  |  |
|  |  |  |  |
|  |  |  |  |
|  |  |  |  |

の期限内に違反行為にかかる資料を提出しなければならない（図表 6-6 参照）。

## 3 口頭報告

　様式第 2 号または第 3 号の報告書による違反行為にかかる事実の報告および資料の提出については、公取委が特段の事情があると認める場合、一部の事項について、口頭による報告または陳述をもって報告書への記載または資料の提出に代えることができるとされている（減免規則 3 条 2 項、4 条 3 項）。たとえば、米国で提起された民事上の損害賠償請求訴訟の被告とされた事業者が、公取委に報告書や資料等の書面を提供している場合には、米国法上の証拠開示手続（ディスカバリー）により当該書面の写しの提出を要請され、訴訟において不利な立場に立たされる可能性が高くなる。その場合、事業者の立場からすれば、3 倍額賠償責任や高額な弁護士費用等の重大な負担を考慮して課徴金減免制度の利用を思いとどまるということも考えられる。そのため、課徴金減免制度の円滑な利用を確保するという観点から具体的な違反行為の態様、違反行為への関与者等の情報について、書面の提出に代えて口頭による報告を認めるとされたものである[16]。実務上、国際カルテル事件については、いまだ民事訴訟の提起等がなされていない場合であっても口頭報告を行うことが認められている。

## 4 追加の報告および資料の提出

　公取委は、様式第 2 号または第 3 号の書面による報告および資料の提出が行われた後においても、申請事業者に対して、違反行為に関する事実関係を把握するために追加の報告および資料の提出を求めることができる（7 条の 2 第 16 項）。課徴金減免制度は、違反行為の発見、競争秩序の早期回復と違反行為の抑止をはかるため、調査への協力を条件として課徴金の減免を認める制度であり、申請事

---

[16] 品川＝岩成・前掲注 13）105 頁。

業者が求められた報告・資料の提出をしない場合または虚偽の内容を含む報告・資料の提出を行った場合には、課徴金の減免を受けることはできなくなる（7条の2第17項2号）。

　法律上、公取委は、課徴金減免申請としての違反行為にかかる事実の報告および資料の提出を受けたとき、申請事業者に対して、その旨を速やかに書面で通知しなければならないと規定されているが（7条の2第15項）、実務上、当該書面による通知は、追加で求められた報告および資料の提出を完了した後、すなわち、当初の申請からは相当の時間が経過した後になされている。

## 5　共同申請

　課徴金減免の申請は、対象となる事業者の数を限定するとともに先順位の申請者により大きな恩恵を与え、他の事業者より先に、なるべく早期に申請を行うというインセンティブを高め、違反行為の早期発見とカルテルの崩壊を目指すという制度の趣旨から、原則として、事業者が単独で行うべきものとされている。旧法の課徴金減免制度は、こうした単独申請の原則を徹底し、複数の事業者が共同して課徴金減免申請を行うことは認められていなかった。

　しかしながら、同一企業グループに属する複数の事業者が同一の違反行為に関与している場合、当該グループ内の各事業者から提供される情報は、実質的に同じ内容となる可能性が高い。また、事業者側においては、同一企業グループに所属しているにもかかわらず、複数の事業者間で申請順位の先後を決定しなければならないという問題も発生する[17]。課徴金減免制度の趣旨からすれば、むしろ同一企業グループ内の複数事業者による共同申請を認め、公取委が広い範囲の事業者から多様な情報を入手することを可能にするとともに、同一グループであるにもかかわらず一部の事業者が後順位の申請者とされる問題を回避することが合理的である。そのため、平成21年の独占禁止法改正により、①申請時点において、

---

[17]　藤井宣明＝稲熊克紀『逐条解説 平成21年改正独占禁止法』（商事法務・2009）23頁。

親会社と子会社または兄弟会社（親会社が同一）の関係にあり、かつ、②共同して違反行為を行っていた場合、その全期間において上記①の関係にあったこと、または、③違反事業者が当該違反にかかる事業を譲渡または分割し、事業を引き継いだ事業者が違反行為を継続した場合、すなわち、上記①および②、あるいは①および③の条件を満たす場合には共同申請を認め、共同申請を行った複数の事業者について、それぞれ単独で申請を行ったものとみなして同順位と扱うこととされた（7条の2第13項）[18]。

## 6 事業者名等の公表

公取委は、課徴金減免申請を行った事業者の名称や減免の内容等の情報を積極的に公表することはしない。もっとも、公共工事に関して入札談合等の不正行為が行われた場合、入札への参加資格を一定期間停止する指名停止の措置がとられるところ、課徴金減免制度が適用された事業者については指名停止期間等の短縮がなされることが多くなっている[19]。また、企業として、法令遵守を徹底して違反行為にはいっさい関与しない旨の姿勢を対外的に強調するという趣旨からも、課徴金減免制度の適用を受けた旨を公表することのメリットが存在する。そのため、課徴金の減免を受けた事業者からの申出がある場合には、公取委のウェブサイト上[20]に、事業者の名称、所在地、代表者名および免除の事実または減額割合が公表される。

---

18) 品川＝岩成・前掲注13) 24～25頁、27～34頁。
19) 「公共工事の入札及び契約の適正化を図るための措置に関する指針」（平成18年5月23日閣議決定）は、「独占禁止法違反行為に対する指名停止に当たり、課徴金減免制度の適用があるときは、これを考慮した措置に努めるものとする」ことを明記しており、また、発注機関相互の連絡調整等を行っている中央公共工事契約制度運用連絡協議会において決定された、指名停止措置を行うための要件や指名停止措置期間等についての要領の運用を定めた「工事請負契約に係る指名停止等の措置要領中央公共工事契約制度運用連絡協議会モデルの運用申合せ」（平成6年4月20日採択、平成24年6月26日最終改正）も、「課徴金減免制度が適用され、その事実が公表されたときの指名停止の期間は、当該制度の適用がなかったと想定した場合の期間の2分の1とする」旨を明らかにしている。
20) http://www.jftc.go.jp/dk/seido/genmen/kouhyou/index.html.

## 7 失格事由

事実の報告および資料の提出を行った申請事業者について、次のいずれかの事由が存在する場合には、課徴金の減免を受ける資格を失うことになる（7条の2第17項）。

　①報告または提出した資料に虚偽の内容が含まれていた場合
　②公取委から求められた追加の報告もしくは資料の提出をせず、または虚偽の報告もしくは資料の提出を行った場合
　③当該事件において、他の事業者に対し違反行為をすることを強要し、または違反行為をやめることを妨害していた場合

上記の各事由のうち、報告内容等の虚偽性の判断は、報告内容と事実との間に些細な相違がある場合もすべて含むという厳格な基準により行われるものではない。事業者による当局への情報提供のインセンティブを高めるという課徴金減免制度の目的からすれば、申請事業者が、誠意をもって事実と考える内容を報告している限り減免を受ける資格を失わせるべきではなく、報告の実質的な内容に関して、申請事業者が事実と報告内容が異なることを認識していた場合、あるいは、通常の社内調査を行えば知りえたような場合に虚偽性を認めうると考えられる[21]。また、違反行為の強要については、違反行為を行う意思のない事業者に対して、何らかの圧力によりカルテルや談合に参加せざるをえなくするような場合がこれに該当するものと考えられている。なお、「強要」の概念は、課徴金の割増算定率適用の根拠となる主導的役割の要件よりも狭いものであり、違反行為について主導的な役割を果たしていたと認定された場合であっても、そのことからただちに違反行為の強要があったと判断されるものではない[22]。

---

[21] 品川＝岩成・前掲注13）115頁。なお、シャッターの製造業者らに対する件（近畿地区における受注調整事件）（課徴金納付命令平22・6・9審決集57-2-84）においては、立入検査後に一部の事業者が課徴金減免申請を行っていたものの、その後の審査手続において受注調整に関する会合の存在を否定する内容の資料等を提出したことから、違反事実に関する報告に虚偽の内容が含まれていたとして課徴金の減免が否定されたとの報告がなされている（平林英勝「独禁法事例速報　違反事実に関する報告に虚偽の内容が含まれていたとして課徴金の減免が認められなかった事例」ジュリ1410号〔2010〕54頁）。
[22] 品川＝岩成・前掲注13）115頁。

## 8　申請手続上の留意事項

### (1) 会社の意思決定

　カルテル・談合等の違反行為は、企業を主体として行われるものであり、課徴金納付命令の名宛人も企業である。したがって、課徴金の減免を得るための申請は、特定の役員・従業員個人が行うものではなく、会社の意思決定に基づき行われなければならない。具体的には、課徴金減免申請を行うことについての取締役会決議等が必要となる。代理人による申請の場合には、会社としての意思決定に基づく代理権の授与が行われなければならない。課徴金減免制度においては、申請順位に基づき免除の可否または減額の割合が決定されることから、違反行為を発見した際には迅速に申請を行うことが必要不可欠である。特に、立入検査を契機とする調査開始日以後の申請は一刻を争う状況となる。そのため、かりに、違反行為に関する情報を得た場合には社内でどのように対応するのか、社内の担当者、連絡・指示体制、対応の手順等について明らかにした危機管理マニュアル等を事前に準備しておくことが有効である[23]。

### (2) 第三者への秘匿義務

　事業者が、正当な理由なく、課徴金減免申請を行った事実について、他のカルテル参加者等の第三者に公表することは禁止されている。その趣旨は、課徴金減免申請の事実がカルテル参加者間で共有されることにより、証拠隠滅等が行われて審査活動に重大な支障が生じることを防止するという点にある。そのため、国際カルテル事案で他国の競争当局に申請の事実を報告する等の場合には、第三者への公表について正当な理由があるものと認められる。また、審査の進展により証拠隠滅等の危険性が低減するに伴い、正当な理由が認められる範囲は拡大するものと考えられる。

---

[23]　光ファイバーケーブルおよび自動車用ワイヤーハーネスの2件のカルテル事件に関して提起された住友電工株主代表訴訟事件においては、同社の取締役らが課徴金減免制度の利用を怠ったことをもって任務懈怠に該当するとの主張がなされている。また、公取委が公表した企業の独占禁止法コンプライアンスの取組状況についての報告書（平成24年11月28日公表）においては、実効性のある独占禁止法コンプライアンスの推進に向けて、違反行為にかかる情報に接した場合の対応方針や手続等の基本的な事項を定めておく「危機管理」が有益である旨の提言がなされている。

この秘匿義務の問題は、特に、事件の初期段階における社内調査の実施に際して注意する必要がある。違反行為にかかる事実の報告および資料の提出を行うためには、関与が疑われる社内の関係者から事実関係を十分に聴取する必要があるものの、社内調査の対象者の範囲が拡大すれば、社内調査を行っている事実およびその内容等についての情報が外部に漏洩される危険性も高まる。そのため、事実関係の解明と情報管理の双方の必要性のバランスをどのように調和させながら社内調査を実施するかという点に十分に配慮することが重要となる。また、現行制度上、違反事実の報告に関する手続（45条3項）とは異なり、課徴金減免申請にかかる事件について公取委が調査を開始しないと判断した場合であっても、その旨を申請者に通知すべきものとはされていない。その結果、申請者は、申請から相当期間経過後にいまだ調査が開始されていないような状況においても、後に調査が開始される可能性を排除しえないという不安定な立場におかれることとなり、たとえば、潜在的な被害者の立場にある取引先から問い合わせがなされたような場合、申請の事実に関する秘匿義務の存在を考慮しながら慎重に回答しなければならない。

**(3) 違反行為の終了**

　課徴金の減免を受けるための要件として、調査開始日前の申請については調査開始日以後に、調査開始日以後の申請については様式第3号の報告書と資料の提出を行った日以後に、それぞれ「当該違反行為をしていた者でないこと」が規定されている（7条の2第10項2号、11項4号、12項2号）。公取委の実務は、違反行為の終了または違反行為からの離脱の認定には他の共同行為者に対する外部的徴表を要するというものである。たとえば、入札談合の事例においては、違反行為から離脱したことを確実にするため、離脱前に調整の対象とされていた物件の入札には参加しないという対応が重要である。しかしながら、前述のとおり、課徴金減免申請を行った事実を第三者に連絡することは認められず、他のカルテル参加者に対してカルテルからの離脱を表明することは、証拠隠滅の契機ともなりうる。また、調査開始日前の申請後、内偵調査における証拠確保の観点から、一定期間は他のカルテル参加者に対する違反行為からの離脱の表明を回避すべき

という事案も存在する。そのため、課徴金減免の要件としての違反行為の終了については、状況に応じて、取締役会等において違反行為への参加を取り止める旨を決議し、当該決議を社内の関係者に周知することによっても認められる[24]。

## (4) 順位の繰上げ

課徴金減免申請の順位は、事実の報告および資料の提出を受けた旨の書面の通知（7条の2第15項）により確定し、その後、かりに失格事由に該当して課徴金の減免を受けられない事業者が出現したとしても後順位の申請者の順位が繰り上がることはない。また、たとえば、後順位者が先順位者よりも公取委の調査に有益な情報やこれまでに把握されていない新たな情報を提供した場合であっても、報告や提出された資料の内容の評価により申請者の順位が変更されることもない。

ただし、様式第1号の書面を提出した申請事業者が、様式第2号の書面や資料の提出を行わない等、必要な書面や資料の提出を怠ることにより申請自体が無効とされる場合には、仮の順位の繰上げが発生する。また、課徴金減免の順位は、「当該違反行為をした事業者」（7条の2第10項1号、11項1～3号）について決定され、課徴金納付命令を行う際に、当該事件について申請を行っていた事業者に課徴金の減免という処分を行うものであることから、かりに、先順位とされてきた申請事業者について違反行為を行ったものではないとの判断がなされる場合には、後順位とされてきた申請事業者について実質的に順位の繰上げと同様の効果が発生することとなる[25]。

# IV 審査手続上の課徴金減免申請にかかる諸問題

## 1 公取委による調査開始前の段階

### (1) 社内調査の実施

課徴金減免制度が事件調査の中心的役割を果たす現在の実務においては、社内

---

[24] 品川＝岩成・前掲注13) 48頁。
[25] 白石ほか・論点体系214頁〔内田清人〕。

調査の実施により違反行為の存否や関連する事実関係を迅速に確認することがきわめて重要となる。たとえば、法令遵守体制の一環として、違反行為の存否を確認するための定期的な内部監査を実施する場合のほか、たとえば、①競争者が突如として事業者団体の会合への参加を取り止めたような場合、②隣接する事業分野や市場において競合する事業者を対象とする当局の調査が開始された場合、さらには、③マスコミ報道等により違反行為の疑いが指摘されたような場合等、違反行為の存在を疑わせる情報に接した場合には、ただちに社内調査を実施しなければならない。

社内調査の実施については、第一に、①秘密性の保持、②社内の情報管理と適切な情報遮断、③証拠保全と違反行為の停止等の措置の実施が必要不可欠である[26]。まず、秘密性の保持については、違反行為が発見された場合、他の参加者よりも先順位で申請することにより課徴金の減免という利益を享受することができるのであり、かりに、社内の担当者が競争者に社内調査の事実を漏洩するようなことがあれば、競争者が先順位の申請を確保してしまう可能性があるばかりでなく、競争者による証拠隠滅が行われる危険性も発生することから、その徹底がきわめて重宝となる。次に、社内の情報管理・遮断については、たとえば、社内調査に関する情報が広く知られることにより、関係者間で口裏合せや資料の破棄等の証拠隠滅が行われ、事実関係を正確に把握することが困難となるおそれがある。また、営業担当や関連事業部門の担当者、特に上級役職者にも社内調査の情報が共有される場合には、法令遵守や事実関係の解明よりも営業活動や利益追求を優先する意見が主張される、事情聴取の対象とされた担当者が真実を明らかにすることを躊躇してしまう等の問題が発生する可能性も否定しえないことから、やはりこれを厳格に実施することが必須となる[27]。そして、証拠保全と違反行為の停止は、調査完了後に課徴金減免申請を行う場合に、必要とされる事実関係についての報告や資料の提出に支障を来すことや欠格事由に該当するものと判断さ

---

26) 狛文夫『カルテルとリニエンシーの法律実務—被疑会社の視点から見たカルテル規制とリニエンシー制度の利用』(商事法務・2008) 42～64頁は、被疑会社が違反行為の可能性を認識した場合に行うべき各種の措置について詳細に論じている。
27) 上杉＝山田・前掲注7) 383頁〔上杉秋則〕。

れる危険性を回避するために必要となる。さらに、事業者側に有利な証拠や情報を確保するとともに、社内調査の正確性を担保して適格な対応方針を選択するためにもあらゆる資料と情報がきちんと保全されることが不可欠である。

　第二に、社内の関係者による調査への協力を確保することも重要である。調査の対象とされる営業部門等の関係者において、みずからに対する責任追及を懸念して事実関係について十分な説明をせず、自己防衛的な行動をとることは自然な反応であり、法務部門の担当者や外部の弁護士による調査に対して、当初から全面的かつ十分な協力を得ることは決して容易ではない。違反行為への関与が疑われる担当者等を含む社内の関係者による社内調査への協力を得るための方策の一つとして、違反行為への関与について自主的に報告した関係者について懲戒処分の軽減を考慮するという社内リニエンシー制度の採用が考えられる。また、経営トップが法令遵守最優先の姿勢を明確にするとともに、社内の関係者に対して調査への協力を指示することも有効である。

　最後に、社内調査の具体的な実施方法については、違反行為への関与の可能性がある者や関連する事業部門の関係者等のコンピュータに存在する電子情報および書類や手帳等を確認することによる物証の確保と、これを前提とした関係者への事情聴取が中心となる。最近の事案では、国内外を問わず、競争当局が調査の対象とする資料や情報の中心は関係者の電子メールであり、競争者との接触や連絡、情報交換の事実が推測される電子メールとその添付資料が重要な証拠として用いられている。

## (2) 申請を行うべきかの判断

　社内調査等により違反行為の存在、あるいはその疑いを発見した場合、課徴金減免制度の利用について早急に判断することが必要となる。違反行為発見の時点で公取委の調査がいまだ開始されていない場合には、ただちに申請を行うべきか、あるいは、事件として発覚しない可能性もあるとしてしばらく様子を見るべきか等、さまざまな議論と検討が行われることが多いと思われる。しかしながら、課徴金減免制度が十分に浸透した最近の独占禁止法の実務においては、一つの事件について摘発がなされると、当該事件の調査対象とされた事業者を中心として、

他の商品または役務についてカルテルが存在しないかについての社内調査を実施し、別のカルテルが発見された場合には迅速に課徴金減免申請を行うという動きが常態化している。その結果、関連する商品・役務に関するカルテルが連鎖的に摘発されるという状況になっている。また、国際的なカルテル摘発の厳格化と違反行為の重罰化の傾向を背景として、各企業において実効性のある独占禁止法コンプライアンスの推進に向けた各種の取組みがなされており、業務監査、内部通報制度の整備、社内リニエンシー制度の導入等、違反行為の早期発見のための方策を採用するとともに、違反行為に関与した可能性が高いと判断される場合には、課徴金減免制度を積極的に活用するとの考え方が拡大している。そのため、各事業者においてはカルテルが存在した場合、近い将来、参加者のいずれかが課徴金減免申請を行う（またはすでに行った）ことにより、いずれ事件として発覚することは回避しえないとの前提のもとに判断、行動しなければならない。しかも、実務上は、他の競争者が違反行為の徴候をまったく把握しておらず、自社のみが違反行為の疑いを発見した、すなわち、申請の可否について十分な時間的余裕をもって判断しうるという状況が存在することは稀であり、一部の競争者の違反行為からの離脱、海外当局による調査開始の情報等により、実際には他の事業者も同時期に社内調査を開始しており、申請の時期がわずかに遅れたことにより先順位の申請や減免を得られる地位を確保しえなくなってしまうという事態が当然のように発生する。そのため、社内調査を完了して申請が可能である場合にはただちに申請を行う必要があり、様子を見るために申請を躊躇する等の行動は回避しなければならない。

　さらに、かりに、課徴金減免制度の利用が可能であったにもかかわらず、これを利用せず、あるいは、申請の時期が遅れたために課徴金の減免を得られなかったという場合、それが取締役等の任務懈怠に基づくものであれば、株主代表訴訟による役員に対する責任追及がなされる可能性も否定しえない。企業の取締役は、会社と委任関係にあることから、善管注意義務および忠実義務を負っており、また、他の取締役による業務執行が適法に行われているかについて相互に監視・監督すべき義務を負っている。そして、各取締役は、取締役会の構成員として、会

社経営の根幹にかかる各種のリスクについて、会社が営む事業の規模および特性等に応じたリスク管理体制を整備する義務（内部統制システム構築義務）を負い、これらの任務を怠ったことにより競争制限行為を防止することができず、あるいは、課徴金減免制度を利用しえなかったという場合には、任務懈怠の責任を負わなければならない[28]。カルテル行為について課徴金の減免を得られなかったことをもって取締役の任務懈怠であるとの主張がなされた最近の事案においては、①カルテル行為に関与または黙認したこと、②カルテル防止に関する内部統制システムの構築を怠ったこと、③課徴金減免申請に関する内部統制システムの構築を怠ったこと、④課徴金減免申請を怠ったことが取締役の責任として主張されていた[29]。当該事案を含め、カルテル行為に起因して提起された株主代表訴訟事件の多くは和解による解決がなされており、被告役員による会社に対する解決金の支払、違反行為の原因究明と再発防止のための外部委員会の設置、同委員会の報告と提言を踏まえた再発防止策の導入、外部委員会の設置や再発防止のための施策の費用への解決金の充当等が典型的な内容となっている。

### (3) 申請内容（違反行為の範囲）の検討

　課徴金減免申請を行う場合、課徴金減免の対象とされるべき違反行為の範囲を特定する必要がある。課徴金の減免は申請順位を基礎として決定され、この申請順位は、違反行為毎に判断される。そのため、申請の際に、違反行為の範囲をどのように画定するかということは、後に減免の効果を得られるかどうかを左右する重要な作業となる。

　違反行為の範囲は、一定の取引分野により画定されることから、商品・役務の範囲、需要者、取引方法等の観点から検討する。もっとも、個別の事例において、複数の種類の関連製品、取引方法を異にする複数の製品を包含して一つの競争制限の合意が存在していたのか、製品の種類、取引先毎に異なる複数の合意が存在していたのか等、違反行為の具体的内容、範囲を正確に判断することは決して容易でない。たとえば、特定の需要者向けの商品、特定の流通経路を通じて販売さ

---

[28]　大和銀行株主代表訴訟事件・大阪地判平 12・9・20 判時 1721-3。
[29]　村上ほか・手続と実務 453〜456 頁〔矢吹公敏〕。

れている商品はカルテルの対象から除外されていたということであれば、課徴金減免申請においても当該商品を違反行為の範囲から除外すべきである。しかしながら、審査の結果、申請対象から除外した特定商品も合意の対象に含まれていたことが判明した場合には、当該特定商品については申請がなかったものとして減免の効果を得られないことになる。また、需要者または地域毎に参加者を異にする複数の違反行為が行われていたのであれば、それぞれ別個の事件として申請すべきということになる。

## 2　立入検査時の対応

通常、公取委は、調査開始日前の課徴金減免申請等を通じた事前の情報収集を経て、事件関係人の営業所等への立入検査（47条1項4号）を実施する。前述のとおり、課徴金減免制度との関係において、立入検査の実施日は、調査開始日として減免の効果を左右する申請時期および報告および資料の提出期限の起算点を画する重要な意味を有する。特に、調査開始日前の申請者を除く多くの事件関係人にとっては、立入検査に直面して違反行為の疑いの存在と公取委の調査開始の事実を初めて認識することが通常であり、被疑事実がカルテル・談合等の課徴金減免制度の対象とされる行為類型である場合には、ただちに課徴金減免申請の可否についての検討を開始すべきことになる。立入検査の実施という事実は、すでに公取委が違反行為の存在について相応の嫌疑を有することを示すものであり、また、調査開始日以後の申請者の数が限定されていることからも、課徴金減免申請を行うべきと判断した各事業者においては、立入検査への対応と同時並行で迅速に申請の準備を行わなければならない。実際、立入検査の当日に調査開始日以後は最大3社、調査開始日前の申請者と併せて合計5社というすべての枠を満たす申請が完了し、しかも、数分の差で申請が認められないという事案も存在する。なお、申請者の特定を回避するという観点から、調査開始日前の申請者も立入検査の対象に含まれることが通例である。

### (1) 立入検査当日の事情聴取・審尋

　立入検査の時点において、公取委は、事前の情報収集に基づき、すでに被疑事実に関係する部署、人物および地域等を特定して調査に着手しており、発見された書類等に対する提出命令および留置（47条1項3号）のみならず、立入検査当日に競争者との連絡窓口となっていた担当者等の違反行為への直接的な関与が疑われるキーパーソンに対する任意の事情聴取が行われることも稀ではない。さらに、任意の事情聴取を拒否すれば、公取委において出頭命令を発して審尋（47条1項1号）を行うということも想定される。

　一方、事業者側の立場からすれば、違反行為の有無の確認と課徴金減免申請の可否の検討および申請の準備のため、違反行為に深く関与したと考えられるキーパーソンから情報収集を行うことは必要不可欠であり、かりに、キーパーソンからの迅速な情報収集が妨げられ、他の事業者よりも後順位の申請となり課徴金減免の資格を失うことになれば、それは到底容認しえない事態である。そのため、キーパーソンに対する立入検査当日の任意の事情聴取については、これを拒否することが考えられる。また、かりに、公取委から出頭命令が発せられた場合であっても、以下の理由により、出頭しないことに正当な理由があると考えられる。

　まず、独占禁止法上、調査開始日以後の申請者に対する減額を含む課徴金減免制度が認められており、各事業者において、減免制度の利用に向けた検討および準備を適時に行うことは当然の権利として認められなければならない。

　次に、調査開始日以後の申請については、公取委によって把握されていない事実の報告および資料の提出を行うことが要件とされている（7条の2第12項1号）。この新規性の要件は、必ずしも厳格に運用されているものではないとしても、申請事業者の役職員の認識を内容とした陳述書等であれば、すでに公取委が入手している情報または資料と重複する部分があるとしても新規性の要件を充足するものと考えられ、その意味においてもキーパーソンからの情報収集の機会は確保されなければならない。

　さらに、キーパーソンの立場においても、一方において、出頭命令に基づく出頭義務を負うものの、他方において、申請事業者と雇用関係にある従業員として

社内調査への協力義務を負っており、みずからの被用者である申請事業者による緊急の社内調査に応じることは当然のかつ合理的な行動である。

そして、今般公表された指針も、「行政調査手続の適正性をより一層確保する観点」から策定、公表されたものであり、「法令に基づき手続の適正性を確保」したうえで事件調査を行うこと、事件調査に携わる職員においても適正手続を遵守しなければならないことを明記している。したがって、立入検査当日の供述聴取を優先することで事業者による課徴金減免制度の利用が妨げられるようなことがあってはならない。

■ **円滑な調査の実施 vs. 防衛権の確保**
　内閣府の懇談会においては、立入検査当日の提出物件の謄写が課徴金減免申請のために必要であること、事業者による課徴金減免申請の観点から、キーパーソンに対してインタビューを行う時間を確保する等の配慮が必要である等の意見が述べられていたにもかかわらず、立入検査の円滑な実施を確保することや公取委の調査が妨げられることは適当でなく、事業者の課徴金減免申請に対する配慮は必要ないとの理由により、提出物件の謄写およびキーパーソンに対する供述聴取を回避することのいずれについても、認めるべきではないとの結論にいたっている。しかしながら、審査手続に関する懇談会が設置された経緯は、独占禁止法の執行力の強化という観点から、課徴金制度の拡充、課徴金減免制度の導入、犯則調査権限の導入等の法改正が行われてきたことを踏まえ、独占禁止法の執行・運用における公正性・透明性の要請と違反被疑事業者による十分な防御権の確保を実現するための検討を行うというものであり、衆議院経済産業委員会における平成25年独占禁止法改正法案審議の際の附帯決議においても、「公正取引委員会が行う審尋や任意の事情聴取等において、事業者側の十分な防御権の行使を可能とするため、諸外国の事例を参考にしつつ、代理人の立会いや供述調書の写しの交付等の実施について、我が国における刑事手続や他の行政手続との整合性を確保しつつ前向きに検討すること」とされていた。
　それにもかかわらず、公取委の調査の円滑な実施を優先して、事業による課徴金減免申請に対する配慮は不要であるとの結論を導いた懇談会の検討は、独占禁止法の執行強化に伴う適正手続と事業者側の防御権確保の必要性という、そもそも懇談会において審査手続について検討することとされた経緯および衆議院経済産業委員会の附帯決議の趣旨に反し、行政調査の必要性を過度に重視した不当なものといわざるをえない。

## (2) 第二次立入検査

　立入検査は、事案によって、審査の開始時に複数日にわたり行われることがあるばかりでなく、最初の立入検査から一定の日数が経過した後に第二次立入検査が行われることもある。そして、第一次立入検査と第二次立入検査とで対象とされる事業者の範囲が異なる、すなわち、事業者によっては第二次立入検査の際に初めて審査の対象とされていることを認識するということもありうる。この場合、課徴金減免申請の基準となる調査開始日は、事業者の主観的認識とは無関係に、その時点で公取委により把握されていた違反行為の範囲により決定される[30]。すなわち、調査開始日は、当該違反行為についていずれかの事業者に対して最初に立入検査が行われた日とされることになる。そのため、第二次立入検査で初めて審査の対象とされた事業者であっても、その違反行為が第一次立入検査の被疑事実に含まれていた場合、みずからは対象とされていなかった第一次立入検査の日をもって調査開始日と判断されることになり、そこから20日を経過する日までに調査開始日以後の課徴金減免申請を行わなければならない。

　第一次立入検査の対象に含まれなかった事業者にとっては、特に、第二次立入検査が第一次立入検査から20日間を経過した後に行われた場合、立入検査を受けた時点ですでに課徴金減免申請の機会は失われているというきわめて酷な結果となる。しかしながら、現在の実務が違反行為を単位として調査開始日を確定するとの考え方により運用されている以上、みずからの供給する商品・役務と密接に関連する商品・役務の供給者を対象とする立入検査が行われたとの情報に接した場合には、ただちにみずからの事業活動について違反行為と疑われるような事実関係が存在しないかどうかの確認作業を行い、必要に応じて課徴金減免申請手続に着手しうるような体制の整備を行うことが必要となる。そして、こうした体制を構築することは、課徴金減免申請を契機としたカルテルの連鎖的な摘発が行われるという最近の状況の中で、後に摘発される可能性のある別のカルテル事件について、先順位の申請を確保する可能性を高めるものとも考えられる。

---

30) 愛知電線事件・東京高判平25・12・20審決集60-2-108。

## 3 意見聴取手続等の行政調査の最終段階

課徴金減免申請を行った場合においても、たとえば、意見聴取期日に向けて予定される排除措置命令書の案等が通知された段階において、公取委の認定した事実について争うことも可能であると考えられる[31]。当初は一定の事実が存在するものと考えて課徴金減免申請を行ったところ、審査が進展するにつれて当該事実は存在しないことが判明した、報告した事実と認定された事実との間に齟齬がある、あるいは、報告にかかる事実の法的評価に異議があるというような場合、課徴金減免申請を行った以上は認定事実を争うことはできないと考えるべき理由はない。もちろん、公取委の認定事実を争うことが、当初の報告内容は虚偽であったとの判断に直接結びつくものではない。

# V 課徴金減免制度の利用に際しての考慮事項

## 1 課徴金減免申請の可否の検討

課徴金減免制度は、違反行為にかかる事実の報告および資料の提供を行った者に対して課徴金の減免を認めるものであり、不当な取引制限に該当するものと評価すべき事実の存在が申請の前提となる。もっとも、競争者間における価格設定に関する明示的な合意や受注予定者および受注予定価格についての明確な合意等、違反行為の存在が明白である場合を除き、そもそも不当な取引制限に該当する事実が存在するか否かについて判断することが難しい事案も存在する。一方、課徴金の減免は、申請時期と順位を基礎として決定されることから、違反行為の疑いが存在する以上は早急に申請すべきとも考えられ、違反行為の存在についてどの程度の確認が得られた段階で申請を行うべきか、事実確認の程度と早急に申請すべき必要性の双方の要因をどのように考慮して対応すべきか、ということが問題

---

31) 白石ほか・論点体系 217 頁〔内田清人〕。

となる。

　調査開始日前の申請については、違反行為の概要を簡潔に記載した様式第1号をファクシミリで送信することにより仮の順位を確保し、その後、社内調査を継続してより具体的かつ詳細な内容を記載した様式第2号の報告書と資料の提出を行うという制度が採用されている。その趣旨は、当初の申請から詳細な内容の報告を必要とした場合、正確な情報の提供を行うために慎重に社内調査を行った事業者が、簡易な社内調査と必要最低限の情報提供で先に申請を行った事業者よりも後順位の申請者として不利益な扱いを受けてしまうという事態を回避するという点にある。課徴金減免管理官への事前相談による想定される申請順位の確認、疑われる違反行為への参加者の数、社内調査で明らかとなった事実の具体性や内容等のさまざまな要素を考慮したうえで、できる限り迅速に申請の可否について判断すべきである。これに対して、調査開始日以後の申請については、最初から違反行為に関する具体的かつ詳細な内容の記載を要する様式第3号の報告書を提出することが必要とされている。調査開始日以後の申請者の数には限りがあること、すでに公取委が調査に着手したという事実から各社ともにきわめて迅速に申請を行うことが予想されること等の事情から、違反行為の参加者が非常に少ないというような事案を除き、調査開始の当日中に申請を行わなければ、課徴金の減免を認めうる最大5社の申請がすでになされていることにより申請が不可となる事案が多いものと考えられる。

## 2　課徴金減免申請から派生する効果

### (1) 排除措置命令

　実務上、カルテル事件については、立入検査の実施、あるいは、カルテル参加者による行為終了の確認等により違反行為は終了したものと認定されることが通常であり、排除措置の時点において、すでに違反行為はなくなっていることが多い。その場合、排除措置命令については、既往の違反行為として「特に必要があると認めるとき」（必要性の要件）に発することができる（7条2項）。前述のとお

り、課徴金の減免を受けるためには、調査開始日または様式第3号の報告書と資料の提出を行った日以後に違反行為を行っていないことが必要とされている。そのため、申請事業者は、処分の時点においてすでに違反行為を行っておらず、それにもかかわらず排除措置を命ずるためには必要性の要件を満たすことが条件となるところ、特に、調査開始日前に申請を行った事業者については、公取委による調査開始という外的要因ではなく、自主的に違反行為にかかる事実の報告を行うとともに違反行為を終了している点を評価し、排除措置を命ずる必要はないと判断されることが通例となっている[32]。

### (2) 民事上の損害賠償請求

わが国においては、カルテルの被害者により提起される可能性のある民事上の損害賠償請求について、課徴金の減免を認められた事業者の賠償責任を軽減するような制度は存在しない。たとえば、米国反トラスト法においては、リニエンシー申請により刑事訴追からの免責を認められた事業者について、3倍額損害賠償責任ではなく実際の損害額の賠償責任のみを認めるものとされている。これに対して、わが国の法体系においては懲罰的損害賠償制度が認められていないことからも、課徴金減免申請者について民事上の損害賠償責任を軽減するという考え方は採用されていない。

もっとも、課徴金減免申請のために公取委に提出された資料等が民事訴訟の原告を含む第三者に開示されるとすれば、各事業者において、民事訴訟において不利な立場におかれる等の懸念から、課徴金減免制度を利用するインセンティブが損なわれる危険性がある。現在のカルテル規制において、課徴金減免制度は必要不可欠な存在であり、事業者による課徴金減免制度の利用が妨げられることは、独占禁止法の効率的な執行に重大な支障を与えるおそれがある。そのため、公取委においては、課徴金減免申請に伴い提出された報告書等について裁判所から提出を求められた場合であっても、「公務員の職務上の秘密に関する文書でその提出により公共の利益を害し、または公務の遂行に著しい支障を生ずるおそれがあ

---

[32] 白石ほか・論点体系210〜211頁〔内田清人〕。

るもの」(民訴法 220 条 4 号ロ) に該当するものとして、開示しないとの方針を採用している[33]。

## 3 企業と役職員個人との関係

わが国の独占禁止法上、公取委の刑事告発により、企業のみならず違反行為に関与した役職員個人に対する刑事責任の追及がなされる可能性も存在する。そして、課徴金減免制度との関係については、調査開始日前の最初の申請事業者とその役職員に対する刑事告発を行わないとの方針が明確にされているものの、第2位以降の申請者については、企業および個人の双方に対する刑事責任の追及がなされる危険性を否定しえない。そのため、課徴金減免申請により、事業者は課徴金の減額という利益を得る一方、役職員個人については、調査への協力による情報提供を通じて刑事責任を追及される危険性が高まるという事業者と個人との間の利益相反の問題が発生することとなる。従前の実務においては、行政事件として調査に着手した後、犯則事件の端緒になると思料される事実が判明した場合には犯則調査を開始することが通例であった。最近では、当初から裁判所の令状に基づく強制調査が実施される事案が増加している。

この利益相反の問題は、刑事告発の対象とされる危険性の認められる役職員について、事業者の代理人とは別に役職員個人を代理する弁護士を選任し、当該役職員において、純粋に個人の防御という観点からの法的助言を得られるようにすることで対処しうる[34]。たとえば、ほとんどの事案において個人に対する刑事訴追が行われる米国においては、捜査の進展により訴追の危険性があると判断された個人について、事業者の代理人とは別に個人の利益のためにのみ行動する代理人を選任するということが行われている。そして、役職員個人が高額な弁護士費用を負担することは事実上困難であることから、依頼者は個人であっても事業者が当該個人の弁護士の費用を負担することが通例である。さらに、事業者が個人

---

33) 品川 = 岩成・前掲注 13) 110〜111 頁。
34) 白石ほか・論点体系 540 頁〔藪内俊輔〕。

に科された罰金刑の支払を行うことも問題とはされていない。もっとも、個人の立場からすれば、すでに捜査の初期段階において事業者の防御活動への協力を行った後に、刑事訴追の危険性が高まったとして個人代理人を選任したとしても、すでにみずからに不利益となる多くの情報を提供していることから十分な防御活動ができないという問題が発生する可能性がある。そのため、事業者の代理人が、役職員個人から事情聴取を行い情報提供を求める際には、当該代理人が事業者の防御と利益のために行動する立場にあり、事情聴取等で得られた情報も事業者の利益のために利用されること、また、当該個人と代理人のコミュニケーションは弁護士・依頼者間の秘匿特権の保護の対象に含まれるものの、秘匿特権は事業者のみに帰属し、事業者は何時でも秘匿特権を放棄して当局等の第三者に情報を開示しうるという「アップジョン警告」(Upjohn Warnings)を行い、当該個人に対して事業者の防御活動に協力するか否かの選択の余地を与えている。わが国の実務においても、特に刑事告発の可能性が認められる事件および当初から犯則調査が開始された事件については、事業者の代理人が役職員個人から事情聴取や情報収集を行う場合、みずからは事業者の利益のために行動すべき立場にあること等について明確に説明すべきであると考えられる。

## VI 国際カルテル事件における対応

違反行為の存在を競争当局に自主的に報告した事業者について処分の軽減を認めるリニエンシー制度の歴史は1978年に米国司法省より公表された企業リニエンシーに関する方針(Corporate Leniency Policy)にさかのぼる。その後、司法省は、1993年に企業リニエンシー制度、翌年には個人リニエンシー制度を採用した。リニエンシー制度については、OECDも有効性を認めて導入を提唱しており、欧州や韓国のみならず、比較的最近独占禁止法が制定された中国等においても導入されており、現在では世界各国のカルテル規制においてきわめて有効に機能している。

日本企業のみを参加者として日本国内で行われたカルテルであっても、カルテ

ルの対象とされた商品・役務が海外市場においても供給されている場合には、効果主義、すなわち、当該行為が国外で行われたとしても、その競争制限効果が自国市場に及ぶ場合には自国の競争法を適用しうるとの考え方に基づき、商品・役務が供給されている国・地域の独占禁止法・競争法の執行対象とされる可能性があることから、それぞれの国・地域におけるリニエンシー申請を検討しなければならない。そのため、国際カルテルへの関与が認められる場合には、複数の国・地域の異なる法体系とリニエンシー制度を確認したうえで、法的制裁から社会的評判の低下にいたるまでの企業に発生する各種の不利益を全体として最小化しうる最良の戦略を迅速に策定し、関連する国・地域で併存して行われる複数の法的手続に同時進行で対応するという難しい判断が必要とされることになる。

## 1　海外諸国・地域のリニエンシー制度

　世界各国で導入されているリニエンシー制度は、違反行為の自主的な報告者に対する制裁の軽減を認めるという点では共通するものの、減免を得られる事業者の数、減免の程度等、各制度の具体的内容はそれぞれの国・地域毎に異なる（次頁の図表6-8参照）。

　たとえば、違反行為を行った企業（法人）および個人の双方に対して刑事罰が科される米国においては、最初の申請者に対してのみ刑事訴追からの免責が認められる。また、アムネスティ・プラス（amnesty plus）の制度により、ある違反行為について捜査対象とされている企業がこれとは別の違反行為についてリニエンシー申請を行った場合、すでに捜査対象とされている当初の違反行為についても罰金が減額される。一方、別の違反行為を発見したにもかかわらず、これについてリニエンシー申請を行わなかった場合には、罰金が増額されるというペナルティ・プラス（penalty plus）の制度も存在する。これにより、当初の事件について捜査対象とされた各企業が、これとは別の新たな違反行為の存在を発見した場合、その情報を積極的かつ迅速に当局に提供することが促進されている。

　一方、企業に対する行政処分（制裁金）のみが規定されたEUにおいては、基

●図表 6-8　各国・地域のリニエンシー制度の概要

| | 申請者 | 減免の内容 |
|---|---|---|
| 米国 | 最初の申請者 | 刑事訴追からの免責 |
| EU | 最初の申請者 | 全額免除 |
| | 第1順位（調査開始後） | 30～50% 減額 |
| | 第2順位（調査開始後） | 20～30% 減額 |
| | 第3順位以降（調査開始後） | 最大 20% 減額 |
| ドイツ | 最初の申請者 | 全額免除 |
| | 第2順位以降<br>（立証に貢献する情報の提供者） | 最大 50% 減額 |
| 韓国 | 最初の申請者 | 全額免除、措置の免除 |
| | 第2順位 | 50% 減額、措置の縮小 |
| 中国（NDRC） | 最初の申請者 | 全額免除 |
| | 第2順位 | 50% 以上減額 |
| | 第3順位以降 | 最大 50% 減額 |
| 中国（SAIC） | 最初の申請者 | 全額免除 |
| | 第2順位以降 | 裁量的減額 |

本的に申請順位を基礎として制裁金減免の決定がなされ、しかも、制裁金の減額を得られる申請者の数に制限はない。ただし、後順位の申請者については、すでに欧州委員会が取得した証拠との比較において「高い付加価値」（significant added value）を有する証拠を提出することが減額を得るための条件とされている。

　中国においては、企業結合を管轄する商務部のほか、価格に関する競争制限行為の規制を行う国家発展改革委員会（NDRC）、市場支配的地位の濫用等の価格制限以外の競争制限行為の規制を行う国家工商行政管理総局（SAIC）という複数の法執行機関が存在しており、NDRC と SAIC がそれぞれ異なる内容のリニエンシー規則を公表している。そのため、企業側において、違反行為の内容に応じてどちらの当局に申請を行うべきかの判断を行う必要がある。また、規則の文言上、制裁金の減免について当局の裁量が認められる内容となっている、すなわち、企

業側からすれば、申請してもどのような内容の軽減措置が得られるか明確に予見しえないという問題があったものの、最近の事例においては、最初の申請者については全額免除、その後の申請者については、申請順位、違反行為への関与の度合い、調査への協力の程度等の諸事情を勘案して減額割合が判断されるという運用が定着しているように見受けられる。さらに、中国のリニエンシー制度の適用対象とされる独占的協定の行為類型には再販売価格維持も含まれることから、カルテル行為のみならず違反行為の内容が再販売価格維持である場合にもリニエンシー制度が適用されるという特徴がある。

### ■マーカー制度

　世界各国におけるリニエンシー申請を検討する際、マーカー制度の存否および内容を確認することが重要である。マーカー制度とは、リニエンシー申請者に対して、事実関係等に関する完全な報告と情報提供をなしえない場合であっても、違反行為を特定するために必要最小限の情報を提供することにより暫定的な地位（順位）を付与し、その後、一定期間内に追加の情報提供を行うことにより正式な順位を確定するものである。リニエンシー制度は、基本的に申請の先後を基礎として制裁の減免を認めるものであることから、違反行為への関与を発見した場合には迅速に当局への報告を行うことが必要不可欠である。一方、リニエンシー申請が認められるための要件として、違反行為に関する完全な報告が要請されることから、十分な社内調査を実施して事実関係を確認することが重要となる。マーカー制度は、当局に正確な情報を提供するため慎重に社内調査を実施している企業が、順位の確保のみを優先して詳細な調査も行わずに申請を行った企業の後順位になってしまうという不合理な結論を回避するために重要な役割を果たしている。日本の課徴金減免申請手続においては、調査開始日前の様式第1号の報告書の送信がマーカー申請に該当するものと考えられる。そして、前述のとおり、申請事業者は、申請者としての正式な順位を得るため、公取委より指定された期限内に様式第2号書面を用いた事実の報告および資料の提出を行わなければならず、実務上、提出期限の延長は認められていない。一方、米国の手続においては、当初の申請の後、追加資料等の提出期限の指定がなされるものの、実際には、企業側の社内調査の進展状況に応じて提出期限を繰り返し延長することが柔軟に認められており、通常、提出期限に資料等を提出しなかったとして暫定的な順位が取り消されることはない。この点において、日本と米国のリニエンシー申請の手続は形式的に異なる。もっとも、日本の手続においても、申請者が様式第2号の提出後に追加の報告や資料提出を行うことが認められており、公取委から追加報告と資料提出が求

められることもある。結果として、日本と米国におけるリニエンシー申請の実務に大きな差異はない。

## 2　実務対応上の留意点

　国際カルテル事件については、複数の国・地域の当局による調査手続が重畳的に行われる。しかも、いくつかの国・地域の手続は同時進行で行われるが、一定の時間差をおいて手続が開始される国も存在する。さらに、最近では、ブラジルやシンガポール等の競争法執行の歴史が浅い国においても積極的な調査と法執行が行われるようになっており、企業が対応を余儀なくされる国・地域の数も増加している。当然のことながら、刑事、行政等の手続の性格および違反行為類型や制裁の種類等の実体法規の具体的内容も国・地域毎に異なることから、その対応にあたってはさまざまな考慮要因が存在し、しかも、迅速かつ的確な判断が必要となる。また、欧米の手続においては、証拠開示義務の例外となる秘匿特権がきわめて重要な機能を有することから、各種手続の全体を通じて秘匿特権の維持に留意することが非常に重要である（秘匿特権については、後記第8章「弁護士・依頼者間秘匿特権」〔▶257頁～〕において詳述している）。

### (1) リニエンシー制度利用の可否についての検討

　違反行為の疑いを発見した企業としては、関連する商品・役務の範囲、価格カルテル、入札談合等の行為態様、他の共同行為者、行為が行われた時期等の違反行為に関する情報が相当程度明らかにされたことを前提として、まずは、当該行為がどこの国・地域の市場に影響を与えたかについて確認することにより、法執行の可能性が高い国・地域について判断する（すでにいずれかの国・地域において調査が開始されている場合には、それ以外の国・地域の特定を行う）。もちろん、すでに違反行為の終了時点から相当の時間が経過している場合には、関係各国・地域の関連法令における除斥期間の規定について確認することも必要である。また、当該商品が直接輸出された国・地域（直接取引）の特定のみならず、特に対象となる商品が部品であるような場合には、当該部品が組み込まれた完成品の販売先

（間接取引）も分析の対象に含める必要がある。そして、特定されたそれぞれの国・地域において、リニエンシー制度の有無、認められる申請者の数、得られる減免の内容、申請が認められるための要件、申請に必要とされる情報等の確認を行い、リニエンシー申請の可否について早急に検討する。

　もっとも、リニエンシー制度の利用は、あくまでも当該事業者に対する法的制裁等の不利益を最小化するための手段の一つであり、競争当局により科される制裁の減免を獲得することが事件対応の最終目的ではない。たとえば、米国においては、民事上の損害賠償額が司法省により科される罰金額を大きく上回ることも稀ではない。リニエンシー申請により得られる利益のみならず、たとえば、後に提起される民事訴訟や被害者との和解交渉において不利な立場に立たされる等の申請から付随的に発生する不利益についても十分に評価したうえで、全体として事業者へのダメージを最小化しうる事件対応方針を選択することが重要である。

### ■ 調査協力と法的問題の主張

　最近のカルテル規制においては、競争法制定国の拡大と競争当局間の連携強化、効果主義の考え方に基づく国際的執行の拡大、厳格なカルテルの摘発と厳罰化の傾向が顕著であり、国際カルテル事件の場合、同一の事件に対して複数の当局による調査が重複して行われることが多くなっている。その際、国外の事業者および個人に対して、正式な送達ルートを経ずに直接調査開始の通知や情報提供の要請が送付されるという事態も発生している。これに対して、企業側においては、リニエンシー申請および当局の調査への協力により制裁の軽減をはかることが最良の対応方針であるとの考え方のもと、管轄権の問題や手続的な瑕疵の問題を十分に主張せずに当局からの要請に従うことも稀ではなく、企業側の弁護士においても、当局の調査への協力を最優先に事件対応を行うという傾向が見受けられる。

　たしかに、リニエンシー申請と当局の調査への協力は、事業者に対する制裁を軽減するための有効な手段の一つであることは否定しえないものの、そのことは、管轄権や各国の主権の問題、適正な手続による書面送達の必要性等と両立しえないものではない。換言すれば、事業者側に認められるべき法的権利を主張することや法的問題を指摘することは、直ちに当局の調査への非協力とみなされるべきものではないはずである。事業者およびその代理人は、事件対応にあたって、事業者側の権利、防御権の確保という観点から、主張しうる法的問題の検討と分析を行うことの重要性を改めて認識すべきではないかと考えられる。

### (2) 証拠保全と証拠隠滅の防止

　米国および EU のリニエンシー制度は、いずれも当局の調査への全面的かつ継続的な協力を減免の要件としており、申請者に対して調査への厳格な協力義務が課されている。このことは、申請事業者において、自主的に関連する書面や資料を収集して当局に提出すべきことを意味し、関係者が書類や電子メールを破棄することのないよう迅速に証拠保全の手続を行う必要がある。米国における捜査については、大陪審が発布する召喚状 (subpoena) を受領することにより、自社が米国当局の捜査対象とされていることを最初に認識することが多いと思われる。召喚状が発布される段階においては、通常、すでにリニエンシー申請者による違反行為に関する当局への情報提供がなされており、召喚状を受領した後にリニエンシー申請により刑事免責を得ることは困難であると考えられる。一方、召喚状は、当該事件に関連する証拠の提出および証人の召喚を求めるものであり、必要とされる証拠の提出を怠れば司法妨害や法定侮辱の罪に問われる。また、召喚状への対応の迅速性や誠実性により、捜査協力に基づく罰則軽減の程度も異なることとなる[35]。さらに、当該事件について刑事免責の取得は困難であるとしても、かりに、別の違反行為が存在する場合には、アムネスティ・プラスの申請により別事件についての刑事免責と当該事件について刑の軽減を獲得するという可能性も存在する。そのため、召喚状の送付を受けた場合には、ただちに書面による証拠保全の通達 (litigation hold notice) を社内の関係者に送付する必要がある。米国においては、証拠隠滅による司法妨害に対する厳格な法執行が行われており、カルテルの罪とは別に、司法妨害の罪に基づく起訴や刑罰による制裁が行われている。そして、国際カルテル事件の場合、日本国内に所在する日本語の書面等であっても、それが同時に米国の手続においても証拠として用いられる可能性があることから、日本国内で日本語の書面や電子データ等を廃棄・消去する行為が米国で司法妨害罪に該当する可能性もあるということに十分留意する必要がある。

---

35) 召喚状には証拠の提出等についての期限が定められているものの、実際には企業側の証拠収集の進展に応じて複数回にわたって延期することも可能である。もっとも、捜査協力に基づく罰金の減額幅については、捜査に協力する方針の表明と証拠提出の迅速性が考慮されることから、早急に証拠の収集と提出を行う必要があることに変わりはない。

また、証人についても、他の関係者等との協議や情報交換を通じて証言内容が歪曲される、あるいは、口裏合せが行われて事件の解明が妨げられることは重大な問題と捉えられており、将来証人として召喚される可能性のある関係者間の協議や情報交換、さらには、社内調査で複数の関係者の事情聴取を行う場合においても、当該関係者の間で事件についての議論や情報交換が行われることを回避する措置を講ずることが重要となる。

　一方、EUのリニエンシー制度においては、後順位の申請者が制裁金の減額を認めるためには高い付加価値を有する証拠を提出することが要件とされている、すなわち、当局に提供された情報の質を考慮して制裁金の減額割合の判断がなされることはすでに述べたとおりであり、リニエンシー申請による利益の獲得を確実なものとするためには、証拠保全と証拠隠滅の防止を徹底することが必要不可欠である。

### (3) 権利放棄 (waiver)

　前述のとおり、最近のカルテル規制においては、競争法制定国の拡大と各国・地域の競争当局間の協力・連携の強化の傾向が顕著であり、国際カルテル事件については、複数の国・地域の競争当局が同時に調査を実施することが通例となっている。公取委も、平成11 (1999) 年に米国、平成15 (2003) 年にEU、平成17 (2005) 年にカナダとの間で独占禁止協力協定を締結している。これらの協力協定においては、①相手国の重要な利益に影響を及ぼす可能性のある自国の執行活動を相手国に通報すること、②他国の執行活動に支援を提供すること、③関連する事案に関する執行活動の調整を行うこと、④自国の重要な利益に悪影響を及ぼす反競争的行為について、相手国に適切な執行活動を要請すること等の内容が規定されている。さらに、公取委は、中国、オーストラリア、韓国、ブラジル、フィリピンおよびベトナムの各国の競争当局との間でも協力に関する覚書や取決めを締結しており、これらの覚書や取決めにおいては、執行活動の通報や調整、執行活動への支援の提供のみならず、執行活動における協力と情報交換が規定されており、自国の法令および重要な利益に適合する限りにおいて、自己が保有する情報を他国に提供することも認められている。また、わが国がシンガポール、

メキシコ、マレーシア等の国々と締結している経済連携協定にも、反競争的行為に対する規制の分野において協力する旨の規定が含まれている。こうした2国間の協力協定等のほか、OECDや国際競争ネットワーク（ICN）等の多国間の枠組みにおいても、競争法および競争政策の進展、その整備と施行に関する加盟国間の協力の推進に向けた各種の取組みが行われている。

　外国競争当局に対する情報交換については、平成21年改正により43条の2の根拠規定が設けられた。同条1項は、外国競争当局への情報提供について、わが国独禁法の適正な執行とわが国の利益を侵害するおそれがある場合を除いて認められる旨を規定し、2項において、相互主義の観点から、公取委に対して、当該外国競争当局が同等の情報提供を行いうること、相手国がわが国と同程度の秘密保持義務を有すること、提供された情報の目的外使用がなされないことの確認義務を負わせ、3項は、公取委が提供する情報について刑事手続で使用されないよう適切な措置をとらなければならないことを規定している。ただし、公取委の職員は、国家公務員法100条および独占禁止法39条による守秘義務を負っており、公取委から外国競争当局への情報提供についても、守秘義務に反するものであってはならない。そのため、実務上は、リニエンシー申請者を含む当局への情報提供を行った事業者に対して、他国の競争当局との間で当該事件に関する情報交換や協議を行うことについての権利放棄（waiver）、すなわち、他国の競争当局への情報の開示と提供について当局職員の守秘義務違反を主張する権利を放棄することが求められている。この場合、申請の事実についての開示と申請内容の開示とは区別して考える必要があり、また、立入検査の実施時期の調整等の手続的な連携を目的とした情報交換と具体的な事件の内容の把握を目的とした情報交換についても異なる考察が必要である。リニエンシー申請者には調査協力の義務が存在することからすれば、権利放棄の要請を完全に拒否することは困難であるとしても、たとえば、申請直後で社内調査も継続中であるような場合には、手続的な連携に関してのみ権利放棄を行うという選択肢も考えられる。たとえば、EUの手続においては、複数国の競争当局が同時に調査を開始するための連絡や協議についてのみ情報交換することを認め、具体的な申請内容や証拠に関する情

報交換までは認めないという手続的側面に限定した権利放棄（procedural waiver）が用いられることもある。社内調査や当局による事件調査の進捗状況等を踏まえ、権利放棄の要請に応ずべきか否か、権利放棄をどの範囲で認めるかどうかについて慎重に判断することが求められる。

### (4) 民事訴訟との関係

米国においては、司法省によるカルテル事件の公表、あるいは、それ以前のカルテルの疑いに対する捜査開始の報道等がなされると、カルテルの対象製品を直接または間接に購入した者による多数の民事訴訟が提起されることが通例である。このように米国で民事訴訟がきわめて活発に提起される背景には、3倍額損害賠償責任および違反行為の参加者間の求償権が認められない連帯責任、さらには強力な証拠開示手続（ディスカバリー）等、カルテルの被害者の救済をはかるためのさまざまな制度が存在するという事情がある。これに対して、刑事免責を認められたリニエンシー申請者については、懲罰的な3倍額損害賠償義務ではなく通常の実損額の賠償責任のみに限定されるとともに、他の違法行為参加者との連帯責任も負わないとすることにより、各事業者によるリニエンシー制度利用のインセンティブの確保がはかられている。ただし、こうした民事上の損害賠償責任の軽減が認められる要件として、民事訴訟の原告に協力して関連する証拠を提供することが必要とされている[36]。

EUにおいては、米国のように民事訴訟が頻発するという状況にまではいたっていないものの、競争法の執行強化による違反行為の抑止と損害回復による被害者の救済という観点から、競争法違反行為に対する民事上の損害賠償請求を活性化させるための継続的な取組みが行われており、提起される民事訴訟の件数も増加傾向にある。競争法の効率的な執行により将来の違反行為を防止するためには、競争当局による公的執行と私人による損害賠償請求を通じた私的執行の調和を実現することが必要不可欠である。この点、当局によるカルテル規制においては、リニエンシー制度による事業者側の自主的な社内調査と当局の調査への協力が重

---

36) Antitrust Criminal Penalty Enhancement and Reform Act of 2004.

要な役割を果たしている。一方、原告の立証負担の軽減による損害賠償請求の促進をはかるためには、リニエンシー申請に用いられた資料を含む当局保有の証拠の開示を認めることが有効な手段であるものの、民事上の損害賠償責任の負担を懸念した事業者がリニエンシー申請を躊躇するようなことがあれば、当局による公的執行が妨げられる危険性もある。そのため、平成26（2014）年11月に採択された国内法上の損害賠償制度の整備に関する指令は、リニエンシー申請に関するコーポレート・ステートメントおよび和解手続で提出された資料については証拠開示の対象から除外されるものと規定することにより、リニエンシー制度の円滑な利用と証拠開示による被害者の救済の調和を図っている。　　　（宮川裕光）

# 第7章 意見聴取手続

本章では、審査手続の最終段階にある意見聴取手続について解説する。審査官による事件の審査が終了すると、事務総局審査局長は、審査結果を公取委に報告し（審査規則23条）、公取委は、排除措置命令等をしようとするときは、意見聴取を行わなければならないものとされる（49条、62条4項等）。

　意見聴取手続は、行政手続法上の聴聞に準じた事前手続であり、当事者に防御権を一定程度与えるものであるが、その目的は、あくまで、論点を整理し、それに対する当事者の意見と審査官の説明をとりまとめ、公取委による議決の参酌資料とするにとどまるものである。

# I　意見聴取手続の概要

## 1　出発点—行政手続法上の聴聞手続

### (1) 沿　革

　行政手続法のスタンダードに照らせば、本来、独占禁止法上の排除措置命令にかかる事前手続は弁明の機会の付与で足り（行手法 13 条 1 項 2 号）、また、独占禁止法上の課徴金納付命令にいたっては、一定の額の金銭の納付を命ずる処分であって、事後的回復が容易であることから、弁明の機会の付与も義務づけられないこととなる（同条 2 項 4 号）[1]。

　しかし、独占禁止法上の排除措置命令は、事業譲渡のような構造措置や事業戦略の転換を余儀なくさせるような行動措置を含みうるものであり、また、独占禁止法上の課徴金納付命令は、きわめて高額となりうる制裁的性格を帯びたものとなっており、いずれも名宛人に多大な影響を与えるものである[2]。そのため、独占禁止法および公取委規則は、違反事件の処理にかかる詳細な手続規定を設けるとともに、法律または経済に関する学識経験のある者のうちから内閣総理大臣が両議院の同意を得て任命した公取委委員長および委員の合議により、違反行為の有無の判断や排除措置等の決定を行うなど、一般的な行政上の不利益処分と比べて、より慎重かつ適正な手続に配慮した決定過程を採用している[3]。

　排除措置命令等の事前手続については、かつては、事前の審判手続により審査官と被審人がそれぞれ主張立証を尽くして審決により排除措置等を命ずる事前審査型審判方式が採用されていたが、平成 17 年の独占禁止法改正により、排除措置命令等に不服がある場合に被処分者の請求により審判を行う不服審査型審判方式が導入され、排除措置命令等の事前手続は弁明の機会の付与に準じた簡易なものとされた。すなわち、平成 17 年改正法では、公取委が排除措置命令等をしよ

---

1) 宇賀克也「審判手続等の見直し」ジュリ 1270 号（2004）57 頁。
2) 白石ほか・論点体系 414 頁〔多田敏明〕、村上ほか・手続と実務 113 頁〔栗田誠〕。
3) 諏訪園貞明編著『平成 17 年改正独占禁止法』32 頁（商事法務・2005）。

うとするときは、名宛人となるべき者に対し、命令案の内容等を書面により通知したうえで、あらかじめ、意見を述べ、証拠を提出する機会を付与することとされていたが、審査官と当事者の二者による手続であり、証拠の閲覧謄写制度も設けられていなかった。しかし、このような簡易な事前手続であっても、事後の審判手続も含めて総体として判断すれば、適正手続の保障に欠けるところはないと考えられてきた[4]。

しかし、平成25年の独占禁止法改正により、審判制度が廃止され、事後の審判手続を含めて総体として適正手続を保障するという平成17年改正法の前提が崩れることとなった。そこで、平成25年改正法では、排除措置命令等の事前手続の充実を図る必要が生じ、行政手続法上の聴聞に準じつつ、公取委や独占禁止法違反事案の特殊性に配慮した意見聴取手続が導入されることとなった[5]。

**(2) 聴聞手続に準じた適正手続の確保**

行政手続法上の聴聞手続の基本理念として、当事者に対して不利益処分の原因となる事実や当該事実に関する証拠にアクセスする機会を何ら与えないまま、当該事実や証拠に基づいて行政庁が処分を行ってはならない、ということがあるが[6]、独占禁止法上の意見聴取手続も同様の基本発想に基づいて設計されている[7]。

行政手続法上の聴聞手続と独占禁止法上の意見聴取手続の概要を比較すると、図表7-1のとおりである。

(a) **告知・意見聴取**

公取委は、排除措置命令等をしようとするときは、名宛人となるべき者に対し、意見聴取を行わなければならず（49条）、意見聴取期日までに相当の期間をおいて、予定される排除措置命令書等の案を通知しなければならないものとされる（50条）。

---

4) 宇賀・前掲注1) 57頁。
5) 横手哲二「改正独占禁止法の概要」商事法務2023号 (2014) 34頁。
6) 一般財団法人 行政管理研究センター編『逐条解説行政手続法〔27年改訂版〕』（ぎょうせい・2015) 228～229頁。
7) 岩成ほか・逐条解説平成25年改正法102頁。

●図表 7-1　聴聞手続と意見聴取手続の比較

| | 行政手続法上の聴聞手続 | 独占禁止法上の意見聴取手続 |
|---|---|---|
| 事前通知 | 期日までに相当な期間をおいて、処分内容等を書面により通知　意見陳述権・証拠閲覧権を教示 | |
| 手続主宰者 | 指定職員が主宰 | |
| | 利害関係人等の除斥 | 事件関与職員の除斥 |
| 代理人 | 代理人選任権あり。代理人の資格制限なし | |
| 参加人 | 利害関係人の参加可能 | 参加人制度なし |
| 証拠開示 | 処分原因事実を立証する証拠の閲覧請求権あり | |
| | 謄写請求権なし | 自社証拠に限り謄写請求権あり |
| 陳述書等の期日前提出 | 期日前提出制度なし | 期日に先立ち、陳述書等を提出（任意） |
| 冒頭手続 | 行政庁職員が、予定される処分の内容、処分原因事実および根拠法令を説明 | |
| | 証拠説明はなし | 主要な証拠を説明 |
| 意見陳述等 | 期日に出頭し、意見陳述、証拠提出、行政庁職員への質問が可能 | |
| 主宰者の求釈明 | 当事者等に対する質問、意見陳述・証拠提出の促し、行政庁職員に対する説明要求が可能 | |
| 期日の公開 | 行政庁が公開することを相当と認めるときを除き、非公開 | 例外なく非公開 |
| 陳述書等の提出 | 期日への出頭に代えて、期日までに陳述書・証拠の提出可能　陳述書等を提出せず期日に出頭しない場合は、手続の終結が可能 | |
| 期日の続行 | 主宰者は、必要があると認めるときは、続行期日の指定が可能 | |
| 期日調書 | 意見聴取等の経過を記載した調書を期日ごとに作成 | |
| 報告書 | 処分原因事実に対する主宰者の意見を記載した報告書を作成 | 事件の論点を記載した報告書を作成 |
| 手続の再開 | 終結後に生じた事情にかんがみ必要があると認めるときは手続再開 | |
| 処分の決定 | 調書内容・報告書記載の主宰者意見を十分に参酌して処分を決定 | 調書・報告書の内容を十分に参酌して処分を議決 |

　不利益処分をする前に、当事者に対して処分内容およびその理由を告知し、当事者の意見を聴取することは、処分の適法性、妥当性を担保し、公権力の侵害か

ら国民の権利利益を保護しようとするものである[8]。

(b) 証拠開示

　意見聴取の通知を受けた者（当事者）は、意見聴取が集結する時までの間、公取委に対し、公取委の認定した事実を立証する証拠の閲覧を請求することができ、そのうち自社の証拠（自社従業員の供述調書等）については、謄写を請求することができる（52条）。

　処分内容等の告知によって、当事者は、どのような理由で処分がなされるかを知ることができるが、それがどのような証拠によって基礎づけられているかを知ることによって、当事者は、聴聞期日においてより的確な意見を述べることができるのであり、証拠の開示は、聴聞を実質化するものである[9]。行政手続法上の聴聞手続では、当事者には証拠の閲覧請求権のみが認められているが、独占禁止法上の意見聴取手続については、当事者の防御権の内容の充実が図られ、自社証拠の謄写請求権も認められたものである。

(c) 口頭審理主義

　行政手続法における弁明の機会の付与や旧独占禁止法上の事前手続では、書面審理主義が採用されるのに対し、行政手続法における聴聞や、平成25年改正後の独占禁止法の下での意見聴取手続では、口頭審理主義が採用される（54条）。

　口頭審理は、印象が直接かつ鮮明であり、当事者の真意を把握しやすく、また、求釈明によって疑問点を明らかにすることができるとの利点がある[10]。

## 2　公取委の特殊性を踏まえた修正

### (1) 処分の議決における公取委の独立性の維持

　公取委の議事は、公取委の委員長および委員の合議により決せられるところ（34条）、委員長および委員は、両議院の同意を得て内閣総理大臣によって任命

---

[8]　塩野宏『行政法Ⅰ〔第6版〕』（有斐閣・2015）295頁。
[9]　同上295～296頁。
[10]　塩野宏『行政法Ⅱ〔第5版補訂版〕』25頁（有斐閣・2013）。

され（29条）、任期中の身分・報酬が保障され（31条、36条）、職権行使の独立性が保障されている（28条）。このように、公取委による処分は、委員長および委員の合議のみによって独立して行われなければならないものとされている。

　行政手続法上の聴聞手続では、行政庁の指定する主宰者は、聴聞を踏まえてみずからの意見を形成し、それを行政庁への報告書に記載して、行政庁は、主宰者の意見を十分に参酌して処分を決定するものとされる（行手法24条3項・26条）。これに対し、独占禁止法において主宰者の意見を十分に参酌して処分を決定することを公取委に義務づけることは、公取委の職権行使の独立性に抵触する。

　そのため、独占禁止法上の意見聴取手続では、主宰者の役割は、当事者の意見聴取を踏まえて論点を整理し、それを公取委に報告することにとどめられ（60条）、公取委は、当該論点の存在を十分に参酌するものの、処分の議決は独立してなされるものとされた。

### (2) 手続主宰者の中立性確保

　公取委における事件処理手続については、審判制度の下、古くから職能分離を強く意識した制度設計がなされてきたところ、その審判制度についても、手続の公正さの外観に対する懸念が示されるようになり[11]、平成25年改正によって廃止されるにいたった。そのため、平成25年改正後の独占禁止法の下での意見聴取手続においては、行政手続法上の聴聞手続よりも増して、手続の透明性、信頼性の確保が求められた[12]。

　そこで、意見聴取手続を主宰する意見聴取官の公正性・中立性を確保するため、対象事件の調査に関する事務に従事したことのある職員は、意見聴取官やその事務補助者から除斥されることとされた（53条2項）。

---

11) 岩成ほか・逐条解説平成25年改正法80頁。
12) 第185回国会衆議院経済産業委員会「私的独占の禁止及び公正取引の確保に関する法律の一部を改正する法律案に対する附帯決議」第3項（平成25年11月20日）。

## 3 独占禁止法違反事件の特殊性を踏まえた修正

### (1) 関係者の秘密・プライバシーの保護

　独占禁止法違反事件においては、事業者の事業活動の内容に深く入り込んで調査がなされるのが通常であり、事業者の秘密にかかる情報が頻繁に取り扱われる。また、手帳や電子メール等、従業員個人のプライバシーも含まれる証拠が事実の認定に用いられることも多い[13]。

　そこで、独占禁止法上の意見聴取手続では、事業者の秘密や個人のプライバシーを保護する観点から、意見聴取期日は非公開として例外を設けず（54条4項）、行政手続法上の聴聞では認められている参加人制度も導入されなかった。また、意見聴取手続に認められた証拠の謄写請求権についても、他の事業者の秘密や個人のプライバシーを保護する観点から、謄写は自社証拠についてのみ認められるものとされた（52条1項前段）。

### (2) 「迅速性」

　独占禁止法違反事件にかかる意見聴取手続につき、競争秩序の早期回復という公益の観点から、迅速性が求められると強調されている[14]。その観点から、意見聴取官は、当事者に対し、意見聴取期日に先立って陳述書等の提出を求めることができるものと規定されている（意見聴取規則16条）。また、意見聴取の続行の必要性の判断にあたっても、競争秩序の早期回復の観点から、意見聴取を迅速に進めていく必要性が重視されている[15]。

　しかし、処分を速やかに行うべきことは、行政手続全般に該当する一般的要請であり[16]、独占禁止法違反事件に限ったものではない。むしろ、ほとんどの独占禁止法違反事件では、調査開始をもって違反行為が終了しており、迅速に排除措置を講じないと被害が拡大するといった状況にはなく、かりにそのような状況に

---

13) 岩成ほか・逐条解説平成25年改正法71〜72頁。
14) 第185回国会衆議院経済産業委員会会議録8号13頁〔杉本和行政府特別補佐人答弁〕（平成25年11月20日）。
15) 横手・前掲注5) 32頁。
16) 行政管理研究センター編・前掲注6) 223頁。

ある事案がある場合には、公取委には、裁判所に対し、違反の疑いのある行為を一時停止すべきことの命令（緊急停止命令）を求めるという手段が用意されている（70条の4）[17]。当事者の防御権を犠牲にしてまで意見聴取手続の迅速性を強調する根拠は乏しく、迅速性の要請は、意見聴取手続において認められている当事者の防御権を侵害しない範囲でのみ妥当するものである。

以下では、意見聴取手続の流れに沿って順に解説していくが、意見聴取手続全体の流れを図示すると、図表7-2のとおりである。

●図表7-2　意見聴取手続の流れ

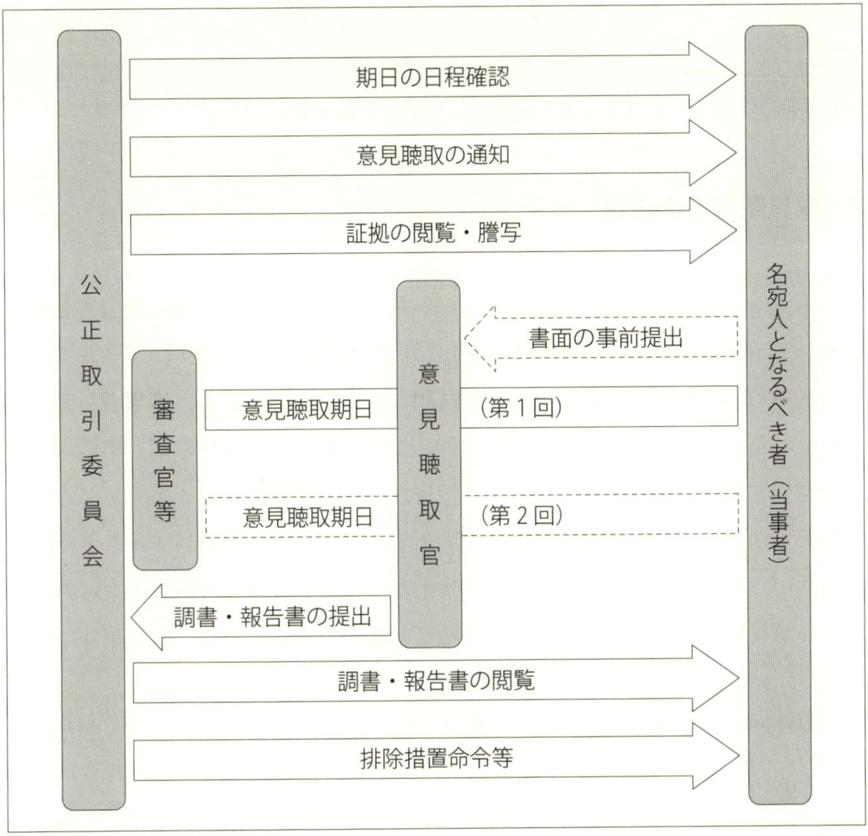

［公正取引委員会］← ［審査官等］← ［意見聴取官］← ［名宛人となるべき者（当事者）］

- 期日の日程確認
- 意見聴取の通知
- 証拠の閲覧・謄写
- 書面の事前提出
- 意見聴取期日（第1回）
- 意見聴取期日（第2回）
- 調書・報告書の提出
- 調書・報告書の閲覧
- 排除措置命令等

---

17）村上ほか・手続と実務115頁〔栗田誠〕。

## II　意見聴取手続の開始

### 1　意見聴取義務

　公取委は、一定の命令等をしようとするときは、当該命令の名宛人となるべき者について、意見聴取を行うことが義務づけられる。意見聴取の実施は、公取委の義務であって、たとえ当事者があらかじめ意見聴取は不要である旨を表明していたとしても、その手続を省くことは許されない。

　公取委がなすにあたって意見聴取手続を経なければならない命令等とは、排除措置命令（49条）、課徴金納付命令（62条4項）、独占的状態に対する措置としての競争回復措置命令（64条4項）、および、銀行・保険会社による議決権取得等にかかる認可の取消し・変更決定（70条の3第2項）である。

### 2　意見聴取官の指定

　公取委は、意見聴取の通知の時までに、意見聴取を主宰する意見聴取官を指定する（53条1項、意見聴取規則14条1項）。意見聴取官の指定は、「事件ごと」になされるものとされるが、実務上は、同一の事件であっても、当事者ごとに、それぞれ意見聴取官が指定されている[18]。そのため、同一事件の相当事者は、互いの意見聴取手続には関与しない[19]。指定される意見聴取官は1名宛人ごとに1名であるが、同一の意見聴取官が複数の当事者の意見聴取を担当することは妨げられない。カルテルや入札談合等、当事者が多数となる事件の意見聴取にあたっては、意見聴取官の事務量が膨大になることが予想されるため、同一事件に複数の職員が分担して担当することがある[20]。

　意見聴取官の主な役割は、意見聴取全体にかかる進行を管理しつつ、期日にお

---

[18]　岩成ほか・逐条解説平成25年改正法79頁。
[19]　もっとも、証拠の閲覧に際しては、時間的・場所的制約があるため、同一事件の複数の当事者が、同時に同じ部屋で証拠を閲覧することがある。
[20]　横手・前掲注5）31頁。

いて述べられた意見等に基づいて論点の整理を行い、委員会による議決の参酌資料を作成することにある[21]。

意見聴取官については、その公正性・中立性を確保する措置が講じられている。意見聴取の対象となる事件の調査に関する事務に従事したことのある職員は、意見聴取官に指定することができない（53条2項）。当該事件について審査官として調査に従事した職員のみならず、審査官には指定されていなくても、過去に当該事件につき予備調査や任意調査等を担当したことのある職員も、当該事件の意見聴取官とはなれない[22]。また、企業結合事案の排除措置命令にかかる意見聴取には、当該事件にかかる報告書や届出の受理に関する事務に従事したことのある職員についても、意見聴取官から除斥される（意見聴取規則14条3項）。旧法下での審判制度が併存している当面の間は、審判官の職にある者が意見聴取官として指定されるものと思われる。もっとも、意見聴取官は、旧審判制度における審判官のように職務行使の独立性が義務づけられているわけではない[23]。

意見聴取に関する事務を所掌する組織として、事務総局官房総務課の下に意見聴取手続室が設けられており、当該部署の職員が意見聴取官の事務を補助する（意見聴取規則15条1項、公取委事務総局組織令2条21号・8条20号）。意見聴取官の事務を補助する職員も、意見聴取官同様、当該事件の調査に関する事務に従事したことのある場合は除斥される（意見聴取規則15条2項）。

## 3　意見聴取の期日および場所の指定

公取委は、当事者に対して意見聴取の通知を行うに先立ち、意見聴取を行うべき期日および場所を指定する。意見聴取の通知から意見聴取期日までは「相当な期間」をおくものとされるが（50条1項柱書き）、「相当な期間」とは、2週間から1か月程度を指すものとされている[24]。

---

21)　岩成ほか・逐条解説平成25年改正法78〜80頁。
22)　同上80頁。
23)　意見聴取規則考え方 No. 21。
24)　岩下生知「『公正取引委員会の意見聴取に関する規則』の概要」商事法務2063号（2015）77頁、

意見聴取期日の指定にあたっては、実務上、公取委（意見聴取手続室）は、当事者に対し、意見聴取の通知を行う数日前に、1か月程度先の候補日を幾つか示して日程調整を行っている。

　意見聴取期日の場所については、原則として、公取委本庁（霞が関）が指定されているが、地方事務所が審査を行った事件のように、当事者の多くが地方に所在する場合などは、公取委の地方事務所などが指定されることもありうる。

　当事者は、指定された意見聴取の期日や場所について、やむを得ない理由がある場合には、その変更を書面で意見聴取官に対し申し出ることができる（意見聴取規則10条）。「やむを得ない理由がある場合」とは、災害、病気等の理由により期日への出頭に差し支えが生じた場合などであるとされている[25]。

## 4　意見聴取の通知

　公取委は、意見聴取期日までに相当な期間をおいて、命令の名宛人となるべき者に対し、一定の事項を書面により通知しなければならない（50条）。これは、当事者が、みずからに対して命令が行われようとしていること、および、それに際して意見陳述および証拠提出ができることを認識し、防御の準備を図るための手続である[26]。

　当事者に通知が義務づけられている書面および記載事項は、以下のとおりである。

①意見聴取通知書（50条、意見聴取規則9条）
　・事件名
　・予定される命令の内容ならびに公取委の認定した事実およびこれに対する法令の適用（命令書案を添付）
　・公取委の認定した事実を立証する証拠の標目（証拠品目録〔図表7-3〕を添

---

　　79頁。
25)　岩下・前掲注24) 3頁。
26)　岩成ほか・逐条解説平成25年改正法62頁。

付)
・意見聴取の期日および場所
・意見聴取に関する事務を所掌する組織の名称および所在地
・意見陳述等および証拠閲覧等の権利の教示

②意見聴取官指定通知書(意見聴取規則14条4項)

◉図表7-3　意見聴取通知書に添付される証拠品目録の書式例

| 品目番号 | 品目名 | 作成日 | 作成者 | 命令書案の対応箇所 |
|---|---|---|---|---|
|  |  |  |  |  |
|  |  |  |  |  |
|  |  |  |  |  |

排除措置命令書案に係る証拠品目録
(○○○○株式会社)

(注)本目録に記載した証拠のうち、以下の品目については、謄写をすることができます。
【品目番号:○、○、○、……】

　意見聴取通知書は、送達によらなければならない(意見聴取規則9条)。送達を外国においてすべき場合は、70条の8の規定により公示送達を行うことができる[27]。公示送達後、当事者が正当な理由なく意見聴取期日に出頭せず、かつ、陳述書または証拠を提出しない場合には、意見聴取官は、意見聴取を終結することができる(57条1項)。

## 5　代理人の選任

　意見聴取の通知を受けた者は、代理人を選任することができる(51条1項)。意見聴取に関し、当事者の権利を保護するとともに、手続の円滑化・迅速化をは

---

27)　岩下・前掲注24)3頁。

かる観点から認められたものである[28]。

　代理人となる資格には制限がなく、当事者の従業員を代理人とすることもできる。親会社の従業員等、第三者を代理人とすることも制限されていない。旧法下での事前手続および審判手続に関する代理人は、弁護士、弁護士法人または公取委の承認を得た適切な者に限定されていた（旧法49条4項）。審判手続は、訴訟での第一審に相当するものであり、対審構造で訴訟手続に類似した厳格な手続が採用されていたため、代理人の資格が限定されていたところ、平成17年改正において導入された旧法下での事前手続についても、審判との連続性の観点から、審判手続と同様の代理人資格とされていた。しかし、審判制度の廃止に伴い、意見聴取手続は、その後の取消訴訟手続とは明確に分断された。そのため、行政手

◉図表7-4　委任状書式例

```
                    委　任　状

                              平成〇〇年〇〇月〇〇日

              委任者　〇〇〇〇株式会社
                    代表取締役　〇　〇　〇　〇　㊞

私は、次の者を代理人と定め、下記の事項を委任します。

          弁護士　〇　〇　〇　〇（〇〇弁護士会所属）
     住　　所
     事務所名
     連　絡　先

          法務部長　〇　〇　〇　〇
     住　　所
     連　絡　先

                    記
1　平成〇〇年（査）第〇号〇〇に対する件に係る意見聴取及び証拠の閲覧・謄写
  に関すること。
2　前項に関連する一切の事項。
3　復代理人の選任。
                                          以　上
```

---

28) 岩成ほか・逐条解説平成25年改正法66頁。

続法や行政不服審査法の一般的な行政手続にならって、代理人資格の限定が外されたものである[29]。

　当事者は、代理人を選任した場合には、委任状を意見聴取手続室に提出する必要がある（意見聴取規則11条。書式例として、図表7-4参照）。当事者は、事件審査段階においても、事実上、代理人を選任することができるが、意見聴取手続における代理人を選任する場合には、改めて委任状の提出が必要とされる。

　当事者は、意見聴取手続の代理人を選任するにあたっては、とりわけ証拠の閲覧には限られた時間で多くの手間を要することが多いことから、あらかじめ余裕をもった数の代理人を選任しておくか、代理人に復代理人の選任権を与えておき、臨機応変な対応が可能となるようにしておくことが望ましい。

## III　証拠の閲覧謄写

　意見聴取の通知を受けた当事者は、意見聴取が終結する時までの間、公取委に対し、一定の証拠の閲覧または謄写を請求することができる（52条）。行政手続法においても、同様に、聴聞手続における文書等の閲覧請求権が認められているが（行手法18条）、これは、処分庁がどのような証拠に基づいて処分をしようとしているのかを当事者が知ることによって、意見聴取手続における意見陳述や立証活動を効果的にさせ、当事者の防御権の行使を十全ならしめようとするものである[30]。さらに、独占禁止法は、当事者の事業活動に与える影響が大きく、違反と認定されることによる当事者の不利益も大きいことから[31]、その意見聴取手続では、当事者の防御権の内容の充実を図るため、一定の証拠の謄写請求権も認められたものである。

---

29)　岩成ほか・逐条解説平成25年改正法66〜67頁。
30)　大阪地判平20・1・31判タ1268-152。
31)　多田敏明「改正独占禁止法における政令・規則等の検討と実務上の留意点」公正取引772号（2015）16頁。

## 1 閲覧対象証拠

　当事者は、意見聴取の通知があった時から意見聴取が終了する時までの間、公取委に対し、当該意見聴取にかかる事件について「公正取引委員会の認定した事実を立証する証拠」の閲覧を請求することができる（52条1項前段）。

　旧法下の事前手続では、当事者に対し、「委員会の認定した事実を基礎付けるために必要な証拠」について説明するものとされていた（旧審査規則25条）。旧法下で説明として提示される証拠は、公取委の認定事実を立証するために必要な限度にとどまり、その後の審判手続において審査官から証拠提出される証拠と比べるとかなり限定されていた。認定事実を否定する方向に働く証拠は、審判手続においてすら、積極的に開示されることはなかった。

　新法の意見聴取手続において当事者が閲覧できる証拠の範囲について、公取委は、旧法下での説明の対象とされたものと基本的に同様であるとしており[32]、現に、そのように運用されている。当然ながら、認定事実を否定する方向に働く証拠は閲覧対象には含まれていない。条文上は、認定事実を立証するために必要なものに限定するものではなく、認定事実を立証するために十分な証拠の閲覧を認めることも許容されるように読めるが[33]、他方、認定事実を立証するために十分な証拠をすべて閲覧に供するとした場合、多くの時間を要し、迅速性の要請に反するおそれもあるとの観点から、閲覧対象証拠が限定されているものと考えられる[34]。実務上は、当事者として、意見聴取手続において積極的に論点を提起し審査官に説明を求めることにより、当初は閲覧等の対象とされていなかった証拠の新たな開示（52条2項）を引き出すことができるかどうかが肝要となる。

---

32) 岩成ほか・逐条解説平成25年改正法70頁。
33) 多田・前掲注31) 15頁。
34) 宇都宮秀樹＝市川雅士「平成25年改正独占禁止法の論点」NBL 1022号（2014）35頁。

## 2 謄写対象証拠

　当事者は、閲覧が認められる証拠（公取委の認定した事実を立証する証拠）のうち、当該当事者またはその従業員が提出した物件や、当該当事者またはその従業員の供述にかかる調書に限り、謄写も請求することができる（52条1項前段、意見聴取規則13条1項）。報告命令に基づく報告書は、当該当事者の報告にかかるものであっても、謄写対象とはされていない（通常は、当該当事者において控えを保有しているであろう）。

　旧法下の事前手続では、当事者に対し、委員会の認定した事実を基礎づけるために必要な証拠について「説明」するものとされ（平成27年改正前の審査規則25条）、当事者は、審査官の提示する証拠を閲覧し、その手控えを作成することが認められていたが、謄写をすることまでは認められていなかった。自社の提出物件については、審査手続中においても閲覧謄写が可能であるから（審査規則18条）、自社従業員の供述調書について、事後的ではあるが、意見聴取手続において謄写が認められたことに新法の意義がある。

　他社証拠につき謄写を認めないものとされた趣旨としては、国際カルテル事件等において、公取委の保有する証拠が他社に謄写されることによって米国等でのディスカバリーの対象となることへの懸念や、排除型私的独占や優越的地位の濫用等の行為類型において、被害者的立場にある取引先事業者が、みずからの供述調書等の証拠が違反事業者によって謄写されることにより有形無形の報復が行われることへの懸念が挙げられている[35]。それらの事情は、閲覧謄写を拒むことができる「正当な理由」に該当する場合もあるように思われるが[36]、「正当な理由」は厳格に解釈されるとの前提の下、他社証拠は謄写対象証拠から類型的に排除されたものと考えられる。

　国際カルテル事件等に関するディスカバリーの懸念は、他社証拠の謄写のみな

---

[35) 岩成ほか・逐条解説平成25年改正法71〜72頁。
[36) 多田・前掲注31) 15〜16頁、川合弘造「改正独占禁止法による実務への影響と課題」商事法務2028号（2014）41頁、村上ほか・手続と実務125頁〔栗田誠〕。

らず、自社証拠の謄写においても生じる。公取委のみが保有していた証拠が謄写によって当事者の手元に入ることにより、当事者みずからに対するディスカバリー手続において、当該証拠の提出が義務づけられる可能性がある[37]。そのため、ディスカバリーが懸念される場合には、自社証拠であってもあえて謄写せず、閲覧にとどめるという選択をすることも考えられる。また、閲覧に関しても、作成した手控えがディスカバリーの対象となりうるため、弁護士が閲覧を行い、弁護士作成文書として閲覧報告書を作成するなどの工夫をしておく必要がある。

謄写対象証拠は、「当事者」またはその「従業員」にかかるものに限られる。「当事者」とは、意見聴取の通知を受けた者である（51条1項）。そのため、親子会社等、意見聴取の通知を受けた者とは別法人の事業者は形式的には「当事者」には含まれないが、公取委は、当事者と経済的に一体不可分の関係にある事業者を独占禁止法の適用において一体と評価する傾向にあり[38]、そのような関連事業者やその従業員にかかる証拠も謄写対象に含まれると解する余地がある[39]。また、「従業員」の定義はないが、謄写対象証拠が限定された趣旨にかんがみ、現役の従業員と役員や元従業員を区別する理由はないから、役員や元従業員も含まれるものと解するのが相当である[40]。

## 3　意見聴取の進行に応じて必要となった証拠

意見聴取手続において、当事者が意見を陳述し、審査官に釈明を求めた結果として、公取委として立証が必要な事実が浮上することがある。その場合、審査官は、「公正取引委員会の認定した事実を立証する証拠」として、当初は閲覧謄写の対象としていなかったものを証拠とする必要が生じるが、当該証拠について当

---

[37] もっとも、多田・前掲注31）17頁は、米国裁判所の判断に委ねられると留保しつつも、謄写証拠の目的外利用が禁止されていることによって、ディスカバリーの拒否事由となりうると指摘する。
[38] 審判審決平27・5・22（平成22年（判）2号ないし5号）、審判審決平27・5・22（平成23年（判）84号および86号）等（ともに公取委ウェブサイト）。
[39] 反対説として、村上ほか・条解710頁〔市川雅士＝宇都宮秀樹〕。
[40] 宇都宮＝市川・前掲注34）37頁。

事者に閲覧または謄写の機会が与えられないまま命令がなされるならば、当事者は防御の機会を失うこととなる。そのため、意見聴取の進行に応じて必要となった証拠についても、閲覧または謄写の対象となるものとされている（52条2項）。

公取委は、閲覧または謄写の対象となる追加証拠について、追加の証拠品目録を当事者に通知し（意見聴取規則12条4項）、閲覧または謄写に必要な日数を踏まえ、意見聴取の続行期日を定めるものとされる（同条6項）。

## 4　閲覧謄写拒否事由

公取委は、閲覧または謄写の対象となる証拠であっても、「第三者の利益を害するおそれがあるときその他正当な理由があるとき」には、閲覧または謄写を拒むことができる（52条1項後段）。

「第三者の利益を害するおそれ」とは、たとえば、個人の私生活に影響のあるプライバシーにかかる事項や、当事者以外の取引先事業者の秘密が記載されている証拠であるときがそれに該当するものとされている[41]。また、「第三者」には、当事者の役員・従業員も含まれ、当事者が閲覧・謄写した自社従業員等の供述調書の内容をもって当該従業員に対して懲戒等の不利益取扱いを行う可能性があるときは、「第三者の利益を害するおそれ」があるときに該当するものとされる[42]。もっとも、第三者に対する懸念は、謄写対象証拠が類型的に限定されたことで相当程度解消されているはずであり、また、目的外利用を制限することでも通常は十分なはずである。閲覧謄写拒否事由を広く解釈するならば当事者の防御権が確保されないことになるから、「第三者の利益を害するおそれ」は抽象的な危険では不十分であり、具体的な危険が認められる場合に限定されると解すべきであろう。

閲覧謄写の拒否事由となる「その他正当な理由があるとき」とは、公取委の審

---

41)　岩成ほか・逐条解説平成25年改正法73頁。
42)　同上。

査手法にかかる情報等の機密が漏れるなど審査活動に支障が生ずるおそれがあると認められるときや、意見聴取手続の引き延ばしを図るための閲覧・謄写など手続の適切な進行に支障が生ずることとなるときがそれに該当するものとされている[43]。

公取委が証拠の閲覧・謄写を拒む場合、当該箇所が証拠の一部分である場合には、当該箇所の墨塗りを行うことによって、当該部分以外の閲覧・謄写はできるようにされる[44]。

## 5 目的外利用の制限

証拠の閲覧・謄写の請求は、指定の様式によって行うものとされるが（意見聴取規則12条1項・13条2項）、様式には、「本申請書による証拠の閲覧・謄写の目的は、意見聴取手続または排除措置命令等の取消訴訟の準備のためであり、その他の目的のために利用はいたしません。」との誓約文が記載されている。これにより、証拠の閲覧・謄写をした当事者は、当該証拠を目的外に利用しない義務を負うこととなる。

証拠を目的外に利用する例としては、当事者が優越的地位の濫用にかかる事件の意見聴取に際して閲覧した取引先従業員の供述調書等の内容をもって当該取引事業者に対して有形無形の報復を行うことや[45]、閲覧・謄写した自社従業員の供述調書の内容をもって当該従業員に対して懲戒処分等の不利益取扱いを行うことが挙げられている[46]。

■ **自社従業員の懲戒処分において供述調書の内容を参酌することの可否**
公取委は、当事者が、閲覧・謄写した自社従業員の供述調書の内容をもって当該従業員に対して懲戒処分等の不利益取扱いを行う可能性がある場合には、閲覧・謄写の

---

43) 岩成ほか・逐条解説平成25年改正法73頁。
44) 同上72頁。
45) 同上75〜76頁。
46) 岩下・前掲注24) 4頁。

拒否事由に該当するとし、また、そのようなことは目的外利用に該当するとしている。

たしかに、自社従業員が自社に不利益となる供述を行ったことをもって懲戒処分や報復的処遇等を行うことは、公益通報者保護法の趣旨にも反するものであり、そのような行為がなされる可能性が高い場合に証拠の閲覧・謄写を制限等することには合理性が認められる場合もある。

しかしながら、自社従業員が独占禁止法違反行為に関与したことを理由に当該従業員を懲戒することは、非難されるべきことではない。むしろ、公取委自身、独占禁止法違反行為への関与が懲戒事由となるように就業規則を整備することを唱道しているところである[47]。

もっとも、従業員は、審査官等からの慫慂により、独占禁止法違反行為への自身の関与を認める供述調書の作成を余儀なくされた可能性もあり、当該従業員の弁明を聴くことなく懲戒処分をなすことは、手続的正義に反するものであるし、実体的真実に反することもありうる。自社従業員が独占禁止法違反行為に関与したことを理由に懲戒処分をする場合であっても、当然のことであるが、就業規則や労働協約の定める手続に則った社内調査を適正に行う必要がある。その際、従業員が違反行為への関与を否定する場合には、社内調査における当該従業員の供述の信用性を吟味する手段として、当該従業員の供述調書での記載内容や他の閲覧・謄写対象証拠に表れている事実との食い違いについて釈明を求めることは許容されるものと考えられる。

## 6 手　続

証拠の閲覧・謄写の請求は、所定の様式に従った「証拠の閲覧・謄写申請書」（図表 7-5 参照）を公取委に提出して行うものとされる（意見聴取規則 12 条 1 項・13 条 2 項）。

「証拠の閲覧・謄写申請書」の様式では、対象証拠について、意見聴取通知書に添付される証拠品目録から選択するものとされており、それ以外の証拠の閲覧・謄写を請求しようとする場合には、別紙を添付するなどして、対象証拠を特定する必要がある。

公取委は、閲覧・謄写の日時、場所および方法を指定することができる（52

---

[47] 多田・前掲注 31) 17 頁。一例として、公取委「企業における独占禁止法コンプライアンスに関する取組状況について」（平成 24 年 11 月 28 日）。

●図表 7-5　閲覧・謄写申請書の様式

様式第1号（用紙の大きさは日本工業規格 A4 とする。）

平成　年　月　日

証拠の閲覧・謄写申請書

　私的独占の禁止及び公正取引の確保に関する法律第 52 条第 1 項の規定による証拠の閲覧・謄写の申請を以下のとおり行います。
　なお、本申請書による証拠の閲覧・謄写の目的は、意見聴取手続又は排除措置命令等の取消訴訟の準備のためであり、その他の目的のために利用はいたしません。

1　事件名

| |
|---|
| |

2　申請者

| 事業者名（氏名） | |
|---|---|
| 代表者名 | ㊞ |
| 所在地（住所） | |

3　閲覧又は謄写対応者

| 部署名・役職名等 | |
|---|---|
| 対応者名 | |
| 連絡先 | |

※　代理人が立会いを行う場合は、委任状を提出してください。

4　閲覧又は謄写希望日時

| 第1希望日 | 平成　年　月　日（　）午前・午後　時～　時頃 |
|---|---|
| 第2希望日 | 平成　年　月　日（　）午前・午後　時～　時頃 |

5　閲覧又は謄写を希望する物件（証拠品目録記載事項による。）
　□　証拠品目録記載の全ての証拠について、閲覧を希望する。
　□　証拠品目録記載の証拠のうち、謄写申請可能な全ての証拠について、謄写を希望する。
　□　証拠品目録記載の証拠のうち、次の証拠について、閲覧又は謄写を希望する。

| 品目番号 | 品　目　名 | 閲覧又は謄写の希望 | 備　考 |
|---|---|---|---|
| | | □閲覧　□謄写 | |
| | | □閲覧　□謄写 | |
| | | □閲覧　□謄写 | |
| | | □閲覧　□謄写 | |

※　希望するものに✓を付してください。

注1　用紙が足りない場合には別紙により作成し、本申請書に添付してください。
注2　閲覧又は謄写の際は、必ず私的独占の禁止及び公正取引の確保に関する法律第 50 条第 1 項の書面の原本を持参してください。

条 3 項、意見聴取規則 12 条 2 項・13 条 2 項）。これは、事務処理上および手続の進行上の必要性等からのものであって[48]、当事者による意見陳述等の準備を妨げ

---

[48] 岩成ほか・逐条解説平成 25 年改正法 68 頁。

ることがないように配慮するものとされており（意見聴取規則12条3項・13条2項）、基本的には、当事者が「証拠の閲覧・謄写申請書」に記載した希望日時を踏まえて指定される[49]。

　証拠の閲覧は、通常、公取委の事務所等において、公取委の職員立会いの下で行われる[50]。閲覧に当然に付随する範囲内でのメモ取り（パソコンを用いるものを含む）をすることは許容されているが、実質的に謄写と同視できるような行為、具体的には、証拠の内容すべてを書き写すこと、カメラやスマートフォン等による撮影や、スキャナーの使用、証拠内容を読み上げての録音などは認められていない。

　証拠の謄写は、複写機を用いる方法のほか、DVD等の電磁的記録媒体に謄写を希望した対象物のPDFファイル等を記録して当事者に貸し出し、当事者は、当該媒体に記録されたデータを保存・出力したうえで、当該媒体を公取委に返却するという方法も可能とされている[51]。公取委では、謄写サービスを利用することができず、電磁的記録媒体の貸出しによらない場合には、当事者が複写装置（コピー機、スキャナー、デジタルカメラ等）を持ち込んで時間と労力をかけてみずから謄写する必要がある[52]。そのため、実務上は、原則として、電磁的記録媒体の貸出しの方法によって謄写が行われている。

# IV　書面等の期日前提出

　意見聴取官は、必要があると認めるときは、意見聴取期日に先立ち、当事者に対し、期日において陳述しようとする事項を記載した書面（陳述書）、提出しようとする証拠、または審査官等に対し質問しようとする事項を記載した書面（質問書）の提出を求めることができるものとされる（意見聴取規則16条）。意見聴

---

49)　岩下・前掲注24) 5頁。
50)　同上4頁。
51)　同上4頁。
52)　懇談会報告書では、提出物件の謄写に関し、公取委において謄写用のコピー機（有料）の導入を検討することが望ましい、とされている。

取官の事前準備を充実させ、意見聴取手続の迅速かつ効率的な進行に資するとの考えから[53]、実務上は、原則として、期日の1週間前までに書面等の提出が求められている。

　意見聴取手続は、当事者や審査官等との意見聴取官を介した直接の対話を通じて、当事者の真意の把握し、論点を明らかにすることを目的とするものであるから、期日での口頭審理が原則である。書面等の期日前提出の要請に応じなかったとしても、当事者は、期日当日における意見陳述等が制限されるものではない[54]。もっとも、期日当日における当事者の陳述内容は意見聴取調書にはその要旨のみが記載されることとなるが、陳述書や質問書を期日前に提出した場合には、それらの書面は意見聴取調書に添付され（58条3項、意見聴取規則20条2項）、公取委にそのまま提出されるから、当事者にとっては、公取委の判断に向けて、みずからの意見を確実・正確に伝えることができるという利点がある[55]。

### ■ 当事者にとっての書面等の提出戦略

　期日前に提出された書面等をそのまま意見聴取調書に添付するものと定める意見聴取規則は、当事者に対し、書面等を期日前に提出するインセンティブを与えるものである。しかし、当事者にとって、書面等を期日前に提出することが常に得策であるわけではない。

　審査官は、意見聴取手続開始後も、必要があると認めるときは、補充調査を行うことがありうる。とりわけ、審査官としては、当事者から指摘された問題点を埋めるべく、当事者よりも先に関係者を呼び出して供述調書を新たに作成することが考えられる。他方、当事者にとっては、被疑行為の詳細が明らかではない審査段階においては、具体的な証拠収集が困難であることがあり、また、被疑行為の詳細が明らかとなる意見聴取手続段階においては証拠収集を行う時間はなく、命令前の段階で積極的に反証を行うことが困難であることがありうる。そのため、命令に対する取消訴訟の提起する当事者としては、意見聴取手続においてはあえて意見書は提出せず、積極的には意見陳述しないという戦略をとることが考えられる。

　また、審査官に対する質問に関しては、それを通じて、被疑行為にかかる疑問点を

---

53) 岩下・前掲注24) 6頁。
54) 同上6頁。
55) 同上8頁。

できる限り析出することが、当事者にとっての意見聴取手続の重要な意義として挙げられる。意見聴取手続につき法が口頭主義を採用したのは、口頭での対話を通じて論点があぶりだされることに期待したものである。しかるに、期日前にあまりに詳細な質問書を提出した場合、審査官に、回答を周到に準備する機会を与えることとなり、意見聴取期日においては、事前に用意した回答をただ読み上げることに終始し、対話が成り立たなくなってしまう可能性がある。そのため、当事者としては、期日前に質問書を提出するとしても、それは審査官に事前に回答を準備しておいてもらいたい事項に限定するという戦略を採ることが考えられる。

　当事者として、意見聴取手続において意見書提出や意見陳述を積極的に行うという方針をとる場合であっても、審査官に対する質問や求釈明の回答を踏まえない限り、問題の本質を突いた意見を形成するのは困難であることが多いと思われる。そのため、当事者としては、第1回期日における審査官の説明を踏まえたうえで、意見聴取官に対し続行期日の指定を求め、第2回期日に先立って意見書を提出し、同期日においてはそれを陳述して調書に添付させるという運用が望ましいといえる[56]。

　書面等の期日前提出は、あくまで当事者の権利であって義務ではない。当事者としては、取消訴訟での主張立証計画を踏まえた戦略的な対応が必要となる。

# V　意見聴取期日

## 1　出席者

　意見聴取期日には、意見聴取官およびその事務補助者（意見聴取手続室職員）、審査官その他の当該事件の調査に関する事務に従事した職員、および当事者が出席する。当事者側としては、当事者本人（代表権を有する者）または当事者から委任を受けた代理人のほか、当事者が日本語に通じない場合には通訳人も出席が必要となる（意見聴取規則3条2項）。また、代理人とはなっていない従業員も、意見聴取期日に出席することは実務上認められているが、意見陳述等をすることはできない。ただし、会議室の都合上、出頭可能人数は限られており、当事者は、意見聴取手続室に、出頭予定者をあらかじめ連絡することが求められている（図

---

[56]　大東泰雄「改正独占禁止法施行後の弁護士実務のあり方―審判制度の廃止・意見聴取手続への対応」自由と正義66巻12号（2015）11頁、16頁。

### ●図表 7-6　出頭予定者連絡書の書式例

---

意見聴取期日の出頭予定者

平成○○年○○月○○日

○○○○株式会社
代理人　弁護士　○　○　○　○

　平成○○年（査）第○号○○に対する件について、意見聴取期日（平成○○年○○月○○日）への出頭予定者は下記のとおりです。

記

| 氏名 | 部署名・役職名等 | 意見聴取手続室記載欄 |
|---|---|---|
|  |  |  |
|  |  |  |
|  |  |  |
|  |  |  |
|  |  |  |
|  |  |  |

※　意見聴取の期日には、代表権を有する者又は当事者から委任を受けた代理人が少なくとも1名は出頭してください（出頭する者のうち少なくとも1名は当事者を代表して意見を述べる者である必要があります。）。
　　なお、代表権を有する者又は代理人でなければ、意見陳述等をすることはできません。
※　会議室の都合上、意見聴取の期日に出頭する者は、○名以内としてください。
※　「意見聴取手続室記載欄」は、こちらで記載しますので、当事者は記載しないでください。

---

表 7-6 の書式例参照）。意見聴取期日への出席者の氏名等は、意見聴取調書に記載される（意見聴取規則 20 条 1 項 6 号）。

　意見聴取期日は非公開である（54 条 4 項）。これは、意見聴取期日は、処分を争うか否かにかかわらず、すべての当事者を対象とする手続であるところ、意見聴取で取り上げられる内容には事業者の秘密や従業員のプライバシーに関する情報が含まれうることに配慮したものであるとされる[57]。

　行政手続法とは異なり、利害関係人等の参加制度は設けられていない。利害関係人等の参加を認めると、当事者が、自己の秘密情報等が漏れることを懸念し、十分に意見陳述等を行うことができなくなることが懸念されるとして、意見聴取

---

[57]　菅久修一編著『独占禁止法〔第2版〕』191 頁（商事法務・2015）〔品川武〕。

期日における利害関係人等の傍聴や参加は認めないものとされた[58]。

## 2　冒頭手続

　意見聴取期日の冒頭において、審査官その他の当該事件の調査に関する事務に従事した職員は、当事者に対し、命令案の内容および閲覧・謄写の対象とされた証拠のうち主要なものを説明しなければならないものとされる（54条1項）。
　行政手続法上の聴聞手続では、期日において行政庁の職員が証拠を説明することまでは義務づけられていない。これに対し、独占禁止法上の意見聴取手続では、独占禁止法違反事件が複雑かつ広範な経済事案を対象としていることから、審査官等は、当事者に対し、証拠について説明することが義務づけられた[59]。もっとも、閲覧・謄写の対象とされた証拠のすべてを説明することは、手続の円滑な進行による手続の迅速性・効率性を損なうとの理由で、審査官等による説明は、「主要なもの」に限定されている[60]。具体的には、たとえば入札談合事件では、受注調整にかかる基本ルールに関する資料や談合事実を認める供述調書等を説明することが想定されている[61]。

## 3　審査官等への質問

　意見聴取期日に出頭した当事者は、意見聴取官の許可を得て、審査官等に対し質問を発することができる（54条2項）。
　審査官等への質問について意見聴取官の許可にかからしめられたのは、当事者の質問が、意見聴取にかかる事件の範囲を超えたものであると認められる場合や、不当に多発され質問権が濫用されていると認められる場合等、手続の効率的な進

---

[58]　意見聴取規則考え方 No. 40〜41。
[59]　岩成ほか・逐条解説平成25年改正法83頁。
[60]　同上84頁。
[61]　横手・前掲注5) 31頁。

行に支障を来すような事態を防止するためであるとされる[62]。意見聴取手続における意見聴取官の任務は、事件にかかる論点を整理することであるところ、それは、審査官等に対する質問とそれに対する審査官等の説明ならびに当事者の意見陳述の応酬を通じて明らかになるものであるから、当事者による審査官等への質問は、明らかに関連性のないものや重複するものを除き、原則として、許可されることとなるであろう[63]。

## 4 意見聴取官による求釈明

　意見聴取官は、意見聴取期日において、必要があると認めるときは、当事者に対し、質問を発し、意見陳述・証拠提出を促すことができ、また、審査官等に対し、説明を求めることができるものとされる（54条3項）。

　当事者と審査官等の間での直接の質疑に任せる限りでは、審査官等が当事者からの質問に対し正面から答えようとしなかったり、当事者がうまく質問をすることができなかったりすることがあるなど、意見聴取官の任務である論点の整理が進まないことがある。意見聴取官が、審査官等や当事者から説明や意見を引き出すことができるかどうかは、意見聴取手続の成否を決する最も重要なものであり、意見聴取官による求釈明権の適切な行使は、積極的になされる必要がある。

　もっとも、当事者に対する求釈明は、審査官による調査を補充するような当事者に不利となるものであってはならず、当事者に有利な意見や証拠提出を促すものでなければならないものと解される。命令を課すための調査は、本来、審査官が意見聴取手続開始前に終えているべきものであるし、補充的に調査を継続する必要が認められる場合であっても、それは審査官が行うことであり、中立的立場で双方の言い分を聞く意見聴取官が行うべきことではないからである[64]。

---

62）岩下・前掲注24）6頁、岩成ほか・逐条解説平成25年改正法84頁。
63）村上ほか・条解722頁〔張文涵＝宇都宮秀樹〕、村上ほか・手続と実務135頁〔栗田誠〕。
64）宇賀克也『行政手続法の解説〔第6次改訂版〕』（学陽書房・2013）144頁、岩成ほか・逐条解説平成25年改正法86頁、村上ほか・条解723頁〔張文涵＝宇都宮秀樹〕、白石ほか・論点体系435頁〔多田敏明〕。

## 5　意見陳述・証拠提出

　当事者は、意見聴取期日に出頭して、意見を述べ、証拠を提出することができる（54条2項）。当事者が陳述した意見は、命令案に対するものに限り、また、その要旨のみが意見聴取調書に記載される（意見聴取規則20条1項9号）。また、当事者が提出した証拠は、その標目が意見聴取調書に記載されるとともに（同条1項10号）、意見聴取調書に添付される（同条2項）。

### (1) 意見陳述

　期日に先立ち陳述書を提出している場合には、意見聴取期日において、「提出した書面のとおり陳述する」旨を述べることも可能であるが[65]、口頭での意見陳述等を通じて論点を整理することが意見聴取手続の目的の一つであることにかんがみれば、当事者としては、陳述書を提出している場合であっても、その要旨を自身の言葉で述べるのが望ましいといえる。また、当事者は、あらかじめ陳述書を提出していない場合であっても、意見聴取期日において、意見陳述の内容や骨子を記載した書面を提出することが望ましい。当事者としては、意見聴取官に対し、当該書面を意見聴取調書に添付し（意見聴取規則20条3項）、意見聴取官により作成される要旨に反映することを求めるべきである。

　当事者は、意見陳述にあたり、意見聴取官ひいては公取委の理解に資するような図やプレゼンテーションスライド、写真等を補助的に用いることも考えられる。その場合には、当事者は、意見聴取官に対し、それらの図画、写真等を提出し、意見聴取官は、それらを意見聴取調書に添付して当該調書の一部とすることができる（意見聴取規則20条3項）。

### (2) 証拠提出

　証拠の提出は、証拠提出書を添付して行うものとされる（意見聴取規則18条前段。書式例として図表7-7参照）。意見聴取手続においては、関係者の審尋は予定されておらず、関係者の供述を証拠として提出するときは、供述者が署名押印し

---

[65]　岩下・前掲注24) 6頁。

た文書をもって行わなければならない（同条後段）。もっとも、当該供述者を当事者の代理人として選任すれば、意見聴取期日において口頭で意見を陳述することが可能である。

●図表7-7　証拠提出書の書式例

```
                                      平成○○年○○月○○日
公正取引委員会事務総局
  担当意見聴取官　殿
                         ○○県○○市○○町○丁目○番○号
                         ○○○○株式会社
                           代理人　弁護士　○　○　○　○　㊞

                        証拠提出書

  平成○○年（査）第○号○○に対する件について、下記の証拠を提出します。

                            記

1　排除措置命令書（案）（公官総通第○○号）に係る証拠
```

| 標目番号 | 品目名 | 作成日 | 作成者 | 証明すべき事項 |
|---|---|---|---|---|
|  |  |  |  |  |
|  |  |  |  |  |
| 〜〜〜〜 | 〜〜〜〜 | 〜〜〜〜 | 〜〜〜〜 | 〜〜〜〜 |
|  |  |  |  |  |

2　課徴金納付命令書（案）（公官総通第○○号）に係る証拠

| 標目番号 | 品目名 | 作成日 | 作成者 | 証明すべき事項 |
|---|---|---|---|---|
|  |  |  |  |  |
|  |  |  |  |  |
| 〜〜〜〜 | 〜〜〜〜 | 〜〜〜〜 | 〜〜〜〜 | 〜〜〜〜 |
|  |  |  |  |  |

### (3) 意見陳述等の制限

　意見聴取官は、意見聴取期日に出頭した者が、意見聴取にかかる事件の範囲を超えて意見陳述または証拠提出するとき、その他意見聴取の適正な進行を図るためにやむをえないと認めるときは、その者に対し、その意見陳述または証拠提出

を制限することができるものとされる(意見聴取規則 17 条 1 項)。その他、意見聴取官は、意見聴取期日における秩序維持のために適当な措置をとることができるものとされる(同条 2 項)。これは、意見聴取手続の迅速かつ効率的な進行に支障を来す事態を防止するためであると説明されているが[66]、当事者による意見陳述および証拠提出は、当事者の防御権行使そのものであり、意見聴取手続の中核的要素であるから、それらが制限されることはきわめて例外的なケースに限られるものと考えられる。意見聴取手続については、当事者の代理人の資格に制限が設けられていないため、稀に、意見聴取手続の趣旨に反した陳述等を行う代理人や当事者本人が現れる可能性もある。意見陳述等の制限は、そのような場合に発動されることが想定される。

また、命令案の対象とはなっていない行為に関する意見陳述等やその前提となる審査官等に対する質問も、命令案の対象とされる違反行為との関係でなされるものである限り、意見聴取手続において制限されるものではないと考えられる。同様の行為が存在するなかで特定の行為のみが違反行為として命令案の対象とされた場合、当事者は、違反行為の対象に含まれていない行為との比較で、命令案の適法性および妥当性を問題視することがしばしば見受けられるところ[67]、公取委が命令を発動するにあたっては、命令案の適法性のみならず、事件選択等の裁量権行使の妥当性についても十分検討のうえで判断される必要がある。意見聴取官は、「意見聴取に係る事件の範囲」を超えた意見陳述等を制限することができるものとされているが、これを厳格に解して命令案の対象となっていない行為に関する意見陳述等を許容しないということは、公取委の判断にあたっての参酌事項の整理を目的とする意見聴取手続の趣旨に反し、妥当ではない。

## 6 期日の続行

意見聴取官は、意見聴取期日における当事者による意見陳述等の結果、なお意

---

66) 岩下・前掲注 24) 6 頁。
67) 多田・前掲注 31) 18 頁。

見聴取を続行する必要があると認めるときは、続行期日を定めることができる（56条1項）。

「なお意見聴取を続行する必要があると認めるとき」とは、事件の内容や当事者と審査官等の質疑応答に照らして、当事者が意見陳述等を行うのに一定期間をおくことが適当であると判断される場合や、意見聴取官が意見聴取報告書を作成するうえで意見聴取が不十分であると判断する場合等であるとされている[68]。当事者が論点のかみ合った意見陳述等を行うためには、当事者からの質問や意見聴取官からの求釈明を踏まえた審査官等の適切な説明がなされることが前提となる。審査官等の説明は、たとえ当事者が期日に先立ち質問書を提出していた場合であっても、意見聴取期日に口頭でなされるのが通常である[69]。そのため、論点の存在やその内容が明らかになるのは意見聴取期日当日となることが多い。そのような場合には、当事者は、審査官等の説明を踏まえた論点に対する意見陳述や証拠提出を、当該期日において行うのは困難であるのが通常であり、期日の続行が認められるものと考えられる。

もっとも、意見聴取手続は、対審構造の厳格な手続の下で当事者が主張・立証を尽くすことまでは想定されていない[70]。また、意見聴取手続は、行政手続法上の聴聞手続とは異なり、意見聴取官が争点に関する意見を形成し、それを公取委が参酌することは予定されていない。むしろ、公取委の議決においては、独立性の確保が要請されている。意見聴取手続における意見聴取官の役割は、当事者から意見を聴取する等して、論点を整理することにあり、論点に関する意見聴取官の意見を形成するための審理を行うことまでは予定されていない[71]。そのため、意見聴取官が意見聴取にかかる事件の論点を整理できた時点で、意見聴取は終結

---

68) 岩成ほか・逐条解説平成25年改正法90頁。
69) 審査官側も期日に先立ち質問に対する回答等を書面で行うべきであるとの見解も多い。川合・前掲注36) 42〜43頁、多田・前掲注31) 18頁、村上ほか・手続と実務134〜135頁〔栗田誠〕。
70) 意見聴取期日の終結後、意見聴取官は意見聴取報告書を作成し、公取委に提出するが、そこに記載すべき事項は「争点」ではなく「論点」である。これは、審判手続等の対審構造手続と意見聴取手続で求められる主張立証レベルの質的相違を意識して用語が使い分けられたものであるとされる。岩下・前掲注24) 8頁。
71) 意見聴取規則考え方No. 37。

可能となる。

　期日続行の決定は、意見聴取官の専権事項であるが、当事者は、意見聴取が終結する前に、期日の続行を上申することは可能である。意見聴取官は、意見聴取の続行を決定した場合には、期日に出頭した当事者に対し、次回期日および場所を口頭で告知する（56条2項ただし書）。当事者が期日に出頭しなかった場合に期日の続行が決定されたときは、意見聴取官は、当事者に対し、次回期日および場所を書面で通知しなければならない（56条2項本文）。意見聴取が続行される場合、その期日は、第1回期日の2週間から1か月後に設定することが想定されている。

　意見聴取終結後に意見陳述や証拠提出を求める当事者は、公取委に意見聴取の再開（59条）を上申することとなる。

## 7　当事者の不出頭

　意見聴取期日への出頭は、当事者の権利であって、義務ではない（54条2項）。意見聴取手続は、当事者が命令案について異議があるか否かにかかわらず執り行われる。意見聴取期日への出頭を望まない当事者としては、「意見はない」旨を述べた陳述書を提出するか、または、単に意見聴取期日に出頭しないという選択肢がある。

### (1) 出頭に代わる陳述書等の提出

　当事者は、意見聴取の期日への出頭に代えて、意見聴取官に対し、期日までに陳述書や証拠を提出することができる（55条、意見聴取規則19条。期日出頭に代わる陳述書の書式例として、図表7-8参照）。その場合でも、意見聴取期日は開催されるが、意見聴取官は、当事者が期日の出頭に代えて陳述書等を提出したことおよびその内容を改めて確認したうえで、当該期日を終了し、もって意見聴取が終結することとなる[72]。

---

[72]　岩成ほか・逐条解説平成25年改正法88頁。

●図表 7-8　期日出頭に代わる陳述書の書式例

```
                                              平成○○年○○月○○日
 公正取引委員会事務総局
   担当意見聴取官　殿

                            ○○県○○市○○町○丁目○番○号
                            ○○○○株式会社
                              代表取締役　　○　○　○　○　㊞

                        陳　述　書

   平成○○年（査）第○号○○に対する件について、意見聴取通知書（公官総通第
  ○○号）別添の排除措置命令書（案）及び意見聴取通知書（公官総通第○○号）別
  添の課徴金納付命令書（案）に対する意見はありません。
                                                        以　上
```

　出頭に代えて提出された陳述書等は、そのまま意見聴取調書に添付される（意見聴取規則 20 条 2 項）。

## (2) 意見聴取期日への不出頭

　当事者が、正当な理由なく意見聴取期日に出頭せず、かつ、出頭に代わる陳述書等を提出しない場合には、意見聴取官は、そのまま意見聴取を終結することができる（57 条 1 項）。

　「正当な理由」があると認められるのは、当事者が意見聴取期日に出頭することができなかったことにつき帰責事由がない場合であり、天災、交通機関の途絶等が挙げられている[73]。

　また、当事者が意見聴取期日に出頭せず、かつ、出頭に代わる陳述書等を提出しない場合、たとえ不出頭に正当な理由が認められるときであっても、当該当事者の出頭が相当期間引き続き見込めないときは、意見聴取官は、当該当事者に対し、期限を定めて陳述書等の提出を求め、当該期限が到来したときに意見聴取を終結することができる（57 条 2 項）。そのような場合には、相当期間内に新たに意見聴取期日を定めてもその実効はなく、また、処分は速やかに行うべしとの一

---

73)　岩下・前掲注 24) 8 頁。

般的要請もあるからである[74]。

当事者が意見聴取の期日に出頭しなかった場合にあっての正当な理由の有無は、意見聴取調書の記載事項である（意見聴取規則20条1項7号）。

## VI 意見聴取調書・意見聴取報告書

### 1 意見聴取調書

意見聴取官は、意見聴取期日ごとに、意見聴取調書を作成することが義務づけられている（58条1項・2項）。

意見聴取調書に記載される事項は、次のとおりである（意見聴取規則20条1項）。

①事件名
②当事者の氏名または名称
③意見聴取の期日および場所
④意見聴取官の氏名および職名
⑤意見聴取官の事務補助職員の氏名および職名
⑥意見聴取期日に出頭した者の氏名および職名、立ち会った通訳人の氏名ならびに出席した審査官等の氏名および職名
⑦当事者が意見聴取期日に出頭しなかった場合にあっては、出頭しなかったことについての正当な理由の有無
⑧意見調査期日の冒頭における審査官等による説明の要旨および意見聴取期日における当事者による意見陳述等の経過
⑨命令案に対する当事者の陳述（期日への出頭に代えて提出された陳述書における意見陳述を含む）の要旨
⑩証拠が提出された場合にあっては、その標目

---

74) 行政管理研究センター編・前掲注6) 223頁。

⑪その他参考となるべき事項

また、意見聴取調書には、提出された証拠（期日への出頭に代えて陳述書および証拠が提出されたときは、当該提出された陳述書および証拠）のほか、期日に先立ち書面が提出されたときは、当該書面を添付しなければならないものとされ（58条3項、意見聴取規則20条2項）、書面、図画、写真その他意見聴取官が適当と認めるものを引用し、これを添付して当該報告書の一部とすることができるものとされる（同条3項）。

口頭での説明や陳述の内容は「要旨」の記載で足りるものとされたのは、逐語による記載までは要しないという趣旨である[75]。当事者としては、自身の口頭での陳述内容ができるだけ正確かつ確実に意見聴取調書に記載されるようにするため、期日後速やかに、口頭陳述の内容を書面で提出し、意見聴取調書に添付して（意見聴取規則20条3項）、意見聴取官により作成される要旨に反映することを求めることが望ましい。

## 2　意見聴取報告書

意見聴取官は、意見聴取の終結後速やかに、当該意見聴取にかかる事件の論点を整理し、当該整理された論点を記載した報告書を作成し、意見聴取調書とともに公取委に提出する（58条4項）。意見聴取報告書は、意見聴取調書と併せ、公取委が命令にかかる意思決定を行うに際しての判断資料となるものである[76]。

意見聴取報告書には、①事件名、②当事者の氏名または名称、③意見聴取にかかる事件の論点が記載され（意見聴取規則20条4項）、書面、図画、写真その他意見聴取官が適当と認めるものを引用し、これを添付して当該報告書の一部とすることができる（同条5項）。

意見聴取報告書に記載される「意見聴取に係る事件の論点」とは、単に論点のみが記載されるのではなく、各論点ごとに、当該論点に対する当事者の意見の要

---

75)　岩下・前掲注24) 8頁。
76)　岩成ほか・逐条解説平成25年改正法93頁。

旨および当該論点に関して審査官等から行われた説明の要旨が記載される[77]。

## 3 当事者の閲覧請求権

当事者は、公取委（意見聴取終結前は意見聴取官）に対し、意見聴取調書および意見聴取報告書の閲覧を求めることができる（58条5項）。審判制度の廃止に伴い、公取委に対する直接陳述の制度も廃止されたため、当事者としては、公取委に対しみずからの意見を伝えるには、意見聴取官の作成する意見聴取調書および意見聴取報告書を通じて行うしかない[78]。

当事者が閲覧を求めることができる期間については、限定されていない。これは、意見聴取の透明性を確保するとともに、当事者による意見陳述・証拠提出や、事後救済手続の便宜に資するためであるとされる[79]。意見聴取調書や意見聴取報告書の謄写は認められていない。

当事者には意見聴取調書や意見聴取報告書の訂正や加除を請求する権利は認められていないが、当事者は、事実上、公取委に訂正等の上申書を提出して、訂正等を促すことは可能である[80]。

当事者の閲覧請求に資するため、意見聴取官は、意見聴取調書や意見聴取報告書を作成したときは、その旨を当事者に通知するとともに、その閲覧を求めることができる旨を教示するものとされる（意見聴取規則21条）。意見聴取調書や意見聴取報告書の閲覧請求は、所定の「意見聴取調書・意見聴取報告書の閲覧申請書」によるものとされる（同22条。図表7-9参照）。

---

77) 岩下・前掲注24) 8頁。
78) 宇都宮＝市川・前掲注34) 34頁。
79) 岩成ほか・逐条解説平成25年改正法100頁。
80) 意見聴取規則考え方 No. 28〜31。

● 図表 7-9　閲覧申請書の様式

様式第2号（用紙の大きさは日本工業規格A4とする。）

平成　年　月　日

意見聴取調書・意見聴取報告書の閲覧申請書

　私的独占の禁止及び公正取引の確保に関する法律第58条第5項の規定による意見聴取調書（以下「調書」という。）又は意見聴取報告書（以下「報告書」という。）の閲覧の申請を以下のとおり行います。

1　事件名

2　申請者

| 事業者名（氏名） | |
| --- | --- |
| 代表者名 | ㊞ |
| 所在地（住所） | |

3　閲覧対応者

| 部署名・役職名等 |
| --- |
| 対応者名 |
| 連絡先 |

※　代理人が立会いを行う場合は、委任状を提出してください。

4　閲覧希望日時

| 第1希望日 | 平成　年　月　日（　） | 午前・午後　時　～　時頃 |
| --- | --- | --- |
| 第2希望日 | 平成　年　月　日（　） | 午前・午後　時　～　時頃 |

5　閲覧の対象

| □調書のみ希望 | □報告書のみ希望 | □調書及び報告書を希望 |
| --- | --- | --- |

※　希望するものに○を付してください。

6　調書の閲覧を希望する場合における当該調書に係る意見聴取の期日

平成　年　月　日（　）

注1　用紙が足りない場合には別紙により作成し、本申請書に添付してください。
注2　閲覧の際は、必ず私的独占の禁止及び公正取引の確保に関する法律第50条第1項の書面の原本を持参してください。

## 4　裁判所への提出

　処分の取消訴訟において、裁判所は、当該処分にかかる論点を早期に把握するため、被告（公取委）に対し、当該処分にかかる意見聴取調書および意見聴取報告書の証拠提出を促すこととなるものと考えられる。公取委は、裁判所からの要求があれば、これらを提出する意向を示している[81]。

## VII 意見聴取の再開

　公取委は、意見聴取の終結後に生じた事情にかんがみ必要があると認めるときは、意見聴取官に対し、意見聴取報告書を返戻して意見聴取の再開を命ずることができる（59条1項）。

　意見聴取手続の基本的な考え方として、当事者に対して排除措置命令等の原因となる事実に関する説明を受ける機会や、当該事実に関する証拠にアクセスする機会を何ら与えないまま、当該事実や証拠に基づいて処分を行ってはならないということがある[82]。また、公取委は、意見聴取手続をその趣旨を踏まえつつ適法に行うべき責務がある[83]。したがって、処分の原因となる事実の範囲内で、当該事実関係の判断を左右しうる新たな証拠を公取委が得た場合などには、当該証拠に基づいて当事者の意見聴取手続を行わせることが必要となるため、意見聴取の終結を取り消して意見聴取手続を再開させるため、本規定が設けられたものである[84]。

　「意見聴取の終結後に生じた事情」とは、意見聴取の終結後に排除措置命令等の原因となる事実の範囲内において、当該事実関係の判断を左右しうる新たな証拠を公取委が得た場合や、既存の証拠に瑕疵があったような場合などをいうものとされる[85]。意見聴取の終結後に新たな証拠を発見したのが当事者の側である場合も、公取委に対して事実上その旨を上申することによって、意見聴取の再開を促すことができる[86]。

　当初の意見聴取手続において当事者に説明された排除措置命令等の原因となる事実以外の事実に基づき命令をすることは、公取委の認定した事実を当事者に事前通知することを義務づける意見聴取制度（50条1項2号）に反するものであ

---

81)　前掲注14) 15頁。
82)　岩成ほか・逐条解説平成25年改正法102頁。
83)　同上102頁。
84)　行政管理研究センター編・前掲注6) 229頁。
85)　岩成ほか・逐条解説平成25年改正法102頁。
86)　行政管理研究センター編・前掲注6) 229頁。

って、許容されない。これらの事実に基づき排除措置命令等を発しようとする場合には、公取委は、新たに判明した事実を反映した命令案を通知するなどして、新たに意見聴取手続をやり直す必要があるものと解される[87]。

## VIII　意見聴取後の委員会の議決

　公取委は、排除措置命令等にかかる議決をするときは、意見聴取調書および意見聴取報告書の内容を十分に参酌する義務を負う（60条）。これは、意見聴取調書や意見聴取報告書は、意見聴取手続の記録そのものであり、公取委の行う排除措置命令等にその成果が十分考慮されない場合には意見聴取を行う意義が没却されることになるためである[88]。

　もっとも、意見聴取調書や意見聴取報告書に記載されている内容は、意見聴取にかかる事件の論点と、それに対する審査官等の説明や当事者の意見等であり、意見聴取官の意見が記載されているわけではない。公取委は、職権行使の独立性が保障され、合議のうえで処分を議決するから、処分の論点に関する当事者の意見に理由があるか否かの判断は、公取委の専権事項である。公取委は、意見聴取官が当事者の意見を踏まえて整理した論点の存在を十分に参酌し、それに対する判断を独立して行うこととなる。

　公取委は、意見聴取報告書で示された論点に対する判断を排除措置命令等において明示することが義務づけられているわけではないが、無用な取消訴訟の提起を招かないため、また、意見聴取手続、ひいては独占禁止法の執行に対する当事者の信頼を確保するためにも、排除措置命令等において論点に対する判断が示されることが望まれる[89]。

---

[87]　村上ほか・条解734頁〔市川雅士＝宇都宮秀樹〕、室井力ほか編『コンメンタール行政法Ｉ〔第2版〕』214頁（日本評論社・2008）〔榊原秀訓〕。
[88]　岩成ほか・逐条解説平成25年改正法103頁。
[89]　白石ほか・論点体系444頁〔多田敏明〕、村上ほか・手続と実務143頁〔栗田誠〕。

## IX 意見聴取手続の過程でなされた処分等に対する不服申立て

　公取委または意見聴取官が、意見聴取手続の過程においてなされた処分または不作為については、行政不服審査法による不服申立てはすることができず（70条の12）、また、取消訴訟を提起することもできないとの解釈が有力である。意見聴取手続の過程においてなされる処分は、意見聴取手続に付随して行われる派生的処分であり[90]、そのような権利に通常の救済手続を設けることによる手続の遅延や行政事務負担の増大等のデメリットの方が大きいとされるからである[91]。意見聴取手続の過程でなされる処分としては、当事者による証拠の閲覧・謄写請求の全部または一部の拒否処分や、当事者による審査官等への質問にかかる不許可処分などが挙げられる。

　意見聴取手続の過程でなされた処分等の違法性については、排除措置命令等の本案の取消訴訟において主張することができる。たとえば、閲覧・謄写請求の対象となった証拠についての閲覧・謄写を認めないことに瑕疵がある場合、それにより当事者の防御権の行使が実質的に妨げられたと認められる場合には、本案処分の取消事由を構成するものと解されている[92]。

　他方、証拠の閲覧・謄写決定によって不利益を受ける第三者との関係では、70条の12は適用されず、また、当該閲覧・謄写決定自体の取消訴訟の提起も認められるとの解釈も有力である。第三者にとっては、証拠の閲覧・謄写決定は最終的な処分であり、当該決定にかかる争訟を本案での取消訴訟に吸収させることはできないからである[93]。

　証拠の閲覧・謄写を拒むか否かにかかる公取委の判断については、旧法下にお

---

[90]　岩成ほか・逐条解説平成25年改正法43頁、行政管理研究センター編・前掲注6）232頁。
[91]　村上ほか・条解714頁〔市川雅士＝宇都宮秀樹〕、塩野・前掲注8）328～329頁、宇賀・前掲注64）151頁。
[92]　室井ほか編・前掲注87）1182頁〔久保茂樹〕、大阪地判平20・1・31判タ1268-152。
[93]　村上ほか・条解715～716頁〔市川雅士＝宇都宮秀樹〕、白石ほか・論点体系416頁〔多田敏明〕、宇賀・前掲注64）151～152頁。

ける審判事件記録の閲覧謄写請求に関する事案であるが、「公正取引委員会の合理的な裁量に委ねられているものと解するのが相当であ」り、「それが重要な事実の基礎を欠き又は社会通念に照らし著しく妥当性を欠くと認められるなど、公正取引委員会に与えられた裁量権の範囲を逸脱し又はこれを濫用してしたものである場合に限り、違法となる」ものとされている[94]。

(長澤哲也)

---

94) 東京地判平 25・1・31 審決集 60-2-170。

# 第8章 弁護士・依頼者間秘匿特権

本章では、秘匿特権について解説する。秘匿特権は、情報の開示に対して、それを拒否するための権利であるから、問題となるのは、立入検査やその後の調査で、公取に文書を提出する局面においてである。したがって、本章は、第2章の立入検査・提出命令（▶43頁〜）と合わせて読むと、理解が進むと思われる。

　弁護士に相談する際、依頼者は弁護士を信頼して、包み隠さず事実を話す。だからこそ、弁護士も依頼者から聞いた内容を前提に、適切で十分な法的アドバイスができる。教会で、信者が牧師に対して懺悔を行う時、絶対に秘密が守られると信じて自己に不利なことでも話すことと、類似している。

　弁護士に話した内容が、行政事件や刑事事件において、自己に不利な証拠として使われかねないとすれば、弁護士に相談することに躊躇を覚えるであろう。このような状況を回避することができる権利が、秘匿特権である。

　秘匿特権を活用するためには、どういう点に普段から気を付けなければならないかについて、諸外国の制度と比較しながら、詳説する。

## I 背 景

### 1 秘匿特権とは何か

　秘匿特権とは、依頼者である事業者が、弁護士との間の一定のコミュニケーションについて、国家（ここでは公取委）に対する提出または開示を拒むことができる権利と定義されている[1]。要約すれば、弁護士と事業者との間の通信の秘密の保護のことである。なお、「特権（Privilege）」と「権利（right）」は区別される。特権は、基本的人権と同じくらい重要であるものの、絶対的な権利ではなく、一定の条件が満たされている場合に認められる権利と言われている[2]。

　日弁連で、平成26年1月から秘匿特権の具体的制度の提案に向けた検討が行われてきたが、そこでは、「秘匿特権」と呼ぶ代わりに、依頼者の権利としての位置づけを明確にする観点から「弁護士との相談内容を秘密にする依頼者の権利」という名称を使うことが検討に値すると報告している[3]。「秘匿特権」と呼ぶと、弁護士がそれを盾に証拠を隠すための特権、という誤解を招きかねないため、権利の本質を示すネーミングが検討されたようである。

　刑事訴訟法の押収拒絶権は、弁護士が業務上保管する依頼者の秘密に関するものについては、押収を拒むことができることを定めている。また、弁護士法23条によっても、弁護士は、依頼者の秘密に関して開示拒絶権を有すると解されている。これらの規定は、弁護士という職業に対する依頼者の信頼や弁護士職の存立、さらには弁護士に相談する権利・利益を保障している。

　秘匿特権がないと、弁護士が所持している情報は保護されるのに、依頼者が所持している情報は保護されないという、矛盾した事態となる。その矛盾について、

---

1) 懇談会報告書13頁
2) 田島裕「現代の企業活動と職業倫理—英米法における弁護士秘匿特権と日本弁護士の守秘義務」国際商事法務37巻9号（2009）1151頁。
3) 日弁連は、平成28年2月19日、「弁護士と依頼者の通信秘密保護制度に関する最終報告」を公表し、それに基づく基本提言を行った。同報告の36頁において、このネーミングに関しては、憲法・法律上の既存の用例との区別という観点から「通信」という語を避けるべきとの意見があったと説明している。

以下の一覧表で整理する。

●図表 8-1　情報開示に関する一覧表

| | 情報の提出に対する拒絶権 | |
|---|---|---|
| | 「弁護士」が情報を保管している場合 | 「依頼者」が情報を保管している場合 |
| 刑事事件 | 規定あり（押収拒絶権／刑訴法 105 条） | 規定なし |
| 民事事件 | 規定あり（文書提出命令の例外／民事訴訟法 220 条 4 号ハ） | 規定あり（文書提出命令の例外／民訴法 220 条柱書き、4 号ハ、ニ）[4][5] |
| 行政事件（独禁法等） | 規定なし（押収拒絶権の類推あり）[6] | 規定なし（最高裁「正当な理由」あれば拒否しうる） |

　企業は、独占禁止法違反を防止するべく、平常時から、独占禁止法違反の端緒がないか、社内調査を行うことがよくある。その過程で作成される複数の文書について、いずれの文書が秘匿特権の対象になるのか、ならないのか、明白ではない。

　以下で、社内調査において秘匿特権の問題が生じるプロセスを見ていく。

(1)まず、企業の法務部門等が、独占禁止法違反がないか、コンプライアンスの

---

[4]　産業構造審議会知的財産分科会弁理士制度小委員会第 3 回（平成 25 年 10 月 23 日）。http://www.jpo.go.jp/shiryou/toushin/shingikai/dai3_newberisi_giji.htm.
　配布資料 5 では、「所持者」に依頼者が含まれると解釈する学説として、「当該文書（注：秘密保持を前提として依頼者から開示された内容を記載した文書）の写しなどを依頼者が所持しているときに、依頼者自身がその提出を拒絶できるかどうかの問題がある。……そもそも文書提出義務否定の基礎となっている弁護士の黙秘義務は、弁護士自身の利益を保護するためのものではなく、依頼者の秘密保持の利益を保護するものとされていることを考えれば、依頼者たる所持人も弁護士の黙秘義務を理由として、文書提出義務の不存在を主張できると解すべきである。また、220 条 4 号ロ（注：現行のハ）では、……証人の証言拒絶権の場合と異なって、文書の記載事項さえ黙秘義務の対象とされていれば、弁護士に限らず、文書所持人が提出義務を免れる趣旨であることを考えれば、依頼者など、<u>弁護士の黙秘義務を主張するについて正当な法的利益をもつ所持人</u>は、文書提出義務の例外事由を主張できるものと考える。」と説明されている（下線は筆者）。

[5]　伊藤眞「自己使用文書としての訴訟等準備書面と文書提出義務」佐々木吉男追悼論集『民事紛争の解決と手続』（信山社・2000）426～427 頁。高橋宏志著『重点講義民事訴訟法（下）〔第 2 版補訂版〕』（有斐閣・2014）183 頁（注 183）も同旨。兼子一原著『条解民事訴訟法〔第 2 版〕』（弘文堂・2011）1204 頁〔加藤新太郎〕は、「<u>所持者が誰であれ、専門職を信頼して秘密を開示した依頼者等の利益を保護する必要があるから</u>」であるとする（下線は筆者）。同旨、秋山幹男ら『コンメンタール民事訴訟法 IV』（日本評論社・2010）399～400 頁。

[6]　熊本地決昭 60・4・25 判タ 557-290。国税犯則取締法の事件に対して、刑事訴訟法上の押収拒絶権を類推適用した事件。

ための社内アンケート調査を行う。たとえば、「競合他社と会う機会がありますか?」等を営業担当者に質問する。

(2)次に、アンケート調査の結果、独占禁止法のおそれがあると判断した場合、法務部員が個別に各担当者に対してヒアリング調査を行う。ヒアリングの結果、法務部門として独占禁止法のおそれがあると考えた場合、さらに外部の法律事務所に専門的見地から法的アドバイスを求める必要があると判断することが多いだろう。

(3)かかる場合、大量のアンケート調査結果やヒアリングの議事録を、そのまま外部法律事務所に持参するのは非効率的である。そこで、効率的に外部の法律事務所に相談するべく、法務部員がアンケート結果とヒアリング結果の「概要」を作成することが一般的である。

(4)法律相談のために、法務部長および法務部員は「概要」を持参して、弁護士事務所を訪問した。

(5)後日、弁護士が法務部門から聞いた説明および受領した「概要」に基づき、「意見書」を作成した。

以下、上記の(1)~(5)のプロセスについて図を使って説明する。

秘匿特権は、「依頼者である事業者が、弁護士との間の一定のコミュニケーションについて、国家に対する提出または開示を拒むことができる権利」と定義されるところ、上記の流れで、「事業者と弁護士間のコミュニケーション」に該当することが明白なのは、法律事務所に相談した際のやりとりである「概要」と「意見書」のみである。

「アンケート調査結果」や「ヒアリング結果」は、事業者と弁護士のコミュニケーションが行われる前から存在し、コミュニケーションの一部を構成していないので、秘匿特権の対象には該当しない。

かりに、公取の調査が開始された場合、法律事務所に持参した「概要」や弁護士が作成した「意見書」中の「独占禁止法のおそれあり」の指摘が、自己に不利な証拠として使われるとすれば、フェアではないだろう。

●図表 8-2　秘匿特権の対象は、いかなる場面のいなかる情報をいうのか

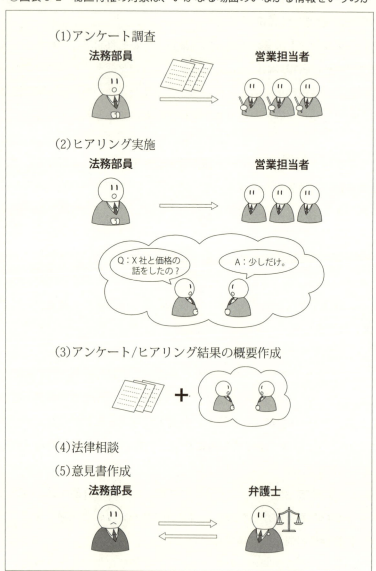

## 2 問題が顕在化してきた背景

### (1) 秘匿特権のこれまでの取り扱われ方

　平成 27 年 12 月 25 日に指針が公表された。しかし、その本文中には、秘匿特権に関していっさいの記載がない。公表文において、「公表後 2 年を経過した後、本指針に基づく事件調査の運用についてフォローアップを実施し、関連する法制度の状況等を踏まえながら、本指針の原案に対する意見募集において違反被疑事業者等が防御を行うことを確保する観点から意見が提出された事項（いわゆる弁護士・依頼者間秘匿特権、審尋調書の形式等）についての検討を含め、必要に応じ本指針の見直しを行っていくこととする。」と発表している（▶第 1 章 III「懇談会の積み残し課題」〔18 頁〕）[7]。弁護士・依頼者間秘匿特権については 2 年後に見直す項目の例示として言及しているにすぎない。

　ちなみに、同指針が同年 6 月 30 日に意見募集を行った時点での同指針案の本文にも、秘匿特権に関していっさいの記載がなかった。多くの法曹関係者や経済団体が、秘匿特権に関して指針で言及することを求めたことから、本文中ではないものの、公表文で「弁護士・依頼者間秘匿特権」について言及がなされたものと推察する。

　また、独占禁止法の代表的教科書にも「秘匿特権」の章立ては見当たらない[8]。これは、秘匿特権が、独占禁止法特有の問題ではなく、民事、刑事、行政すべての手続法上問題となりうる概念であることや、いまだ独占禁止法を含む日本法に具体的な根拠規定がないためであろう。

　しかし、平成 26 年懇談会では、この問題に多くの時間をあて[9]、同懇談会報

---

7)　公取委の報道発表資料「指針」の公表について。http://www.jftc.go.jp/houdou/pressrelease/h27/dec/151225_1.html。

8)　たとえば、白石忠志『独占禁止法〔第 2 版〕』（有斐閣・2009）、根岸・注釈、金井貴嗣ほか『独占禁止法〔第 5 版〕』（弘文堂・2015）、菅久修一ほか『独占禁止法〔第 2 版〕』（商事法務・2015）等の独占禁止法の代表的教科書には、秘匿特権の章立てや項目がない。

9)　懇談会の第 9 回（平成 26 年 9 月 2 日）は、秘匿特権のみに関して、2 時間に及ぶ詳しい討議がなされている。このとき、経団連委員と日弁連委員から共同で、具体的条文を含む立法提案がなされている。しかし、意見は二分され、制度の導入にいたらなかった。

告書においては1つの独立した項目として取り上げている[10]。

### (2) 弁護士に期待する役割の変化

弁護士や法務部門の役割は、以前は事後的な紛争処理が中心であったが、現代においては予防法務やコンプライアンスといった役割まで拡大している。さらに、日本企業のグローバルな事業展開の発展によりグローバル競争が激化した結果、独占禁止法の執行もグローバル化してきた[11]。

そのような環境変化に基づくニーズに応じるべく、約10年前に司法改革が行われ、弁護士の数は増加した。こうしたなか、弁護士の新たな活動領域に対応するべく、秘匿特権の具体化を求める声は多いが、現在も未整備のままである。

### (3) 独占禁止法特有の問題の顕在化

昨今、企業のグローバル化に伴い独占禁止法の執行もグローバル化し、日米欧三極をはじめとする諸外国の競争当局が、同時に独占禁止法を執行するという事態が生じつつある。それに呼応するように企業のコンプライアンスが強化され、それに伴って弁護士の関与も増大し、特に独占禁止法の分野において秘匿特権の問題が顕在化してきた。

顕在化した理由は大きく2点ある。

第1点は、コンプライアンスの強化を推進する社会的環境変化である。秘匿特権は、弁護士から適切な法的助言を受けるために、事業者が事実を包み隠さずに弁護士に伝えることを前提としているが、事業者が弁護士に伝えた内容が、後日、自己に対して不利に使用されるとすれば、そもそも事業者は弁護士に何もかも打ち明けることができなくなる。複雑な経済法である独占禁止法は、事実関係をしっかりと把握し、それに対してしっかりとアドバイスすることによってはじめてコンプライアンスの徹底が可能となる。民事事件や刑事事件と異なり、行政調査としての立入検査においては広汎な証拠の収集が行われるため、秘匿特権の対象となる文書も提出させられるリスクが高い点が、独占禁止法の特殊性である。

---

10) 懇談会報告書13〜17頁。
11) 懇談会報告書14頁でも、「弁護士は、事業者からの相談を受けた場合、当局からの調査要請に対応した報告を行い、事業者に課徴金減免申請をするよう促すなど、実態解明に貢献する役割を果たしている」と、調査開始後の弁護士の役割を評価する意見もある。

コンプライアンスの徹底の過程で入手する法的文書が当局の手に渡るとなれば、企業は弁護士への相談について躊躇するであろう。

　第2点は、国際的な独占禁止法事件が増加している昨今においては、公取委に文書を提出すると、本来、秘匿特権のある外国では当該文書は開示せずに済むはずなのに、公取委に提出したことをもって秘匿特権を放棄したものとして取り扱われるリスクがあるという点である[12)13)]。そうすると、たとえば、米国の民事賠償のディスカバリー制度において、弁護士に事前に相談していた内容の開示を余儀なくされ、それを前提に多額の損害賠償を支払わなければならなくなるという弊害が有識者から指摘されている[14)]。

　なお、特権の放棄に関し、公取委は、日本の公取委に対して文書提出命令に基づいて提出した資料については、任意に提出したわけではないため、特権を放棄したとの取扱いがなされるリスクはなく、秘匿特権のある国において文書の開示を強制されないと説明している（▶第1章Ⅶ1(4)「提出命令・留置／提出依頼・留置」〔35頁〕）。しかし、米国の専門家の説明によれば、米国の裁判例では、このような場合の取扱いはいまだ一貫しておらず、秘匿特権のない国で当局に提出した文書は、その提出が強制処分によるか任意処分によるかにかかわらず、秘匿特権を放棄したものと取り扱われるリスクがあるとしている[15)]。

　さらに、本年、後述するJASRAC事件において（▶Ⅲ4「裁判上の取扱い」〔277頁〕）、秘匿特権の対象となる文書につき、第三者からの謄写の申請に応じた公取委の決定の是非が争われた。結論として、公取委が、弁護士意見書等を第三者に開示した行為が、妥当であったと判断されたことから、問題をさらに顕在化させ

---

12) 内閣府が行った平成26年7月の意見募集に対する全米法曹協会の国際法部会および反トラスト部会の意見でもこの懸念が指摘されている。http://www8.cao.go.jp/chosei/dokkin/pubcomm.html 66–72頁。
13) Scott Hammond, "Dispelling the Perception that Legal Privilege impedes Antitrust Enforcement-The US experience", Competition Law Journal, Vol 11 No. 2, October 2015, page125. 前米国司法省反トラスト局幹部からも同様の指摘がなされている。
14) 前掲注12)の内閣府が行った平成26年7月の意見募集に対する日本および米国の法曹関係者の意見に同種の意見が散見される。
15) 懇談会の意見募集に寄せられた意見。

た[16]。民事訴訟や刑事訴訟であれば、弁護士が文書を所持している場合には、かかる文書の提出を拒否できたはずである（民訴法 220 条 4 号ハおよびニの文書提出拒絶権および刑訴法 105 条の押収拒絶権）。しかし、行政事件であるがゆえに、文書を所持している企業の営業所等に公取が立ち入り、広汎な文書提出命令が行われるうえに、それに対する文書開示拒絶権が規定されておらず、文書の開示を余儀なくされるという問題が起きている。

## 3　具体的制度化に向けた議論

### (1) 独占禁止法審査手続についての懇談会の結論

　問題が顕在化してきたことから、平成 25 年改正法附則 16 条[17]および同附則に関する衆議院経済産業委員会における附帯決議[18]を受けて、平成 26 年、独占禁止法審査手続についての懇談会が設置され、秘匿特権の具体的制度化に向けて検討がなされた。

　同懇談会は、秘匿特権の具体的制度化について、「一定の意義があることについては少なくない委員の間で理解がえられたものの、その根拠及び適用範囲が明確でなく、また、その実現に当たって実態解明機能を阻害するおそれがあるとの懸念を払拭するには至らなかったことから、現段階で秘匿特権を導入することは適当ではないとの結論に至った」（▶第 1 章 I 2(3)「懇談会報告書の結論」〔11 頁〕）ととりまとめた[19]。

---

16) 事件記録閲覧謄写許可処分取消請求事件・東京高判平 25・9・12 審決集 60-2-167 および東京地判平 25・1・31 審決集 60-2-170。
17) 平成 25 年 12 月 7 日に成立し、同月 13 日に公布された（平成 25 年法律第 100 号）。「政府は、公正取引委員会が事件について必要な調査を行う手続について、我が国における他の行政手続との整合性を確保しつつ、事件関係人が十分な防御を行うことを確保する観点から検討を行い、この法律の公布後 1 年を目途に結論をえて、必要があると認めるときは、所要の措置を講ずるものとする。」と、国会から求められていた。
18) 平成 25 年 11 月 20 日に「公正取引委員会が行う審尋や任意の事情聴取等において、事業者側の十分な防御権の行使を可能とするため、諸外国の事例を参考にしつつ、代理人の立会いや供述調書の写しの交付等の実施について、我が国における刑事手続や他の行政手続との整合性を確保しつつ前向きに検討すること。」が求められていた。
19) 懇談会報告書 13 頁。

同懇談会の報告書の公表直後の平成26年12月25日、日本経済団体連合会は、上記のとりまとめを批判する声明文を発表している[20]。声明文は、「経団連は、かねてより供述聴取時の弁護士の立会い、弁護士・依頼者間秘匿特権の導入等、による審査手続の適正化のための見直しを行うよう強く求めており、平成25年独占禁止法改正法の附則でも、「事件関係人が十分な防御を行うことを確保する観点から検討を」行うとされている。にもかかわらず、昨年、内閣府において取りまとめられた「独占禁止法審査手続についての懇談会報告書」においては、これらの論点についていずれも実現する方向では取りまとめられておらず、誠に遺憾である。引き続き、審査手続の適正化に向け、供述聴取時の弁護士の立会い、弁護士・依頼者間秘匿特権の導入等を早期に実現すべく、関係方面での再検討を強く求める。」としている。

　また、日弁連も同様に、「とりわけ、弁護士・依頼者間秘匿特権の導入について、当連合会は、弁護士・依頼者間の自由かつ率直な交信を保護することでコンプライアンスが促進されること、及び、近時、各国独占禁止法の国際的執行が活発となる中で、弁護士・依頼者間秘匿特権がないために日本企業が他国企業よりも米国民事訴訟やそのほか諸手続等で不利な取扱いを受ける危険性があることを指摘してきた。また、全米法曹協会、欧州弁護士会評議会のほか多数の海外弁護士会及び法律事務所からも、弁護士・依頼者間秘匿特権の必要性を説く意見が寄せられていた。しかしながら、今回の報告書は、……弁護士・依頼者間秘匿特権の導入を認めず……2013年改正法の趣旨及び前記附帯決議の趣旨にも反するもので、遺憾というほかない。当連合会は、引き続き、公取委の審査及び執行手続において、弁護士・依頼者間秘匿特権の導入等、被処分者の十分な防御のための手続保障が実現されるよう、強く求めるものである。」（濁点は筆者）と会長声明を発表している[21]。

　過去に、経団連が、政府の審議会のとりまとめについて、公表直後に批判する

---

20) http://www.keidanren.or.jp/policy/2014/111.html.
21) 平成26年12月25日付日弁連村越進会長の声明。http://www.nichibenren.or.jp/activity/document/statement/year/2014/141225.html.

声明文を公表したことはなく、国会から解決を迫られて設置された懇談会であったにもかかわらず、秘匿特権を含むすべての重要項目についての法改正が見送られたことに対する異例の対応といえよう。

### (2) 制度化に反対する意見

懇談会において、制度化に反対する立場からは、秘匿特権を認めることにより「実態解明機能を阻害するおそれがある」と強く主張された[22]。そのため、懇談会報告書中の今後の検討においては「調査権限の強化の問題と並行して本懇談会で示された懸念点や疑問点を解決できるよう」にすべきと整理された。デュープロセスを充実する場合には、当局の調査権限を強化する、として、2つの概念をパッケージとして取り扱っている。

反対意見によれば、日本においては、事業者が公取委の調査に協力するインセンティブがないため、秘匿特権を認めると、事業者は秘匿特権を盾に情報提供を拒否するおそれがあるという。その結果、公取委は、違反事実の立証が困難になると主張している。たしかに、秘匿特権の対象となる情報以外に、違反事実の立証に不可欠且つ代替性ある証拠が存在しないのであれば、違反事実の立証が困難になる旨の主張は正しいことになる。しかしながら、過去にそのような例は1件もなかったと公取委自身が説明している[23]。本来は、違反事実を立証するための文書（一次資料）、たとえば、営業担当者が競合他社と会って、価格カルテル

---

[22] 川出敏裕「独占禁止法審査手続の論点―刑事法からの分析」ジュリ1478号（2015）36頁。「懇談会の議論は、終始一貫して、事件関係人の防御のための新たな制度の導入は、公取委による実態解明機能が損なわれない範囲で認められるという前提で行われた。しかし、防御というのは、国家機関による活動への対抗措置であるわけだから、事業者の防御権を強化するということは、その反面で、公取委による調査活動の制約を当然に伴うものであり、その結果として実態解明に一定の影響が及ぶことは、本来避けがたいものである。それにもかかわらず、それを認めないという前提で検討が行われた以上、懇談会において、検討対象とされた制度の導入について合意がえられず、ほぼ既存の運用を確認するにとどまる結果となったのは、ある意味で予想されたものであったともいえる。」との考察は、1年近くに及ぶ懇談会の議論を俯瞰するものとして、的確に集約されている。

[23] 懇談会第6回（平成26年5月30日）で同懇談会委員からの質問に対し、松尾勝経済取引局長から「これまでに秘匿特権の対象となるような弁護士との通信文書が立証のための決定的な証拠となったとまででいえる事案はないと考えております。ただし、例えば、過去の審判事件におきまして、事業者が弁護士との間で実際に行われている行為の違反の該当性を検討しているやり取りの文書につきまして、事業者側の主張に対する反証として使用した事例があるなど、弁護士とのやりとりが記載された文書が証拠として必要とされた事案はございます。」（下線は筆者）と回答している。

を行った際の営業担当者が作成した議事録と、秘匿特権の対象となる文書（二次資料）、たとえば、価格カルテルの存在をうかがわせる事実について、後日、独占禁止法違反となるか否かについて検討した弁護士作成の意見書は、その性格を異にする。一次資料である議事録は、違法な事実が発生した時点で存在するものであるが、他方で、二次資料である弁護士意見書は、事後的に作成したものである。たとえ、弁護士作成の意見書に、カルテルの存在をうかがわせる事実、すなわち、先の例で、営業担当者が競合他社と会った際の議事録に書かれていることと同じ内容の記述が、法解釈の前提事実として記載されていたとしても、その記載は、「営業担当者が競合他社と会った際の議事録」によって立証すれば足りると思われる（▶第2章Ⅲ1コラム「弁護士・依頼者秘匿特権対象の文書」〔79頁〕）。代替性ある証拠が存在することが通常である以上[24]、弁護士作成の意見書がないと、違反事実の立証が困難になるとの公取委の主張は説得力を欠く。

なお、昨今TPPによる確約手続[25]の導入および裁量型課徴金制度の検討[26]が開始されたことにかんがみると、ますます弁護士への相談が増え、弁護士の積極的役割が期待されることから、「対立型」の調査から「協力型」の調査への移行が進むと思われ、反対の意見は説得力を欠きつつあるといえよう。

### (3) デュープロセスの保障 vs. 実態解明の必要性

そもそもデュープロセスの保障と実態解明の必要性の2つの概念をバランシングすること自体が失当であると、日本のみならず諸外国の多くの識者や実務家から批判がなされている[27][28][29][30]。しかしながら、この2つの概念のバランシン

---

24) 前掲注23) において松尾勝経済取引局長から「決定的な証拠となったとまでいえる事案はない」と報告されていることからすれば、通常は代替性ある証拠が存在し、その代替証拠によって違反事実は立証できていたといえよう。

25) 平成28年3月8日、「環太平洋パートナーシップ協定の締結に伴う関係法律の整備に関する法律案」に関する「概要」の8頁で自主的に解決する制度が簡潔に説明されている。

26) 平成28年2月10日、裁量型課徴金制度を含む課徴金制度の在り方についての「独占禁止法研究会」が開始した。http://www.jftc.go.jp/houdou/pressrelease/h28/feb/160210_3.html。

27) 平成28年8月29日に懇談会に提出された日弁連の意見書において、「秘匿特権を導入すると真実解明の障害となるか？」と題して、「秘匿特権を受ける対象は、法的助言を受ける目的で発せられた交信に限定され、基礎となる事実は秘匿特権に服しないので、秘匿特権を認めたとしても法執行者が入手しうる事実に関する証拠が減ることにはならない」としている。さらに、米国やオーストラリアの弁護士会も同意見であると付言されている。

グの必要性については、同懇談会の場において繰り返し公取委から要望された。

まさに、法制審議会において多くの冤罪事件をきっかけに検討された「取調べの可視化」の議論の展開と類似している。法制審議会において、捜査機関は、取調べの可視化（録音・録画）を認めると真実解明が困難になるので、取調べの可視化を認める代わりに、通信傍受等の捜査権限の強化を求めた点が参考になる[31]。また、刑事事件における「真実発見」の要請と、行政事件で経済法である独占禁止法の要請とではおのずと異なるはずである。競争環境の確保・回復などが法目的であり、「真実発見」をあまりに重要視する姿勢には、違和感を感じる。

なお、民事訴訟法の証言拒絶権（民訴法196条および197条）が認められるか否かが争われた事件において、同法197条1項3号にいう「技術又は職業の秘密」に関して、裁判所は、「ある秘密が……職業の秘密にあたる場合においても、そのことから直ちに証拠拒絶が認められるものではなく、そのうち保護に値する秘密であるかどうかは、秘密の公表によって生じる不利益と証言の拒絶によって犠牲になる真実発見および裁判の公正との比較衡量により決せられる」と判示している[32]。最高裁自身がデュープロセスと真実発見を比較衡量しているので、一

---

28) 片山達「弁護士・依頼者間の秘匿特権を侵食する技術革新」アメリカ法2014-2号（2015）409頁脚注4）において、「秘匿特権は実態解明機能とトレードオフの関係にならないので、議論の前提に誤りがある」としている。著者は、日弁連の弁護依頼者間の通信の秘密保障に関するワーキンググループ座長という秘匿特権に関する権威であり、その意見は傾聴に値する。
29) 内閣府が行った平成26年7月の意見募集に対し、国際法曹協会訴訟委員会は、「日本において弁護士依頼者秘匿特権を認めることを強く推奨します。われわれは弁護士依頼者秘匿特権を認めることにより得られる利益は、論点整理が懸念するリスク（そのようなリスクの存在は証明できません）よりもはるかに大きい」として、制度導入に反対の立場がその理由として主張する「真実解明が阻害される」について、客観的証明を欠くことを指摘している。
30) 内閣府が行った平成26年7月の意見募集に対し、欧州弁護士会評議会は、「秘密は、弁護士の義務であるばかりでなく、依頼者の基本的な人権である。秘密が確かに守られることが無ければ、司法の運営と法の支配が適切に機能していくうえで鍵となる信頼ということもありえない」と痛烈な批判を述べている。また、「フランス全国弁護士会は、日本政府に対して、弁護士と依頼者との間の通信の秘密を保護する必要性について、注意を促します。」とする意見を提出している。さらに、全米法曹協会の国際法曹会および反トラスト部会は、「秘匿特権の対象となる資料のJFTCへの開示は米国の裁判所における弁護士・依頼者間秘匿特権の放棄をもたらすことになりかねない」と具体的な弊害を示しつつ、「すべての種類の手続きにおいて採用されるべき」と主張している。
31) 法制審議会「新時代の刑事司法制度特別部会」http://www.moj.go.jp/shingi1/shingi03500012.html.
32) 最判平18・10・3民集60-8-2647。

見すると公取委の主張はそれに沿うもののようにもみえる。しかし、懇談会で行っていた制度導入の議論は、立法論として一定の通信に関する一般的な保護の必要性の話であり、裁判での個別具体的事件に対する判断とは、次元が異なるものと思われる。したがって、後述するとおり（▶Ⅴ3⑴「ケースバイケースの判断」〔296頁〕）、個別具体的事件において、一定の情報に関する保護の有無が争われる場合に、上記の最高裁が妥当すると理解すべきであり、真実発見の必要性を根拠に一定の通信に対する一般的保護が否定されるものではない。

## 4 実務上対応する必要性

実務上の問題が独占禁止法分野で顕在化してきたという背景があり、ほかの法分野に先駆けて政府に取り上げられるにいたった。だからこそ実務に対する指針として本書でも独立の章立てをしている。今後、制度化に向けた検討がさらに進むと思われるため、実務においても、法的には開示を強制されるべきではない情報について、迂闊に提出してしまうことがないように注意をしておく必要がある。

# Ⅱ 秘匿特権の意義（秘匿特権の趣旨・目的）

日本ではいまだ法令上の根拠を欠くため、諸外国の制度の意義について紹介する。

## 1 米 国

米国では、「弁護士とその依頼者の間での完全かつ率直な交信を促し、もって法と司法行政の遵守という点においてより広範な公共の利益を促進すること」（Upjohn Co. v. United States 連邦最高裁判決 1981・1・13）とされ、判例法により形成されてきた。

依頼者の利益のみならず「公共の利益」のための制度である点が、特徴的であ

る。

## 2　EU

　EUでは、弁護士・依頼者秘匿特権の原則は、欧州司法裁判所の判例法により形成されてきた。「何人も、制約を受けることなく、必要とするすべての者に対して独立した法的助言を与えることを職業とする弁護士に相談することができなければならない、という要請に応えるもの」（A. M. & S. Europe Ltd. v. Commission 欧州司法裁判所判決 1982・5・18）とされている。

　AM＆S事件では、保護要件として、①欧州で登録している弁護士と依頼者との間の書面による通信であること、②通信が、依頼者の防御権を行使する目的と、防御権の利益のためになされたこと、③弁護士が依頼者と雇用関係にない独立の弁護士であることを要求している。③の「独立の弁護士」の解釈については、裁判上は、企業内弁護士と依頼者との間の通信は保護を受けられないと一般的に解されているものの[33]、「独立性」の有無は、個別具体的に判断すべき事項との解釈も有力である[34][35]。「独立の弁護士」については、「Ⅵ　客体・弁護士の範囲」（▶300頁）で詳述する。

---

[33]　Akzo Nobel Chemicals Ltd. and Akcros Chemicals Ltd. v. Commission（2007年一審と2010年上級審）。
[34]　今井猛嘉「弁護士・依頼者間秘匿特権：その基礎的検討」曹報67巻8号（2015）2133頁。
[35]　Carl Baudenbacher（カール・バウデンバッハー〔President of the EFTA Court, University of St. Gallen〕）による2015年8月18日日弁連における講演 "In-house Counsel and Practicing Attorneys in European Law-Right of Audience and Legal Privilege" において、法律事務所勤務の弁護士と企業内弁護士を対比し、必ずしも法律事務所勤務の弁護士に「独立性」が肯定され、企業内弁護士に「独立性」が否定されるものではないとしている。たとえば、法律事務所勤務の弁護士について、"More and more lawyers work as associates for a partner."、"Not uncommon that a lawyer in a large law firm takes care of one single client over a long period time."、"Lawyer who cannot make a living if he loses an important client." また、昨今のコンプライアンス推進の立場から、企業内弁護士に秘匿特権を認める必要性があるとしている（"Triumph of compliance and corporate governance"）。

## 3 フランス

EUと各加盟国では、秘匿特権の意義や範囲がそれぞれ異なることに注意を要する。

フランスでは、「弁護士は、依頼者がほかの者には話せないことを話してもらう必要がある。また、弁護士は秘密を信頼して情報を受け取ることができる。弁護士が秘密を守ることは、依頼者の利益を守るだけでなく、正義の実現に寄与する」とされている[36)37)]。端的にいえば、弁護士の「職業上の秘密」として保護されている。「職業上の秘密」の保護法益は、秘密開示者の利益でも、弁護士側の職業上の利益でもなく、「公共の秩序」であると解されている。

歴史的には「職業上の秘密」は、「自由に防禦する権利」として、主に刑事事件の接見交通権や通信の秘密として発達した。このような歴史的背景からすれば、弁護士の守秘義務という「義務」の側面だけではなく、弁護士と依頼者の間の通信の秘密を侵害されない自由という「権利」の面も有していると解される。

裁判上も、企業内部で保管していた弁護士と依頼者の通信文書が差し押さえられた時点で「職業上の秘密」の侵害になるとして、差押えは違法と判断した[38)]。「職業上の秘密」を弁護士の守秘義務という側面でのみとらえていたとすれば、企業が所持していた通信文書は保護されないはずであるが、裁判所は、企業が文書を所持していたとしても、「職業上の秘密」の侵害を肯定した以上、「権利性」を前提にしているといえよう。また、同じ事件において、競争当局は、当該通信文書の返還に応じている。

以上からすれば、法文上は、「職業上の秘密」としてだけ規定し、「権利性」を認めた規定は存在しないものの、司法および行政においても「職業上の秘密」の

---

36) 独占禁止法審査手続についての懇談会が「論点整理」について行った意見募集に提出されたフランス全国弁護士会の意見。
37) フランスの弁護士法66-5条「相談業務か、防御に関する業務かを問わず、依頼者から弁護士に対する諮問や依頼者に対する諮問、依頼者と弁護士の間の通信、弁護士間の通信、打ち合せ記録、その他一般にその件の書面はすべて、職業上の秘密の保護対象となる。」。
38) フランス破棄院決定2013・4・24。違法性の判断時期についても判断している点が、画期的である。

「権利性」は共通認識になっているものと解される。

## 4 諸外国の共通点

弁護士の法的助言と依頼者の率直な相談というコミュニケーションを保障することによって、「依頼者の利益」を保護している点が共通する。

## 5 諸外国の相違点

正義の実現や法の遵守等の「社会公共の利益」につながるという点は、EUでは掲げられていない。

また、同じコモンローでも、米国と英国の視点には、若干の相違点がある。米国では、法にコストベネフィットの視点が強く、他方で、英国は欧州法との調整の視点が強い。欧州では、秘匿特権をヨーロッパ人権として絶対的な権利と考える傾向がある[39]。

# III 秘匿特権の根拠

## 1 憲法上の根拠

秘匿特権は、英米法系か大陸法系かを問うことなく、立憲主義を採用する多くの国で承認されている。

日本においても、憲法21条2項（通信の秘密の保障）、32条（裁判を受ける権利）、34条および37条3項（弁護士依頼権の保障）、35条（不当な捜索押収の禁止）等による基本原理を実質的に保障するためには、行政調査にもその保障が及ぶものとされなければならないと、学説上は有力に主張されている[40][41]。

---

39) 欧州人権裁判所も、秘匿特権は、欧州人権条約8条で原則保護されている旨判示している。
40) 指宿信「秘密交通権をめぐって―志成志事件接見国賠裁判を通して考える」成城法学81号

## 2 法令上および判例上の根拠

 日本では秘匿特権の法令上の根拠規定はなく、また、判例上も正面から認めたものはないと説明している論者が多い。公取委も同様に、秘匿特権は法令上の根拠がないと明言している。また、公取委は、実務においても秘匿特権を認めておらず、ほかの情報と同様に提出命令の対象としている。
 しかしながら、「正当な理由」があれば、情報の開示や提出を拒むことができるとの解釈が有力に主張されている[42)43)44)]。さらに、実定法上の根拠があるとする立場もある[45)]。
 民事訴訟についてであるが、訴訟等の準備のために弁護士が作成した準備成果物たる文書（ワークプロダクト）について、訴訟の基本原理である武器対等の原

---

(2012) 266 頁で、憲法 34 条ならびに 37 条 3 項によって保障された被疑者被告人と弁護士との接見交通権の中核的部分としての実質保障内容は「秘密交通権」であるとし、「立会人にコミュニケーション内容を把握されることのない「接見」が保障された立法経緯」からすれば、捜査機関を含む第三者は、原則として弁護人と依頼者間のコミュニケーション内容の秘匿を尊重すべき法的義務があり、被疑者被告人と弁護人との間のコミュニケーションにアクセスすることは許されないとしている。

41) 濱田広道「Attorney-Client Privilege」金融法務事情 1943 号（2012）5 頁は、「ACP のうち専門家の助言を得ることを妨げない権利（立ち会わせる権利）は、我が国の憲法上、13 条の幸福追求権の一内容として、通信・文書の内容を秘匿できる権利は 21 条 2 項後段の通信の秘密として、さらに助言の内容を秘匿できる権利は 38 条 1 項の不利益供述の強要の禁止として、保障されていると考えられる。いずれも 31 条の適正手続がカバーすると考えることもできるが、権利の内容を個別に捉えるほうが、より説得的であろう。」としている。

42) 森永商事事件（審判審決昭 43・10・11 審決集 15-84）では、「私的独占禁止法 46 条にもとづいておこなう臨検検査等は、被審人側の承諾を前提とし、正当な理由なくして、その承諾を拒むことを認めない趣旨において、刑罰の制裁を設けているにとどまり、直接の実力行使を認めているものではないから、司法官憲の発する令状なくしてこれを行っても、憲法 35 条に違反するとは認めがたい」（下線は筆者）としている。

43) 前掲注 16) の JASRAC 事件に関連する「事件記録閲覧謄写許可処分取消請求事件」においても、「個人に関する情報又は事業者の秘密が記載されておりその謄写を拒む『正当な理由』があるとした部分については不開示とされている。」としており、あとは何が「正当な理由」に該当するかの問題と思われる。

44) 伊藤・前掲注 5)「所持者が誰であれ、専門職を信頼して秘密を開示した依頼者等の利益を保護する必要があるから」であるとする（下線は筆者）。

45) 小林秀之「証拠の収集（下）」判タ 658 号（1988）6 頁は、民事訴訟法の証言拒絶に関する 196 条および 197 条が秘匿特権の実定法上根拠と述べており、他方で、文書提出義務はそもそも限定的義務であることから秘匿特権については規定を有しないとしながらも、秘匿特権の思想は、証言拒否と同様に文書提出に対しても適用があることは、判例もほぼ一致して肯定しているとしている。

則や当事者間の公平を根拠として、弁護士については文書提出義務が否定されるが、依頼者自身も文書の提出を拒絶できるかという問題がある。そもそも弁護士の文書提出義務が否定されるのは、弁護士の守秘義務にその根拠があり、かかる守秘義務は、弁護士自身の利益を保護するためのものではなく、依頼者の秘密保持の利益を保護するためであることにかんがみれば、依頼者も文書の提出を拒絶できると解釈されている[46]。

　行政調査についても、民事訴訟と同様に、真実発見の要請および武器対等の原則や当事者間の公平が要請されている点は共通するため、弁護士の守秘義務が免除されていない文書については、弁護士の守秘義務を主張するについて正当な利益を有する依頼者は、文書提出義務の除外事由を主張できるといえよう。

　これらの解釈を前提にすると、現時点でも秘匿特権を根拠に文書の提出を拒否することが可能と思われる。

## 3　秘匿特権の「根拠」と「適用範囲」の関係

　懇談会において、秘匿特権の根拠と適用範囲について、意見が分かれた。秘匿特権の根拠について、米国のような功利主義的な見解から「社内全体の利益」ととらえる立場と、「権利性」に着目する見解がある。功利主義的見解からは、適用範囲は、調査開始前の通信など広く含まれることになる。他方、その根拠を防御権の権利性に求める立場からすれば、秘匿特権の適用範囲も、防御が必要される調査開始後の通信に限られることになる。このように、秘匿特権の根拠の捉え方如何で、適用範囲に影響を与える可能性がある。

　この点、秘匿特権の根拠を「社会全体の利益」と捉える立場に対しては、秘匿特権を保障すれば法の支配が促進されるという帰結が実証されていないとの批判がある[47]。この立場は、過去に行った違反行為について弁護士に相談したとして

---

[46]　伊藤・前掲注5)。
[47]　今井・前掲注34) 2140頁。功利主義的見解は、「(i) 依頼者は、弁護士と相談した内容が、後に公権力に対して開示されることはないと信用できなければ、弁護士に相談することを躊躇するから、そうしたおそれなく相談できることへの信頼の存在は、社会的に要請される事項である、(ii) この信頼

も、その行為についての法令順守のレベルが上がる可能性がないため、秘匿特権にはコンプライアンスに対する効果がないと考えているようである[48]。しかし、法令順守やコンプライアンスの効果は、過去の特定の行為に限定してその効果を理解しなければならないものではない。かりに、弁護士の法的助言によって、その行為を直ちに中止したり、将来同様な行為を抑止する効果が認められれば、法令順守を促進する効果は認められるはずである。よって、秘匿特権の保障によって、法令遵守が促進される場合もあるといえよう。

## 4 裁判上の取扱い

### (1) 近時の行政処分取消訴訟（日本音楽著作権協会／JASRAC 事件）

　裁判上、明示的に秘匿特権が論点となった例として、JASRAC 事件に関連した行政処分取消訴訟がある。裁判所は、「弁護士・依頼者秘匿特権が我が国の現行法の法制度の下で具体的な権利又は利益として保障されていると解すべき理由は見出し難い。」とした[49]。

　同訴訟では、公取委が、第三者に対して秘匿特権の対象となりうる文書を開示

---

を前提として、弁護士が法的助言をすれば、素人（lay people）である依頼者は適用可能な法準則を適切に知ることが可能になり、ひいては、法の適正な執行（the proper administration of justice）が社会的に促進される」という考え方である。この理解に対して、「その前提も帰結も実証されていない」としている。

48) 今井・前掲注 34) 2141 頁。
49) 前掲注 16) および 43) JASRAC 事件に関連する「事件記録閲覧謄写許可処分取消請求事件」において、法 70 条の 15 の 1 項の「「正当な理由」があると認めることができない旨の判断におけるその裁量権の範囲の逸脱又は濫用の有無が争われた。
　本件で閲覧謄写が問題となった書証は、「本件排除措置命令で問題とされている放送の分野だけではなく、原告の事業全般について、原告の執行部及び職員と原告が依頼した弁護士（以下『原告の弁護士』という。）とが独占禁止法コンプライアンス（法令遵守）の観点から協議するために平成 14 年 8 月 9 日に開催された原告内部の会議である独占禁止法検討会議の第 1 回会議の配付資料」、「原告の弁護士との協議を目的として平成 14 年 10 月 3 日に開催された独占禁止法検討会議の第 4 回会議の議事録」、「独占禁止法検討会議の構成員である原告の弁護士が平成 15 年 3 月 18 日に原告の音楽著作権に係る著作権等管理事業についての独占禁止法上の問題点に関して検討した結果をまとめたメモランダム」があり、同メモランダムには、「原告の管理事業についての同法上の問題点、その問題点に関する上記弁護士の検討内容及びその結果である法的意見が記載されている。」。多くの文書について一括して開示の是非が検討されており、本件に関する法的意見のみに絞って秘匿特権を検討するなどの慎重な判断がなされるべきであったのではないかとの疑問も残る。

したことに関し、秘匿特権の対象の文書を含んでいるため開示されるべきではなく、独占禁止法 70 条の 15 第 1 項の文書開示を拒絶することについて「正当な理由」があるとして、文書の開示は取り消されるべきとの主張がなされた。

そこで、公取委の文書開示という行政処分につき、公取委が行政裁量権を逸脱したか否かについて判断がなされたものである。

裁判所は、「公取委がその裁量権の行使としてした、当該事件記録の閲覧又は謄写を拒むことについて「第三者の利益を害するおそれがあると認めるときその他正当な理由」があると認めることができない旨の判断は、それが重要な事実の基礎を欠き又は社会通念に照らし著しく妥当性を欠くと認められるなど、与えられた裁量権の範囲を逸脱し又はこれを濫用してしたものである場合に限り、違法となるということとなる。」[50]としている。判決中に、理由は不明であるが、原告はそもそも秘匿特権の対象文書が審判において違法性の立証に使用されることにつき、異議を述べていなかったと記載されている（判決 55 頁）。しかしながら、実際には、原告は、弁護士参加の会議議事録および弁護士作成のメモランダムについては、秘密交通権を侵害するとして、書証として採用すべきでないと主張していたようである[51]。

秘匿特権を主張するのであれば、文書提出命令や証拠の採否の段階で、文書提出命令たる行政処分自体の違法性や証拠の採用に関する決定についても争うべきであった[52]。公取委の裁量権の逸脱を判断する以前に、すでに問題とされた文書が審判において証拠として採用の決定がなされていたことは、公取委の開示に関する裁量権の逸脱がないと判断されるにいたった事情の一つと思われる。

注意を要するのは、判決は、公取委からの文書提出命令に対して、事業者が秘匿特権を理由に文書の提出を拒否することが認められないと判断をしたわけではないということである。この裁判では、事件記録の閲覧謄写請求に応じた公取委

---

50) 前掲注 16)、43)、49) の JASRAC 事件に関連する「事件記録閲覧謄写許可処分取消請求事件」。
51) 前掲注 3) 日弁連の「最終報告」19 頁。
52) 47 条 1 項 3 号の文書提出命令は、行政庁の処分であるから、行政事件訴訟法 8 条に基づく行政処分に対する異議申立て（処分の取消しの訴え）が可能と思われる。

の行為の是非が判断されたにすぎない。他方、本書で述べているのは、文書提出命令が出される調査の場面において、事業者が文書を提出しなければならないかどうか、という点である。

　以上からすれば、判決は、日本法に、秘匿特権という具体的権利が規定されていないという自明の事実を判旨したにすぎず、この判決を根拠に、直ちに調査段階で秘匿特権の主張が許されないかどうかについては、慎重な検討を要する。

　ちなみに、公取委は、弁護士の意見書等によって、原告が独占禁止法違反について従前検討していたことから故意・過失等の主観的認識があったことを立証しようと考えたようである。しかし、これは、本来立証を要する過去の違反の「事実」とそれに関する「通信」を混同するものに思われる。弁護士に相談したという「事実」は、被疑事実とは異なる。このように、弁護士に相談した事実を立証することにより、違反の認識があったという不利な認定の証拠に利用されることを避けるべく、弁護士によっては口頭での助言に留めるという実務が存在していることは、コンプライアンス促進の観点からは望ましくない[53]。

## (2) 公取委に認められる広汎な行政裁量

　一般に行政庁の調査には広汎な裁量権が認められていることからすれば、行政処分について裁量権の逸脱が認められるのは「著しく妥当性を欠く」といった例外的な場合に限定される。したがって、秘匿特権の対象となりうる文書について、文書提出命令を発出し、文書の謄写請求に応じたとしても、直ちに行政裁量の逸脱にはならないであろう。

　他方で、事業者が秘匿特権を根拠に、文書の提出を拒否したことが違法とされた例は、これまでにない。実務的には、そのような主張をした事業者も存在するようであるが、公取委はその主張について検査妨害罪を適用した例はない。

　実務レベルでは、後述する秘匿特権の対象となる情報か否かを日頃から慎重に判断し、該当する情報については、通常業務の場所とは別の場所または別のサーバーに保管し、実際に公取委の立入検査および提出命令が出された場合には、提

---

[53]　前掲注3）日弁連の「最終報告」34頁。

出しないことについて正当な理由があることの説明に努めることとなろう。

　なお、検査妨害罪の適用の前提として、文書提出命令の対象となる目録に、秘匿特権の対象となる文書名が書かれていなければならないが、実務上はこれまで十分な文書の特定がなされることは稀であった[54)55)]。この点からも、検査妨害罪の適用には問題があるように思われる。

　具体的な対応方法については、Ⅳ3「日本の場合」（▶287頁）およびⅤ3「日本の場合」（▶296頁）で詳述する。

## (3) 公取委に認められる行政裁量の限界

　指針において、文書提出命令の範囲について、「個人の所有物のように、一般にプライバシー性の高いもの（手帳、携帯電話等）であっても、違反被疑事実の立証に資する情報が含まれていることが疑われるため、審査官が事件調査に必要であると合理的に判断した場合には提出を命じる」としている。

　この記述に関して、同指針（案）に対する意見募集 No. 28[56)]が、「必要性の合理的判断に関しては、審査官の裁量により対象が広がり過ぎる懸念があるため、より正確に「合理的な根拠に基づく、客観的なものでなければならない」ことを明確にすることを求めた。No. 28 が主張の根拠としていると思われる最高裁の決定も[57)]、税務署等の調査権限に関し、「客観的な必要性があると判断される場合には」（下線は筆者）、「当該調査事項に関連性を有する物件の検査を行なう権限を認めた趣旨」としている。それにもかかわらず、公取委は、同 No. 28 に対する「考え方」において、「客観的な必要性等まで求められているものではない」

---

54) 94条では「物件の所持者に対する処分に違反して物件を提出しない者」は、「1年以下の懲役又は300万円以下の罰金に処する。」とされているが、その前提となる47条1項3号の「帳簿書類その他の物件の所持者に対し、当該物件の提出を命じ、又は提出物件を留めて置くこと」と規定する文書提出命令においては、刑事事件のように厳格な文書の特定がなされないため、「当該物件」というのが、どの文書を指すのかあいまいである。
55) 指針では、物件を特定するとし、「立入検査場所の責任者等の面前で物件を1点ずつ提示し、全件について当該目録の記載との照合を行う」としている。ここでいう「物件」の単位については、物件の所在場所や所持者、管理者等で整理されるようであるが、いまだ「1点」の範囲が明確ではない。
56) 「指針」（案）に対する意見の概要及びそれに対する考え方 http://www.jftc.go.jp/houdou/pressrelease/h27/dec/151225_1.html。
57) 最決昭48・7・10刑集27-7-1205。

と言い切っている。

　また、同 No. 28 が同決定を引用して「社会通念上相当な限度にとどまるものであること」を明確にすべきとしたことに対しても、同最高裁決定が「社会通念上相当な限度にとどまるかぎり、権限ある税務職員の合理的な選択に委ねられているものと解すべく」（下線は筆者）と判示しているのに、「事件調査を行うために必要な法律及び経済に関する知識経験を有する審査官の裁量に委ねられている」（下線は筆者）と述べ、審査官の裁量の限度について誤った理解に基づいて指針を公表していることが伺える。

　なお、米国では、裁判において広汎な証拠開示制度（ディスカバリー）が存在するからこそ、秘匿特権が必要であると説明される場合がある[58]。日本の独占禁止法に基づく文書提出命令も、上記のとおり米国のディスバリーと同レベルの広汎な証拠開示を認めている点は同じであり[59]、その意味で秘匿特権の必要性の高さという点では、米国と同様といえる。

## 5　独占禁止法以外の分野における取扱い

　秘匿特権そのものではないが、弁護士と依頼者間の通信の秘密を保護するものとして、弁護士法 23 条の秘密保持義務、民事訴訟法では、証言拒絶権（197 条

---

58) 米国のディスカバリー制度は、1938 年に連邦民事訴訟法規則とともに制定されている。他方、秘匿特権の沿革は、米国連邦法では 1883 年には認識されており、両者の間には論理的関係はない。Hunt v. Blackburn, 128 U. S. 464, 470 (1888) において、「依頼者と弁護士間の交信における秘密の保持を定める規則は、必要に応じ、正義に資する中で認められ、開示の影響と懸念のない場合に限り、法律の知識を有し、これを実務において用いるスキルを有する者のサポートが、安全にかつただちに有益なものとなるものである」と判示している。

59) 平成 27 年 12 月 25 日に公表された指針は、「審査官が事件調査に必要であると合理的に判断した場合には提出を命じる」としている。公正取引委員会は、立証に役立つ情報が存在すると疑いをかけることができさえすれば、提出を命じることができると考えていると解釈できるため、文書提出命令の対象範囲は、無限定に近いと評価しうる。

　なお、審査官には提出の必要性について「合理的に判断」することが要請されているものの、同日、指針とともに公表された「事業者等向け説明資料」には、「合理的に」という文言はなく、「審査官が必要であると判断した場合には提出することが求められます。」と記載されている。審査官からこのような説明がなされるとすれば、たとえ事業者が必要性について疑問をもったとしても、法律の素人がそのことを主張することは困難になるであろうから、合理性を求める指針の要請が機能することは難しいかもしれない。

1項2号）および文書提出命令の例外（220条4号ハ）、刑事訴訟法では、接見交通権（39条1項）、押収拒絶権（105条）および証言拒絶権（149条）を定めている。

いずれも弁護士と依頼者間の交信に関する文書の提出や証言を拒絶できるものである。たとえば、刑事訴訟法105条が保護に対象にするものについては、（弁護士）業務そのものの保護にあるとする説、（弁護士）業務および業務を利用する社会一般を保護するとする説、（弁護士）業務または業務者に対する信頼を保護する説等諸説あるものの、「個々の業務自体や個人の秘密自体の保護」ではなく、「業務に対する信頼」を保護の対象にしていると説明されている[60]。

弁護士と依頼者間の通信の秘密が守られないとすれば、依頼者は事実を包み隠さずに弁護士に伝えることに躊躇する。しかし、すべての事実を聞かない限り、弁護士は適切かつ十分な法的助言はできない。そのため、弁護士という業務において秘匿特権は不可欠である。

国税犯則取締法の事件に対して刑事訴訟法上の押収拒絶権を類推適用したことについて、判決は、「刑訴105条は、秘密を委託された業務及びこの業務を利用する社会人一般を保護する規定であり、国税犯則取締法に基づく差押においても右の趣旨は推及されるべきである」と判示している[61]。

その趣旨は、同じく犯則事件も含む独占禁止法においても及ぶはずである。

たまたま弁護士の作成した意見書が弁護士事務所で保管されていれば提出を免れるのに、依頼者の事業所で保管されていると、文書を提出しなければならないという形でこの矛盾が顕在化する。

## 6　行政訴訟法の問題点

独占禁止法以外の分野を俯瞰すると、民事訴訟法および刑事訴訟法には文書提

---

60）　河上和雄ほか『大コンメンタール刑事訴訟法第2巻〔第2版〕』（青林書院・2010）328頁〔渡辺咲子〕。
61）　前掲注6）熊本地決昭60・4・25。

出拒絶権や証言拒絶権に関する諸規定が整備されているのに、行政訴訟法には類似の規定がまったく整備されていないことに気づかされる。そもそも民事訴訟法や刑事訴訟法では広汎な文書提出義務はなく、狭い範囲で認められた文書提出義務に対する例外として開示拒絶権が定められている。

　行政手続においては、行政当局による広汎な文書提出命令を認めている。実務上は公取委が被疑事実の立証に必要と考えれば、文書の特定は実務上ほとんどなされてこなかったので[62]、令状主義の要請により差押文書の特定が厳しく要求される刑事訴訟法とは対極的である。独占禁止法ではそのような広汎な文書の提出を要求されうる一方で、開示拒絶権はいっさい認められておらず、このことは法の欠缺といえるであろう。

## 7　秘密交通権（接見交通権）との関係

　刑事訴訟法39条に接見交通権の「立会人なくして……接見……できる」との法文がある。弁護人と依頼者間のコミュニケーションの内容が秘密の状態で接見する権利ととらえ、この「秘密性」を強調して「秘密交通権」とも呼ばれている[63][64]。

　接見の際のコミュニケーションの秘密が正面から争われたものとして、接見交通権侵害に基づく志布志接見国賠事件がある[65]。そこでは、コミュニケーション

---

[62] たとえば、ファイルの背表紙のナンバリングで特定するといった具合で、そのファイルの中に何が含まれているのかは、文書を提出した事業者であっても中をのぞくまでわからなかった。指針においては、「所在していた場所や所持者、管理者等を記載して、物件を特定する」としている。また、「留め置くに当たっては、立入検査場所の責任者等の面前で物件を1点ずつ提示し、全物件について当該目録の記載との照合を行う」としている。

[63] 指宿・前掲注40）245～271頁中、247頁。

[64] 後藤信夫「秘密交通権の実態と判例の傾向」自由と正義17巻1号（1966）24頁。

[65] 鹿児島地判平20・3・24判時2008-3・27。「刑訴法39条1項が被告人らが弁護人と立会人なくして接見することができると規定しているのは、被告人らが弁護士から有効かつ適切な援助を受ける上では、被告人らが弁護人に必要かつ十分な情報を提供し、弁護人から被告人らに適切な助言をするなど自由な意思疎通が捜査機関に知られることなくなされることが必要不可欠であると考えられることに基づくものである」とし、また、「これは接見内容が捜査機関に知られることになれば、これを慮って、被告人らと弁護人の情報伝達が差し控えられるという萎縮的効果が生じ、被告人らが実質的かつ効果的な弁護人の援助を受けることができなくなると解されることによるものである」と判示している。

の内容が捜査機関に知られることがないことを保障することが、弁護士から適切な法的援助を受けるうえで不可欠とした。この理は、身柄拘束の有無で違いは生じないはずで、行政事件の独占禁止法事案にも妥当する。

　最高裁の多数意見において、接見交通権を「秘密交通権」と評したものはないものの、「いわゆる秘密交通権」に言及したものがある[66]。接見に際し、秘密性が担保できる部屋が準備できないために、検察官が弁護士の接見の申出を拒否したケースにおいて、「いわゆる秘密交通権が十分に保障されないような態様の短時間の接見（以下、便宜『面会接見』という。）であってもよいかどうかという点につき」、弁護士が了解するならば、面会接見できるように特別の配慮をする義務があるとしており、最高裁も接見交通権が秘密性を保障したものであることを前提にしているとみることができる[67]。

## 8　米国における根拠

　もともと秘匿特権はコモンロー・英米法系の国で生まれた。独占禁止法以外の分野も含め、広く判例法で認められている。成文法には連邦証拠規則502条に関連する規定がある[68]。

　法律ではないものの、米国の法曹協会が法曹倫理の内容に関して制定した法律家職務模範規則は、40州以上がそれを基に州の規則を制定している。この模範規則では、弁護士の守秘義務の根拠について、「依頼者・法律家関係の要である

---

66) 最高裁判例において2件、秘密交通権という用語を刑事訴訟法39条1項の概念として表現したものがある。最判平15・9・5判時1850-61の梶谷玄・滝井繁男裁判官の反対意見、最判平16・9・7裁時1371-7の濱田邦夫裁判官の反対意見である。
67) 最判平17・4・19民集59-3-563。
68) 秘匿特権およびワークプロダクト：放棄の制限に関する規定である。一般的に、特権という実体的分野においては州法が優先すべきと考えられている。また、連邦法と州法が異なる場合に、フォーラム・ショッピング（法廷地漁り）の誘発を防止すべきとも考えられている。これに対し、ワークプロダクトについては、連邦民事訴訟法規則26条(b)項3号で「Protection Against Disclosure. If the court orders discovery of those materials, it must protect against disclosure of the mental impressions, conclusions, opinions, or legal theories of a party's attorney or other representative concerning the litigation.」（下線は筆者）と保護されており、州法が適用される民事訴訟であっても、連邦法が適用されることになる。

信頼関係の維持」によって「不都合な事実や法的に不利な事実についての情報」に関して十分かつ率直なコミュニケーションがなされ、その結果、依頼者は何が適法であるかにつき助言を受け、それに従うことで法の遵守がなされるとしている。

これは、わが国の法曹倫理が「依頼者の秘密を守ることは……弁護士の職業存立の基礎となる」とされていることと対比してみると、弁護士依頼者間の信頼関係を保護する点は同じであるものの、依頼者の利益保護をすることによって、結果として法が遵守されるという「社会的利益」を図ろうとしている点が特徴的である。社会の法制度の維持および発展において、弁護士に対して、より積極的な役割を期待しているとみることができる[69]。

## 9 欧州における根拠

米国同様、独占禁止法以外の分野も含め、成文法上の根拠は存在しないが、広く判例法で認められている。「何人も、制約を受けることなく、必要とするすべての者に対して独立した法的助言を与えることを職業とする弁護士に相談することができなければならない、という要請に応えるもの」とされている[70]。

かかる欧州司法裁判所の判例により形成された概念については、その解釈指針として、理事会規則1962年17号が存在する。同規則は、①欧州委員会の調査に関する依頼者の防御の目的でなされたものであり、かつ②EEA（欧州経済領域）内で業務を行う資格を有する独立の弁護士との間の通信に関する文書である、という2つの条件が満たされることを前提に、弁護士と依頼者間の通信文書が保護されると解釈されるべきであるとしている[71]。

なお、欧州には英国等の判例法の国と独仏のような成文法の国が混在するが、いずれも秘匿特権を認めており、その範囲や保護要件については加盟国間で差異

---

69) 手賀寛「弁護士の守秘義務と証言拒絶権（二）」首都大学東京法学会雑誌49巻2号（2008）246〜251頁。
70) A. M. & S. Europe Ltd. v. Commission 欧州司法裁判所判決1982・5・18。
71) 井上朗「EU競争法の手続と実務」民事法研究会（2009）103頁。

はあるが、それらの差異は法体系の違いから生じているわけでない[72]。

## 10　国連原則・国際人権規約

「国連・弁護士の役割に関する基本原則」(1990 年)の 22 項では、「政府は、弁護士と依頼者の間のコミュニケーションと弁護士と依頼者との相談内容は、弁護士の職業的関係のものである限り、すべて秘密であることが保障されるべきであることを認め、敬意を払わなければならない」としている。

# IV　秘匿特権により保護されるための要件

## 1　米国の場合

(1)資格を有する法律専門家からの、
(2)法的助言を求められている場合において、
(3)その目的に関するコミュニケーションが、
(4)依頼者により、
(5)秘密裏に行われたものであって、
(6)依頼者または当該法律専門家による開示から、
(7)永久に保護されるべきとの依頼者の要請があり、かつ、
(8)当該保護が放棄されていないこと、

に該当する情報は保護される[73]。

---

72)　懇談会の意見募集に対して、「フランス全国弁護士会は、日本政府に対して、弁護士と依頼者との間の通信の秘密を保護する必要性について、注意を促します。国家は、権利と自由を実現するために弁護士の助言と支援を必要とするすべての人を保護し、公平で正しい司法の運営(公平な裁判を受ける権利、プライバシーの権利、自己負罪拒否特権)を確保する義務があります。これらは、弁護士と依頼者との関係の秘密が保たれなければ実現することができません。秘密が保護されなければ、依頼者はコンプライアンスを確実にするために必要な法的助言を求めることを躊躇するでしょう。」と説明しており、秘匿特権の根拠として、①権利と自由の実現および②司法の運営確保のいずれの点も根拠としている。また、単なる防御権だけではなく、コンプライアンスのために必要であるとしている。

73)　8 John H. Wigmore, Evidence 2292, at 554 (McNaughton Rev. 1961 & Supp. 1991) は、米国で一般

## 2　欧州の場合

　(1)そのコミュニケーションが依頼者の防御権の観点からなされたものであり、
　(2)依頼者と雇用関係にない独立性ある弁護士間の通信、
に該当する情報は保護される[74]。

　この点、フランスでは、法的助言か防御かを問わず、有体物か無体物か（紙、ファクシミリ、電子データなど）も問わない[75]。

　他方で、ドイツでは、弁護士と依頼者との秘密は、関係者に対する調査が開始された後に、防御の必要性が認識されたうえで、過去の行為について法的アドバイスを求めてなされた通信についてのみ秘匿特権を主張できるとされている。これは、ドイツの秘匿特権が、その根拠として防御権を強調しているためであろう[76)77]。時期的適用範囲の詳細については、Ⅴ2(2)「通信の時期」（▶295頁）において詳しく述べる。

　このように、欧州レベルと各加盟国で制度に相当な違いがあり、注意を要する。

## 3　日本の場合

### (1)「正当な理由」

　日本では、明文および判例で秘匿特権を具体的権利として定めていないことは上述のとおりであるが、現在の最高裁判例では、刑罰で担保された行政調査に協力しない場合に、正当な理由があれば処罰されないとされている[78]。

---

　　的に引用される解説書とのことである。
74)　前掲注70)。
75)　懇談会が「論点整理」について行った意見募集に提出されたフランス全国弁護士会の意見。
76)　Bonn地裁判決2005・9・28。
77)　ドイツの裁判例と同様の理解を示すものとして、今井・前掲注34) 2146頁「特権を主張できる時期は、依頼者に対する不利益な法的制裁の発動が客観的に予見できる時期以降」としている。
78)　川崎民商事件（最大判昭47・11・22刑集26-9-554)。所得税法違反の事件において、「正当な理由がなく拒む者に対し、……右検査の受忍を強制しようとするものであり、かつ、右の刑罰が行政上の義務違反に対する制裁として必ずしも軽微なものとはいえないにしても、その作用する強制の度合

昨年開催された独占禁止法審査手続に関する懇談会においても、行政法の権威である学者委員から同様な見解が示され、そのことに対して特段の反対は誰からも表明されていない[79]。この立場を前提にした場合、どのような要件を満たしていれば、文書提出に協力しない場合に正当な理由があると認められるのであろうか[80][81]。

## (2) 要　件

　要件が具体的に法定されていないため、欧米の秘匿特権を参考に考えるしかないが、必須となる要件には、以下のものが考えられる。

　①依頼者と代理人（または代理人になろうとする弁護士）の間の、

　②法的助言を求めるための、

　③秘密の通信で（当該保護が放棄されていないもの）。

　②については、法的助言とは関係のない情報が混在する場合がありうる。たとえば、法的アドバイスのみならずビジネス上のアドバイスを受ける場合などである。秘匿特権の主張をするためには、できるだけ法的アドバイスとは関係のない

---

　　いは、それが検査の相手方の自由な意思をいちじるしく拘束して、実質上、直接的物理的な強制と同視すべき程度にまで達しているものとは、いまだ認めがたいところである」として、強制力ある行政調査において「正当な理由」があれば調査を拒否しうることを示した。

[79]　独占禁止法審査手続についての懇談会第9回（平成26年9月2日）。行政法の権威である中川丈久委員が「現在、最高裁判例だと、刑罰で担保された行政調査であっても、それに協力しないということに正当事由があれば、処罰されない。その正当事由は、条文には書いてありませんけれども、そういう例外があるのは当たり前だという解釈になっているのです。その正当事由の一つの例として、弁護士との正当な通信は調査から外れるのだと。つまり、その限られた範囲で、調査を拒否しても、文書提出命令を拒否しても、それは正当事由ありなのだと解釈してよろしいのではないのかという意見をここでもしまとめることができれば、それはそれで十分なのではないかと思います。その後、では実際にどこまでなのかというグレーゾーンは、正に弁護士さん、頑張って争ってください。提出命令に対して、ここの情報は正当事由があるのだと、秘匿特権なのだと思うのであれば、それは一々訴訟をしていただく。それが判例を作っていくということになるのだと思います。」この考え方の「正当事由なのだと解釈して」よいという点につき、複数の委員が賛同していた。

[80]　指針では、「第2　事件調査手続　立入検査」および「供述聴取」について、「正当な理由なくこれを拒否した」場合のみ罰則が適用されることが説明されている。「立入検査」の箇所の記述は「文書の提出命令」についても包含する。したがって、文書提出を拒否した場合であっても、それが「正当な理由」に基づくものである場合には、罰則が適用されないことになる。

[81]　公取委は、指針（案）の意見募集に提出された意見 No. 17 に対する「考え方」において、判例で示された例以外に「『正当な理由』があると認められるのは、天災、重篤な疾患など極めて例外的なものに限られる」と、何らの根拠も示さずに限定的な解釈を示している。

情報は除いておくべきである。したがって、弁護士に法的アドバイスを求める場合、その点についてだけ記載した意見書を作成してもらうようにすべきである。ただし、法的アドバイスとビジネスや戦略的アドバイスなどが不可分一体の場合には、同じ文書に記載されていることにも合理性が認められるであろう。

③については、明確に放棄するとの意思表示がなくとも、任意に秘密を開示した場合にも放棄があったと解釈されることに注意を要する。

### (3) 該当性の判断方法

依頼者が秘匿特権を根拠に文書提出に協力しなかった場合、47条1項3号に違反するとして94条3号の検査妨害罪を適用する可能性は完全には否定できないものの、明らかに秘匿特権の対象となる情報の場合には、前述の最高裁の判示する「正当な理由」に該当する可能性がある以上、安易な検査妨害罪の適用は控えるべきであろう。

問題は、立入検査の場面において、どのような情報であれば、審査官に対して当該情報を開示しないことにつき正当な理由があると主張できるかである。

民事訴訟法上の証言拒絶権および文書提出義務に関して、参考となる考え方がある。それらによれば、司法（ここでは公取委の行政調査と読み替える）に対する協力義務と依頼者の当該情報に対する排他的支配権の利益考量により、いずれに優越性が認められるかで判断されるというものである[82][83][84]。以下、詳述する。

### (4) 優越性の判断基準の具体的適用方法

優越性の判断基準としては、情報の内容自体に基づいて優越性を判断すべき場

---

[82] 伊藤眞「文書提出義務をめぐる判例法理の形成と展開」判タ1277号（2008）15頁。
[83] 小林秀之「証言拒絶権・秘匿特権」民商90巻4号（1984）540頁「秘匿特権の問題は、裁判のおける真実発見ないし裁判の公正の要請を他の価値の保護のためにしりぞけるものであり、そこには真実発見の要請ないし公正な裁判の実現と他の価値の保護との緊張関係が存在していることを基本的視座として忘れてはならないだろう。またその証拠の重要性や必要性、唯一の証拠であるのかそれとも他に代替的証拠があるのか、証人ないし所持者が純粋の第三者か当事者に近い第三者、当該事件の重要性などの訴訟法的な総合的考慮も必要であり、訴訟前訴訟外の実体的な法律関係から決まるといった単純なものではない」。
[84] 英国の秘匿特権に対する考察として、今井・前掲注34) 2137頁も「当該権利の是認される範囲は、（他の公共的利益の実現のために）予想される要請との関係に応じて変動し得るとの解釈が、可能となる」としている。

合と、証拠としての重要性などのほかの要素と比較考量をしたうえで、優越性を判断すべき場合がある[85]。前者を絶対的優越性、後者を相対的優越性と呼ぶ。

相対的優越性の判断においては、当該事件の公益性の程度、代替証拠の有無、当該証拠の重要性、立証事項についての証明責任の所在などを考慮したうえで判断される[86]。

この中で重要と思われる要素は、「代替証拠の有無」および「当該証拠の重要性」である[87]。

懇談会において、秘匿特権の導入が審議された際にも議論の焦点となった要素である。秘匿特権の導入に反対する論者や公取委が繰り返し主張していたのは、秘匿特権を制度化すると、それを盾に情報の提出を拒否されるため、真実解明が困難になるというものであった。

しかしながら、秘匿特権の対象となる典型的文書、たとえば、弁護士の意見書を前提に考えてみると、それが取得できないと独占禁止法違反の事実が立証できないということは想定しにくい[88]。違反の事実は、通常は、電子メールや会議の議事録等客観的に存在する物証により立証できそうなものである。また、できる限り客観的証拠による立証が望ましいことはいうまでもない。かりに、ほかに代替証拠がいっさいなく、秘匿特権の対象となる情報、たとえば、弁護士の意見書に掲載された事実を記載した部分がないと違反となる事実を立証できないとすれば、そもそも違反事実の存在自体が疑われる事案である。

---

85) 伊藤・前掲注82)15頁。
86) 小林・前掲注83)540頁もほぼ同じ判断基準を示している。
87) 小林・前掲注83)573頁で、秘匿特権の根拠となる秘密の性質を吟味する重要性についての指摘がある。
　具体的には、「憲法上の基本的権利にかかわる秘密や自己の刑事訴追を招くおそれのある秘密あるいは医師、弁護士、聖職者が職務上知りえた秘密のようにその職業が社会的機能を果たすためには秘密保持が本質的な要請である秘密については、そのような性質の秘密であることに高いカウントがあたえられ、証言拒絶権や秘匿特権を肯定すべき場合が多い」（下線は筆者）としている。
88) 前掲注23)の懇談会第6回。同懇談会委員からの質問に対し、松尾経済取引局長から「これまでに秘匿特権の対象となるような弁護士との通信文書が立証のための決定的な証拠となったとまでいえる事案はないと考えております。」と回答がなされている。

## (5) 実務における注意点

　実務においては、上記の①②③（▶288頁）に該当する情報は、秘匿特権の対象となる情報としてほかの資料と分け、それとわかるように保管することが最善である。たとえば、欧米などでも実践されているように、ファイルの背に「秘匿特権」または「Attorney Client Privilege」とタイトルを表示し、可能であれば具体的に「○○に関する弁護士意見書」などの文書名を記載しておくことをお勧めしたい。詳しくは、図表8-4を参照されたい。

　なお、前掲のJASRAC事件では、問題となった文書は、サーバー上に「取扱注意・複写禁止」と付記したうえで、電子データとして保管されていた。立入検査が行われた際に、47条1項3号に基づく提出命令により留置され、それを印刷した文書が証拠として提出されたものである。秘匿特権の対象となる文書を電子データとしてサーバー上に保管する場合には、ほかの資料とともにひとまとめに留置されるリスクがあるため、普段から別のサーバー等に分離して保管しておくべきである（▶第2章Ⅱ2(3)「立入検査の拒否、妨害および忌避」〔63頁〕）。

## (6) 懇談会における該当性の判断方法（立法論）

　懇談会において、立入検査の際に秘匿特権の対象となるか否かについて争いになった場合、どのような手続が行われるべきかについて、経団連および弁護士会内の「弁護士と依頼者の通信秘密保護制度に関するワーキンググループ」の有志メンバーの協力をえて、矢吹公敏弁護士と共同で具体的提案を行った[89]。

　提案の内容は、欧州の手続に類似する。秘匿特権の対象であるかどうかの該当性につき、立入りの際、審査官と企業間で争いになることが考えられる。当該文書を審査官が一瞥するだけで秘匿特権の対象文書であるか否かが判断できない場合には、審査官は当該文書を封印しても持ち帰ることとし、事後に審査官以外の第三者（「指定審査官」または「調査官」）が該当性につき判断するというものであった。

---

[89] 独占禁止法審査手続についての懇談会第11回（平成26年10月15日）。資料2、資料2(1)、資料2(2)および資料3-2。

この具体的提案に対しては、ほかの証拠による代替性や当該証拠の重要性または不可欠性等について、立入時点では公取委はいまだほとんど証拠を収集できていない段階であるため、対象文書に証拠としての重要性や不可欠性が認められるか否かの判断に時間がかかり、行政調査の効率性を損なうのではないかとの批判がなされた。しかしながら、ほかの証拠による代替性や当該証拠の重要性の判断については、この提案では公取委側に判断権限があるため、時間がかかるとか、判断ができないという事態は起こりえない。

　立入検査の終了をもって調査が完了するというのであれば、その後に、秘匿特権についてほかの証拠による代替性や当該証拠の重要性または不可欠性の判断待ちのために、行政調査が終了できないという批判も理解できる。しかしながら、実際の調査実務では、立入検査以降も数か月から1年以上という長期間にわたって調査が継続する。そうだとすれば、その間に多くの証拠が取得される以上、代替証拠の有無などは、並行して判断することが可能なはずである。

　結局、該当性で争いになった場合に、真実解明にどうしても必要な場合に限って文書等を開示するための諸手続や要件を、どのように制度化するかについての合意形成にいたることができず、将来の立法的課題とされた[90]。

### (7) 米国で争いになった場合の判断方法

　米国では、秘匿特権とワークプロダクトについては、扱いが異なる。秘匿特権は絶対不可侵な権利であるのに対し、ワークプロダクトについては真実発見の要請が強い場合等、利益考量によりやむなく開示を強制される場合がある。ただし、両者の保護はほとんどの場合は重なるため、結論が異なる事態は想定しにくい。

　かりに、秘匿特権の対象にはならないが、ワークプロダクトに該当する場合、司法審査によって、開示を認めるべきか否かについて、ほかの証拠による代替性や当該証拠の重要性を考慮して判断される。たとえば、事実を知る唯一の人物が

---

[90] 前掲注89）の懇談会第11回。資料2、資料2(1)、資料2(2)および資料3-2。直ちに占有しないと証拠隠滅のおそれがある場合には、審査官は当該文書を封印して持ち帰り、その後、ほかのとりうる行政手法を使っても、その物件を収集しないと実態解明ができないと別途指定された調査官が判断する場合には、公取委は後日改めて文書提出命令を出すことができるとした案。

死亡し、その者に対する供述聴取や報告を求めることができないような場合である。

懇談会では、提案内容に対して、「立入時点」での公取委の手持ち証拠を前提に、そのような調査の早期の段階では、公取委はいまだ十分な証拠を入手しておらず、ほかの証拠による代替性や当該証拠の重要性がそもそも判断できないため、判断に時間がかかり、具体的提案内容は機能しないのでないかと懸念が表明された。

しかし、米国では、下級審ではあるが、ワークプロダクトに該当する文書について開示を求めなければならないか判断する場合に、ほかの証拠による代替性や当該証拠の重要性については、「立入時点」ではなく「司法審査」時点で判断している。したがって、日本においても判断時期として参考になる。

立入時点においては、弁護士の意見書以外に違法性を立証する証拠がない場合であっても、立入検査においてほかの文書を発見したり、その後の供述聴取や報告命令により証拠を入手することはできるはずであるから、そのような努力をしても、なお弁護士の意見書のみが違法性を立証できる唯一の証拠となるような事件でない限り、利益考量論によっても文書の開示を強いられないとするべきであろう。

# V 秘匿特権の保護の対象範囲

## 1 米国の場合

### (1) 2つの例外

米国では、証拠開示手続の原則に対して2つの例外がある。1つがAttorney-Client Privilegeで、もう1つがWork Product Doctrineと呼ばれるものである。両者はその目的を異にするため、適用範囲が完全に一致するものではない。

### (2) Attorney-Client Privilege（秘匿特権）

Attorney-Client Privilegeは、コミュニケーションの秘密性を保護することを

目的とするものである[91]。そのため、上記の「要件」として、法律家に法的助言を求めることを目的に行うコミュニケーションであることや秘密性が要求される。コミュニケーションでありさえすればよいため、文書、口頭、email を問わず保護される。他方で、法的助言と関係がないビジネス上の助言は対象にならないし、単に弁護士を同報 cc に加えて送信しただけの電子メールなども対象外である。

### (3) Work Product Doctrine（弁護士職務活動の成果の法理）

　Work Product Doctrine は、訴訟の当事者または訴訟代理人弁護士等が訴訟準備のために作成した文書について有する高度の機密性を保護することを目的とするものである[92]。秘匿特権とは異なり、弁護士の作業を保護することに主眼があり、依頼人の秘密を保護するためのものでないといわれている。そのため、ワークプロダクトは、「特権」ではなく、免除（証拠開示制度 Discovery に対する immunity）であるといわれている[93]。

　わが国やドイツの当事者主義や弁論主義は、裁判所と当事者との権限分配に重点をおいた概念であるのに対し、米国の当事者主義は、当事者間の対立構造に重点がおかれていると説明されている[94]。

　かような当事者対立構造をとる訴訟手続の下では、特定の事件に関して、みずからの権利や法的利益を主張し、または防御する目的のために作成された文書を、一方当事者がその提出を求められるとすることは公平に反するといえる。また、勤勉に訴訟に備えた者ほど、相手方に攻撃または防御の材料を提供せざるをえない状況に陥ることになりかねないため、このような制度が整備されていると理解できる。

　例外として、米国のディスカバリーにおいて、ワークプロダクトを実質的に必要とし、かつ、ほかの方法によってそれに実質的に等しい資料を入手することが

---

91) 米国連邦証拠規則502条(g)(2)に定義規定があり、連邦民事訴訟規則26条(b)(5)でも明文化されている。26条は Duty to Disclose; General Provisions Governing Discovery の規定で、同条(b)(5)に秘匿特権の主張に関する手続や方法が規定されている。
92) 判例の集積により確立されたものであるが、現在は、米国連邦民事訴訟規則26条(b)(3)において明文化されている。
93) 田邉真敏「アメリカ連邦証拠規則」78頁以降。
94) 小林秀之「当事者主義と弁護士の役割の変化（上）」判タ516号（1984）13頁。

著しく困難を要することを証明した場合に限っては開示が認められる。開示の是非の判断については、前述した（▶Ⅳ3⑺「米国で争いになった場合の判断方法」〔292頁〕）。

## 2 欧州の場合

### ⑴ 保護の対象範囲

特定の事案に関連しない一般的な法的助言は、防御権の観点からなされたものではないため、保護の対象とならないとされている[95]。

その要件として「独立した弁護士、すなわち依頼者と雇用関係にない弁護士からなされたもの」であることを要していることから、社内弁護士（企業内弁護士）との通信は保護の対象とはならないと説明されている。この点、雇用関係にあるからといって、必ずしも社内弁護士に「独立性」がないとはいえないことから、オランダでは、社内弁護士も外部弁護士と同様に取り扱っている。また、EUの要件は、個別事件についてケースバイケースで判断されるため、雇用関係があっても「独立性」が認められる可能性があるとの意見もある[96]。

たとえば、社外弁護士から受け取った法的アドバイスを、社内弁護士やほかの社員がその内容を修正することなく作成したメモは、保護の対象になりうるとされている[97]。また、社内で社外弁護士から法的アドバイスを受けることのみを目的として作成した文書は、いまだ社外弁護士とやりとりをしていなくとも保護の対象となりうる[98]。

### ⑵ 通信の時期

EUにおいては、行政手続開始後の通信が保護されることは間違いないが、当

---

95) 前掲注70）。
96) 前掲注35）。EFTA裁判所カール・バウデンバッハー長官は、ECJのAkzo判決が現在まで維持されていることについては、法的理論や合理性のある理由に基づくというより、むしろ政治的理由によるのではないかと考察している。
97) Order in Case T-30/89 Hilti AG v. Commission（1990）.
98) Akzo Nobel Chemical Ltd. and Akcros Chemicals Ltd. v. Commission（2007年一審）.

該手続の対象と関連性を有する場合には、調査開始以前のやりとりにも保護が及びうるとしている[99]。

他方で、ドイツでは、依頼者と弁護士間の通信の秘密は、関係者に対する調査が開始された後に始めて保護される[100][101]。これは、秘匿特権の根拠を厳格に特定事件の「防御権」に求める立場からの帰結である。しかし、欧州全般では、秘匿特権の根拠について、過去に起こった特定の事件の防御のためだけのものと考えず、そのような権利を認めることで正義が実現される等、広く社会的効用を認める立場が一般的である。

なお、秘匿特権の根拠を厳格に「防御権」に求める立場に立つとしても、身柄拘束の可能性がある場合や行政庁の調査権限が強力な場合には、特権の適用時期を早期化する必要があるとされている[102]。ドイツでも、刑事事件については、捜査開始前に弁護士との間で作成された書面に、秘匿特権が及ぶとされている[103]。

## 3  日本の場合

### (1) ケースバイケースの判断

秘匿特権は、欧米でも判例法で形成されてきた概念であることから、何が保護されるかについて、個別具体的に法定されているわけではない。上述した要件に該当するかどうかは、個々の事件ごとに判断されている。日本でも、法定されていないため、欧米同様にケースバイケースで判断される。

欧米で事件として判断された例を参考にすると、防御のためと主張しうるため

---

[99]  欧州連合の機能に関する条約 101 条および 102 条の反トラスト手続の実施に関するベストプラクティス・パラグラフ 23 および 24。
[100]  前掲注 76)。
[101]  今井・前掲注 34)。
[102]  今井・前掲注 34) 2148 頁は、日本法の下では、適用開始時期を客観的に確定すべき要請から、「自己に対する不利益な制裁に係る処分の開始が客観的に予想される時点以降」から秘匿特権を認めるべきとしている。
[103]  Gießen 地裁判決 2012・6・25。捜索開始前に作成した文書を保護した裁判例。

には、
　①個別具体的事件に関する情報であること、
　②行政調査開始前の情報に関しては、のちに調査開始された個別具体的事件と関連性があること、
　③独立した存在の弁護士との交信であること、たとえば、望ましいのは社外弁護士の意見が修正されずに記載されていること（社外弁護士の指示に基づくものであれば、実際の作成者は社員でも構わないが、社外弁護士の指示に基づくことが外形上容易にわかるようにしておくとよい）、
を充たす文書であれば、保護の対象となるであろう。

**(2) 保護の対象となる具体例**

　通信が保護の対象となるため、Q＆Aのように対になっていることが理想的で、企業からの質問および弁護士からの回答のいずれについても、保護の対象になるか否かが問題となる。典型例は、弁護士の意見書である。弁護士の意見書中には、通常それに先立ち、弁護士と依頼者間の打ち合せにおいて、依頼者からなされた質問も記載されていることが多い。また、質問する前提として、依頼者は前提事実の説明を行っているはずであるが、その前提事実に関する部分も記載されていることが多い。これら一体がコミュニケーションを構成するため、秘匿特権の対象となると思われる。

　弁護士意見書以外の文書や電子メール等、通信の中には多様な情報がありうるので、次頁図表8-3で具体例を挙げてみていく。

**(3) 判断のキーポイント**

　純粋な過去の事実（一次資料）は、そもそも秘匿特権が対象とする弁護士と依頼者間のコミュニケーション以前から存在するものである。したがって、たまたま事後的に弁護士と依頼者間のコミュニケーション（二次資料）にそれらの事実が含められていたとしても、本来保護されるべき情報ではない（▶第2章Ⅲ1コラム「弁護士・依頼者秘匿特権対象の文書」〔79頁〕）。

　たとえば、独占禁止法のコンプライアンスの一貫として社内でヒアリングおよびアンケート調査を行った場合（詳しくは、図表8-2参照）、その過程で独占禁止

●図表 8-3　秘匿特権による保護の可否

| | 質問側の例 |
|---|---|
| × | 法的アドバイスを求めるためでない質問（ex.ビジネス上のアドバイスを求めるもの） |
| × | 価格カルテルを行った会議の議事録（一次資料） |
| × | 社内調査結果に対する企業担当者による法的評価 |
| ○ | 価格カルテルを行った会議議事録を引用して、**法的見解を弁護士に尋ねた電子メール**（二次資料） |
| ○ | **弁護士に質問するために作成した**、社内調査結果に対する企業担当者による法的評価 |
| × | 質問に添付された事実（ex.社員からのヒアリング結果やアンケート調査） |
| △ | **質問本文と一体**になった前提事実の要旨（そのほかの代替手段によって真実の解明ができない場合には開示しなければならなくなる可能性がある） |
| ○ | 弁護士に質問する権限のある社員による、**弁護士に対する法的質問のための電子メール** |
| | 回答側の例 |
| × | 独立のない社内弁護士からの回答 |
| ○ | 独立性のある社内弁護士からのアドバイス |
| × | 事件の担当ではない社員からなされた独禁法についての質問に対する弁護士の回答 |

　法違反の可能性がある事実が発見されて、弁護士に相談することになった場合について考えてみる。たとえ弁護士に質問する際に、ヒアリング結果やアンケート結果を持参したとしても、それらすべてを秘匿特権の対象と主張することは困難と思われる。他方で、弁護士に質問する目的だけのためにヒアリング結果を要約したような場合には、別に存在した事実というより、むしろ通信の一部として保護される可能性が高い。

### (4) 平常時の注意点

　上記「保護の対象となる具体例」および「判断のキーポイント」のとおり、どのような文書および情報が秘匿特権の対象となるか理解していたとしても、外形上、その点が明確でなければ、実務において混乱が生じる。立入検査の際、社内弁護士や法務社員等の法的知見を有する者がその場にいないことが多い。そのため、どのような場合であっても秘匿特権を主張できるように準備しておく必要がある。また、例外的に法務部門等に立入検査がなされる場合には、秘匿特権の対

象となる文書が集中的に保管されているため、以下の対応を勧めたい（▶第 2 章 II 5 コラム「法務部門への検査」〔72 頁〕）。

たとえば、専用ボックスの作成または専用ファイリングを行い、表紙等に「秘匿特権の対象文書（海外事業所においては、英語で Attorney-Client-Privilege）」等、わかりやすいタイトルを付し、①誰から、②誰宛ての、③何に関する、④どんな内容の文書で、⑤誰がコピーを保有しているかを記録して、ファイルの表紙に貼り付けて管理しておくとよい。

下記表は、秘匿特権の管理サンプル例（欧米では、"Privilege Log"とも呼ばれる）である。

●図表 8-4　文書管理表

| 文書番号 | 文書の種類 | 作成年月日 Date of Document | 作成者 Author/ Capacity | 受領者 Recipient | アクセス権限 Persons with access | 主題 Subject Matter | 特権の種類（米国用に必要） Category of Privilege |
|---|---|---|---|---|---|---|---|
| 1 | 意見書 Letter | 2015 May 06 | 甲野　太郎 | 甲株式会社 | 法務部員 | ○○訴訟 Litigation | 秘匿特権 Attorney/Client Privilege |
| 2 | メール Emails | 2016 Jan 06 | Sandra Jones | 乙株式会社 | 丙法務部長 | ○○に関する打ち合せの概要 consultation meeting summaries | ワークプロダクト Work Product |

ほかの文書等と一緒に保存せず、専用の場所に置くべきである。紙媒体ではなく、電子ファイルを管理する場合にも同レベルの注意が必要である（▶第 2 章 III 1 コラム「電子データとしての弁護士・依頼者秘匿特権への対応」〔80 頁〕）。同じ場所のサーバー内の別フォルダに保存しておくと、サーバー全体をコピーされることもあるため、秘匿特権フォルダのみを除外することが実務上難しくなる。したがって、フォルダやファイルを別にするだけでなく、物理的にも別の場所にあるサーバーで管理することが望ましい。

面倒であっても、秘匿特権の対象となる文書が作成されたら、その都度、上記

注意点に沿った文書の管理をしておくことが最善である。

## VI 客体・弁護士の範囲

### 1 インハウス・ロイヤー（＝企業内弁護士）

　米国および英国では、社内弁護士と社外弁護士を、区別していない[104]。他方、欧州では、独立した弁護士、すなわち、依頼者と雇用関係にある社内弁護士はとの交信は含まれない。また、フランスおよびドイツにおいても、社外弁護士とのやりとりのみが保護の対象である。

　このように諸外国では扱いが一定ではないが、そこで鍵となるのが弁護士の「独立性」である。

　欧州では、欧州第1審裁判所において、社内弁護士との通信については、秘匿特権は及ばないとされた。その理由は、弁護士が司法制度の協力者として位置づけられている欧州においては、企業と雇用関係にある社内弁護士は、雇用主である依頼者の指揮命令下で活動しているため、客観的かつ公平な法的助言を行えないと考えられているためである。さらに、弁護士会等の懲戒処分に関して、外部弁護士と異なる取扱いがなされるためとも説明されている。

　これに対して、欧州の多くの加盟国においては、社内弁護士は外部弁護士と同じ職業倫理を遵守する義務があるとされているので[105]、企業内弁護士であるとの一事をもって独立性を否定する考え方には多くの批判がなされている[106]。

　本来、弁護士・依頼者間秘匿特権が認められているのは、弁護士が依頼者から

---

104) Zenith Radio Corp. v. Radio Corp. of America, 121 F. Supp. 792, 794 (D. Del. 1954).
105) デンマーク、ギリシャ、ポルトガル、スペインにおいて、企業内弁護士は弁護士会の会員である。
106) 前掲注33）2010年9月判決のAkzo事件判決中にも、"Akzo Nobel came as a disappointment to much of industry, including the European Company lawyers' Association (ECLA), that has long advocated extending LPP to in-house counsel in EU competition law investigations." との記載がある。
　オランダ法では、雇用主が企業内弁護士の独立性を認める書面の嘆願書を提出されることを条件に、雇用主である企業と企業内弁護士間の通信について秘匿特権を認めている。"Dutch law recognises a written pledge of an employer to acknowledge the independence on an in-house lawyer." オランダのほか、アイスランド、ベルギーでも企業内弁護士との通信について秘匿特権を認めている。

独立して客観的かつ公平な法的助言を与えることを保障するためである。企業内弁護士には、年齢や肩書、その責任の軽重等多様な立場の者が存在する。その中には、依頼者から独立した立場で法的助言を与えうる企業内弁護士も存在するだろう。その場合には、法律事務所の弁護士と同様に秘匿特権が保障されるべきである。以上からすれば、企業内弁護士の場合には、客観的かつ公平な法的助言ができるか否かを、個別具体的に判断されるべきである[107)108)]。

なお、ドイツにおいては、ナチス時代に社内弁護士の多くがユダヤ人であったために、社内弁護士との通信には秘匿特権を否定するという政策が決定され、それが現在まで残っているとの説明も可能とのことである[109)]。

日本においては、日本の弁護士会に登録している者は、企業内弁護士であったとしてもすべて弁護士倫理規定に服する[110)111)]。また、雇用関係があったとしても客観的かつ公正な法的アドバイスはなしうる場合には、社内弁護士ということのみをもって保護の対象から除外されると解するべきではない[112)]。

ただし、独立した地位に基づいたアドバイスであったか、という個別具体的事情についての立証責任は、企業の側が負担するべき事項である[113)]。

---

107) 前掲注 35)。EFTA 裁判所カール・バウデンバッハー長官の講演で同種の見解が述べられた。
108) 今井・前掲注 34) 2148～2149 頁。
109) 前掲注 35) EFTA 裁判所カール・バウデンバッハー長官の講演。
110) 弁護士職務倫理規程 2 条で「弁護士は、職務の自由と独立を重んじる。」と規定するとともに、同規程 50 条の解説によれば、「確かに、当該弁護士は、その組織の一員となる以上、その組織内の規則や上司の指揮命令に服することになるが、当該組織に弁護士の身分を持ったまま入っていく以上、自分が弁護士であるという自覚を持って当該組織に入り、組織内に法の支配を徹底していく責務を履践することが期待されているというべきである。」と説明されている。なお、会則 15 条も、「弁護士の本質は、自由であり、権力や物質に左右されてはならない」との確認規定が設けられている。
111) 弁護士職務倫理規程 51 条に「組織内弁護士における規律」として、違法行為に対する措置が定められている。
112) 前掲注 3) 日弁連の最終報告 39 頁でも、「企業内弁護士の業務には、経営など法律事務以外の業務が含まれることがある。しかし、法律事務を取り扱い限度では弁護士法上の守秘義務を負い、弁護士職務規程の適用を受けるのであるから、企業内弁護士との間の通信も保護の対象とすべきである」としている。
113) 今井猛嘉「弁護士秘匿特権について　競争法の領域における状況を中心として」法学志林 109 巻 4 号（2012）107～130 頁。

## 2 補助者（弁護士の部下や同僚弁理士等の第三者）

　米国では、依頼者と通信を行う「弁護士」の範囲に、パラリーガルや弁護士を補助する秘書等も含むとされている[114]。ただし、これらの補助者が含まれるためには、弁護士の指示の下でコミュニケーションが行われたことを要する。したがって、たとえば、電子メールに cc（同報）として弁護士を加えて送信していたにすぎないような場合には、保護は与えられない。

## 3 外国の弁護士・弁理士

　米国では、依頼者と通信を行う「弁護士」の範囲に、外国の弁護士および弁理士も条件つきで含むとされている。当該外国の弁護士や弁理士が、米国の弁護士と実質的に同等の機能を果たしている場合や、当該外国法の下で秘匿特権が認められている場合に限るとされている。

# VII 主体・依頼者の範囲

## 1 依頼者は会社

　独占禁止法違反については、犯則事件として従業員自身の行為が刑事事件化されるといった例外的な場合でない限り、会社が依頼者である（この場合には、当該犯則嫌疑者が依頼者となる）。会社が依頼者であるとしても、弁護士に対して法的アドバイスを求める者は会社の内部に多種多様に存在するため、誰が「依頼者」といえるかが問題となる。

---

114) United States v. United Shoe Machinery Corp., 89 F. Supp. 357, 85 USPQ5 (D. Mass. 1950).

## 2　保護の対象となる従業員の範囲

　会社が「依頼者」としても、会社のなかには、役員、法務社員、営業担当の社員等多様な立場の人がおり、会社に属する者の全員が「依頼者」に該当するわけではない。

　たとえば、米国の裁判例で、従業員の範囲を、以下の要件に該当する者のみに限定した例がある。

①従業員と弁護士とのやり取りが、法的アドバイスを受けるために会社の上位の者の指示によってなされており、
②弁護士が法的アドバイスをするうえで、会社の上層部からの情報だけでは不十分であり、
③従業員と弁護士のやりとりが当該従業員の職務の範囲内であり、
④法的アドバイスが会社のためであることを当該従業員が十分に認識している場合には、

当該従業員と弁護士との交信は、保護の対象になるとしている。

## 3　判断基準

　従業員が法務部門とそれ以外の部門の従業員で違いが生じるか、また、関連会社の従業員、元従業員の場合はどうかといった問題がある。

　誰のコミュニケーションであれば保護の対象となるかについての規定はないが、米国の control group test[115]の考え方が参考になる。また、前述の保護されるための要件として、「法的助言を求めるため」の通信であることおよび保護の対象として述べた「個別具体的事件に関する情報」であることから、以下のように導

---

115)　田島・前掲注2) 1152頁。米国では、伝統的な control group test が判決等で採用されてきた。ここでいう control group とは、会社の政策決定権をもつ者、たとえば、執行役員などである。これらの者は、法的アドバイスに従って意思決定をすることができる立場にあるからである。ただし、実際の運用においては、執行役員が直接弁護士に相談することは少なく、通常は下位の者に権限委譲をしているため、「依頼者」の範囲も拡大している。

くことができよう。

「個別具体的事件に関して法的助言を求めるための通信」として法的な保護を受けるためには、会社内部において、①当該個別具体的事件に関して法的助言を求める権限があり、かつ、②その責任を負担している者、または、そのような者からの指示によりコミュニケーションを取った従業員であることを要すると考えられる[116]。

たとえば、自己の職務範囲と関係なく、単なる好奇心から個別具体的事件について弁護士に質問した従業員がいる場合、その従業員が弁護士との間で行ったコミュニケーションは、たとえ法的アドバイスを受けるためのものであったとしても保護されない。

## VIII　該当性に争いがある場合の手続（立法論も含む）

### 1　立入検査の現場で文書提出の要否について争いになった場合

秘匿特権の対象であるか否かについて、具体的な規定を欠く以上、あらかじめ判断できない。それゆえ、秘匿特権を主張する側と公取委の間で、秘匿特権の有無について争いが起きうる。ただし、現場で争いが生じるのは、判例法や成文法で秘匿特権が明確に認められている諸外国であっても同様である。

かような場合、2つの対応方法がある。まず1つ目は、秘匿特権を主張する側が、文書を提出しない方法である。この場合、文書提出命令に対する非協力的行為または拒否行為が、検査妨害罪に該当するか否かが問題となる。2つ目は、公取委が頑なに文書の提出を求め、企業側も納得できないながらも、検査妨害罪に問われるリスクにかんがみて、いったんは文書等を提出し、事後的に文書提出命令が違法であるとして行政処分取消訴訟を行ったり、排除措置命令についての取消訴訟等の過程で違法収集証拠であることに基づき証拠の採否を争う方法である。

---

116)　田島・前掲注2) 1152頁。

## 2　文書提出に対する非協力行為または拒否行為を行う場合

　文書提出命令が出されたものの、秘匿特権の対象となる文書に該当すると主張して当該文書を提出しなかった場合、文書提出命令違反（47条1項3号）として検査妨害罪（94条3号）の「1年以下の懲役又は300万円以下の罰金」に問われる可能性がある。

■ **立入検査の現場での秘匿特権に基づく文書提出に関する対応**
　公取委が、秘匿特権の存在自体を否定している以上、企業が文書の提出をする必要がない旨の主張をしたとしても、審査官はその主張を認めないであろう。他方、そもそも秘匿特権を主張して文書の提出を拒否したために検査妨害罪を問われた例は、これまで存在しない。
　実際に立入検査の現場で、秘匿特権の対象であるとして文書の提出を拒む「正当な理由」があると考えられるとき、独占禁止法に詳しい弁護士に、その対応を任せることが最善と思われる。実際の立入検査の局面では、現場はパニック状態になることが容易に予想される。そのような状況下において、冷静に秘匿特権という「正当な理由」の法的根拠を示しつつ、当該文書についてそもそも証拠としての必要性や不可欠性の有無や代替証拠の存在、そのほかの証拠の提出による協力の申出をする等、審査官と粘り強く交渉することが必要になるためである。
　日本において秘匿特権は、具体的な権利として制度化はされていないものの、抽象的な権利・利益としては存在すると主張する学者や有識者も一定数存在する[117]。そのため、秘匿特権の対象となる文書について提出しないことに正当な理由が認められるとも考えられ、直ちに検査妨害罪に該当するとはいいがたいが、検査妨害罪に該当するか否かはまずは公取委の判断に委ねられることから、専門家である独占禁止法に通じた弁護士に審査官の対応を委ねることで、検査妨害罪に問われるリスクを減少することが期待できよう。

　立入検査の現場であわてないために、平常時から万全な準備をしておくことが最善である。万全な準備とは、前述で明記したこと（▶Ⅳ「秘匿特権により保護さ

---

117）　前掲注4)、5)、34)、40)、41)、45)、83)。

れるための要件」〔286頁〕およびⅤ「秘匿特権の保護の対象範囲」〔293頁〕）を充足しておくことである。

　秘匿特権を主張する場合に、同じファイルやフォルダ内に秘匿特権の対象となる文書とならない文書が混在していると、秘匿特権に名を借りただけと判断され、検査妨害罪を適用される余地が出てくると思われるため、注意を要する。

## 3　いったん文書提出には応じ、事後的に証拠収集の違法性を争う場合

　日本では、いったん提出した資料に関して後日争った例としてはJASRAC事件に関連した行政処分取消訴訟が1件あるだけである。JASRAC事件は、事件記録の閲覧謄写を認めた公取委の行為の是非が争われたにすぎず、文書提出命令の是非について争ったものではない。事後的に文書提出命令の違法性を争う場合、公取委に広汎な行政裁量が認められていることから、文書提出命令そのものが「著しく妥当性を欠く」と判断される可能性は現時点では未知数である。したがって、事後的に、公取委の文書提出命令たる処分の違法性を主張したとしても、いったん提出した文書は、裁判で証拠として採用される可能性は否定できない[118)119)]。また、かりに、文書提出命令自体は違法と判断されたとしても、当該文書の証拠能力が否定されるかどうかという、別の問題もある[120)]。

　この点、立法論ではあるが、審査官による閲覧を防止した状態で、文書提出命令の適法性を争う仕組みが望まれる。調査手続全体を止めず、かつ、処分を行っ

---

118)　前掲注16)の事件記録閲覧謄写許可処分取消請求事件（東京高判平25・9・12および東京地判平25・1・31)。
119)　小林・前掲注45)7頁。わが国の民事訴訟においては、違法に収集された証拠の証拠能力については、多数説は「証拠能力に何らかの制約を認め」ている。また、真実発見の要請と違法に収集された証拠のよって侵害される人格権や違法な収集の誘発を防止する利益との比較衡量がなされなければならないとの見解もあるようである。「手続保障の第三の波」説は、違法収集がやむをえなかった場合にのみ証拠能力を肯定する。
120)　刑事訴訟法上の違法収集証拠排除法則に関し、最判平15・2・14刑集57-2-121は、違法な逮捕手続によって、被疑者を警察署に連行後、任意の採尿が行われ、そこで得られた尿および尿の鑑定書の証拠能力が問題となったという事案で、「重大な違法があると評価される本件逮捕と密接な関連を有する証拠である……。また、その鑑定書も、同様な評価を与えられるべきものである。」とした（▶第2章Ⅱ2(3)「立入検査の拒否、妨害および忌避」〔63頁〕)。

た行政庁ではなく独立した第三者が判断する点で、刑事訴訟法 430 条の検察官のした接見指定等の処分に不服がある場合に、裁判所にその処分の取消しまたは変更を求めることができる点が参考になる。また、司法審査まで要求することは手続が煩雑になるということであれば、たとえば、情報公開・個人情報保護審査会設置法 9 条 1 項のインカメラ審理手続を参考に、中間的処分に対する効率的な判断の仕組みも選択肢になりうる。

## 4　欧米での手続規定

　日本でも諸外国でも、秘匿特権が判例法や明文によって規定されているか否かに関わらず、秘匿特権の対象に該当するか否かについて争いが生じた場合には、その当否の最終判断は司法審査によって決定される。

　現場で争いになれば、後日判断される点は同じであるが、日本と異なるのは、欧米では争いになった場合の詳細な手続規定が、明文や判例上確立している点である[121]。

　以下で、諸外国の手続規定の共通点を見てみる。

　(1)秘匿特権を理由に文書提出等を拒否する者は、明示的にその旨を申し立て、ほかの関係者が当該申立ての適否を判断できる程度に当該文書の性質を説明する必要がある[122][123]。

　(2)プリビレッジ・ログと呼ばれる秘匿特権対象物件の一覧表を作成しておき、それを提出する。具体的には、関係する弁護士名および依頼者名、文書の性質（意見書、覚書等）、当該文書を受領または送付されたすべての関係者名、当該文書を提供し、または、その実質的な内容を知らせたことが知られているすべての

---

121)　欧州のベストプラクティス。
122)　米国連邦民事訴訟規則 26 条(b)(5)(A)。
123)　欧州ベストプラクティス・パラグラフ 52。欧州委員会が正当化を証明するための関連資料が提出されなかったと判断した場合は、問題となった文書の提出を命じることができる。また、必要な場合には、追加的に必要な証拠の提出または問題となっている文書の提出の拒否について、事業者に制裁金または履行制裁金を課すこともできる。

関係者名および文書の作成年月日等を特定すること[124]。

(4)一瞥で判断できない場合、または、一瞥させること自体も企業側が拒否した場合には、封印して持ち帰ること[125][126]。

(5)持ち帰られた文書は、独立した審査官等によって閲覧され、秘匿特権の対象であるか否かが第一次的に判断されること[127]。

(6)第一次的な当局による判断に異議がある者は、異議申立をすることが可能であり、裁判所によって終局的判断がなされること[128]。

などをあげることができる。

日本でも、秘匿特権の具体的制度化とともに、欧米同様の詳細な手続規定の整備が急務である。

## 5 濫用防止措置

米国では、秘匿特権の濫用についての罰則があるわけではないが、犯罪行為に関する通信については例外規定がある[129]。濫用があった場合、当該裁判自体の心証形成に不利に働くとか、濫用に弁護士が協力している場合には、弁護士会の

---

[124] Dole v. Milonas, 889 F. 2d 885 (9th Cir. 1989).
[125] 米国検察官マニュアル 9-13. 420。
[126] 欧州ベストプラクティス・パラグラフ 54。欧州委員会の職員が秘匿特権の主張が認められないと考える場合、特に、事業者が当該職員に対し文書を一瞥することを拒んだ場合で、なおも秘匿特権の対象となる可能性がある場合には、当該争いの今後の解決を目的として、対象となった文書のコピーを封印し、欧州委員会の庁舎に持ち帰ることができる。ドイツにおいても、秘匿特権に該当するか否かに関して争いが生じた場合には、当該文書を封筒に入れ封印したうえで持ち出すことを同意する場合が多い（Competition Law Enforcement in Germany, "ABA Handbook on Competition Law Investigation"）。
[127] 欧州ベストプラクティス・パラグラフ 55。事業者が聴聞官による調査に同意すれば、かかる争点の判断を聴聞官に付託することができる。聴聞官は、相互に受入れ可能な解決を促すための適切な手段を講じることができる。
[128] 争点の判断が聴聞官によって解決されない場合、欧州委員会はさらに当該問題を審査し、みずからの判断を適切と考えた場合は、事業者の要求を却下する決定をすることになる。決定に異議がある事業者は、当該決定について、欧州司法裁判所に提訴することができる（欧州ベストプラクティス・パラグラフ 56〜57）。
[129] 秘匿特権に対する例外として、crime-fraud exception がある。将来の犯罪行為について法的助言を求めた場合や、さらには、州によっては過去に犯した犯罪行為の証拠隠匿や証拠廃棄に関する場合も特権が及ばない。その詳細は州によって異なる。

懲戒などの制裁がある点は日本と同じである。

　欧州では、単なる審査の引き延ばしのために、客観的な根拠もないのに秘匿特権の対象であると主張し、立入検査中の審査官の求めに対し、文書の一瞥すら拒否する事業者は、検査妨害に関する制裁金の対象となる。さらには、独占禁止法違反の制裁金算定に際しても、制裁金を増額させる事情として考慮される[130]。

　日本で具体的権利の明文化を実現するためには、十分な濫用防止措置が必要との意見もあるが、現在でも弁護士法58条の弁護士懲戒制度は機能しているし[131]、企業が秘匿特権を濫用した場合には、裁判で不利な心証形成となるリスクがある点は、米国と同じである。

　欧州のように、協力の程度により課徴金を増減できる権限を当局に与えれば、濫用防止として効果的であるという意見もあるが、かような裁量権に対しては、企業の行き過ぎた迎合的協力により、真実解明を阻害しかねないとの批判もあるため、慎重な検討が必要であろう。

　　　　　　　　　　　　　　　　　　　　　　　　　　　（榊原美紀）

---

130) 欧州ベストプラクティス・パラグラフ58。
131) 日弁連ウェブサイト「弁護士の懲戒手続の流れ」によれば、最終的には司法判断により懲戒相当か否かが決せられる。http://www.nichibenren.or.jp/library/ja/autonomy/data/kouki_flowchart.pdf。

## 独占禁止法審査手続に関する指針

平成27年12月25日
公正取引委員会決定

## はじめに

　公正取引委員会は、今般、行政調査手続（注1）の適正性をより一層確保する観点から、これまでの実務を踏まえて行政調査手続の標準的な実施手順や留意事項等を本指針において明確化し、独占禁止法違反被疑事件の行政調査（以下「事件調査」という。）に携わる職員に周知徹底することとした。また、同様の観点から、調査手続の透明性を高め、事件調査の円滑な実施に資するよう、本指針を定めて公表することにより、その内容を広く一般に共有することとしたものである。(注2)
　　(注1) 公正取引委員会の独占禁止法違反被疑事件の調査手続には、行政調査手続（排除措置命令等の行政処分の対象となり得る独占禁止法違反被疑事件を審査するための手続）と犯則調査手続（刑事処分を求める告発の対象となり得る独占禁止法違反被疑事件を調査するための手続）の2つがあるが、このうち、本指針は、公正取引委員会の行政調査手続を対象としている。
　　(注2) 本指針の策定・公表に併せて、公正取引委員会の行政調査手続における標準的な実施手順等について、本指針の内容を踏まえて事業者等向けに作成した資料（「独占禁止法違反被疑事件の行政調査手続の概要について」〔平成27年12月公正取引委員会〕。以下「事業者等向け説明資料」という。）を公表している。

## 第1　総論
1　独占禁止法の目的と公正取引委員会の使命
　私的独占の禁止及び公正取引の確保に関する法律（昭和22年法律第54号。以下「独占禁止法」という。）は、私的独占、不当な取引制限、不公正な取引方法等の行為を禁止し、事業活動の不当な拘束を排除すること等により、公正かつ自由な競争を促進し、もって、一般消費者の利益を確保するとともに、国民経済の民主的で健全な発達を促進することを目的としている。
　独占禁止法の目的を達成するため、公正取引委員会が設置されており、市場における基本ルールである独占禁止法を厳正・的確に執行し、競争秩序を早期に回復するための措置を講ずることが公正取引委員会に求められている。
　公正取引委員会は、独占禁止法違反の有無を明らかにし、違反行為を排除するために必要な措置等を命じるため、違反被疑事業者等（注3）に対する調査権限を付与されており、行政調査手続において、法令に基づき手続の適正性を確保しつつ、罰則により間接的に履行を担保するという間接強制権限に基づいて立入検査、提出命令、留置、出頭命令及び審尋、報告命令等の処分を行う。このほか、違反被疑事業者等の任意の協力に基づく供述聴取、報告依頼等により事件調査を行う。
　　(注3)「違反被疑事業者等」とは、違反が疑われる事業者（個人事業主を含む。）、事業者団体、そ

の役員及び従業員等の事件関係人のほか、参考人を含む。

2 公正取引委員会における事件調査の体制と監督者の責務
(1) 公正取引委員会は、独占禁止法第47条第2項の規定により職員を審査官として指定し、事件調査に当たらせている。公正取引委員会において、事件調査は審査局が担当しており、審査局長が、審査管理官の助けを得て、審査長又は上席審査専門官に命じて、これを行わせる。審査長及び上席審査専門官は、担当事件において、審査官等（審査官その他の事件調査に従事する職員をいう。以下同じ。）を指揮・監督する。
(2) 審査局長、審査管理官、審査長及び上席審査専門官（審査統括官の置かれている地方事務所においては審査統括官）は、自ら本指針に従って事件調査に携わるとともに、指揮下の審査官等に対して、本指針に従った事件調査を実施するよう指導・監督する。また、審査長、上席審査専門官等は、違反被疑事業者等から、直接又は代理人を通じて、調査手法についての申入れその他担当事件に関して意見があった場合、誠意をもってこれに対応するものとする。ただし、これらの意見に拘束されるものではない。

3 事件調査に携わる職員の心構え
事件調査に携わる職員は、以下の点に留意して業務を遂行するものとする。
(1) 事件調査における心構え
事件調査に携わる職員は、独占禁止法の目的を常に念頭に置き、独占禁止法の厳正・的確な執行という公正取引委員会の使命を十分に果たすため、冷静な判断力と実態解明への確固たる信念をもって、着実に事件調査を実施しなければならない。
(2) 綱紀・品位・秘密の保持
事件調査に携わる職員は、国民の信用・信頼を確保するため、常に綱紀・品位の保持に努めるとともに、業務の遂行に当たって知り得た秘密を漏らしてはならない（独占禁止法第39条）。
(3) 適正な手続の遵守
事件調査に携わる職員は、違反被疑事業者等に対して法令上の権限を行使する立場にあること及び手続の適正性を確保することが重要であることを自覚しなければならない。事件調査に当たっては、違反被疑事業者等の理解と協力が得られるよう、当該事件調査に係る手続について必要な説明を行うとともに、威迫、強要等と受け取られるような態度で接することなく、常に法令の規定に従った適正な手続に基づいてその権限を行使しなければならない。
(4) 効率的・効果的な事件調査と多面的な検討
事件調査に携わる職員は、違反被疑事業者等の説明に真摯に耳を傾けるとともに、効率的・効果的な事件調査によって事案の実態を解明するよう努めなければならない。また、違反被疑事実の立証に当たっては、物的証拠その他当該被疑事実に関する十分な証拠を収集するよう努めるとともに、聴取対象者の供述については、予断を排して慎重かつ詳細に聴取し、その内容の合理性、客観的事実との整合性等について十分に検討した上で、その信用性について判断しなければならない。

## 第2 事件調査手続
### 1 立入検査
#### (1) 根拠・法的性格

公正取引委員会は、独占禁止法第47条第1項第4号の規定に基づき、違反被疑事業者等の営業所その他必要な場所に立ち入り、業務及び財産の状況、帳簿書類その他の物件を検査すること（以下「立入検査」という。）ができる。また、同項第3号の規定に基づき、事件調査に必要と考えられる帳簿書類その他の物件について、その所持者に提出を命じ、当該物件を留めて置くことができる。

独占禁止法第47条に規定される立入検査その他の処分は、違反被疑事業者等に調査応諾の行政上の義務を課し、その履行が罰則（独占禁止法第94条）によって担保されているという意味で間接強制力を伴ったものである。したがって、罰則が適用されることがあるという意味において違反被疑事業者等が、これに応じるか否かを任意に判断できる性格のものではないが、相手方があえてこれを拒否した場合に直接的物理的に実力を行使して強制し得るものではない。なお、正当な理由なくこれを拒否した違反被疑事業者等には罰則が適用されることがある。

また、独占禁止法第47条の規定に基づく間接強制力を伴う立入検査ではなく、違反被疑事業者等の事業所等に赴き、相手方の任意の協力に基づいて資料の提出等を依頼する場合もある。

#### (2) 立入検査時の手続・説明事項

立入検査に際して、審査官は、立入検査場所の責任者等に対し、身分を示す審査官証を提示した上で、行政調査の根拠条文（独占禁止法第47条）、事件名、違反被疑事実の要旨、関係法条等を記載した告知書（公正取引委員会の審査に関する規則〔平成17年公正取引委員会規則第5号。以下「審査規則」という。〕第20条）を交付し、検査の円滑な実施に協力を求めるとともに、検査に応じない場合には罰則（独占禁止法第94条）が適用されることがある旨を説明する。また、併せて、事業者等向け説明資料を手交する。

なお、違反被疑事業者等の事業所等に赴き、相手方の同意の下で資料の提出等を依頼する場合には、審査官等は、相手方に対し、身分証明書等を提示した上で、当該事件調査の趣旨及び独占禁止法第47条の規定に基づくものではなく相手方の任意の協力に基づいて行うものであることを説明した上で、相手方の同意を得て行う。

#### (3) 立入検査の対象範囲

立入検査は、違反被疑事業者等の営業部門、経理部門等その名称にかかわらず、審査官が事件調査に必要であると合理的に判断した場所に対して行うものであり、従業員の居宅等であっても、違反被疑事実に関する資料が存在することが疑われ、審査官が事件調査に必要であると合理的に判断した場合には立入検査の対象となる。

#### (4) 物件の提出及び留置に係る手続

ア 物件の提出命令は、審査官が事件調査に必要であると合理的に判断した範囲で行うものであり、個人の所有物のように、一般にプライバシー性の高いもの（手帳、携帯電話等）であっても、違反被疑事実の立証に資する情報が含まれていることが疑われるため、審査官が事件調査に必要であると合理的に判断した場合には提出を命じる。

なお、提出を命じる際には、当該物件の原物について現状のまま提出を命じる。サーバ、クライアントPC等に保存された電子データ（電子メール等のデータを含む。）については、記録媒体に複製及び保存したもの（必要に応じてクライアントPC等の本体）の提出を命じる。

イ 物件の提出を命じ、留め置く際には、提出命令書及び留置物に係る通知書に対象物件の品目を記載した目録を添付する（審査規則第9条及び第16条）。当該目録には、帳簿書類その他の物件の標題等を記載するとともに、所在していた場所や所持者、管理者等を記載して、物件を特定する。留め置くに当たっては、立入検査場所の責任者等の面前で物件を1点ずつ提示し、全物件について当該目録の記載との照合を行う。
ウ 立入検査当日における提出物件の謄写の求めについては、違反被疑事業者等の権利として認められるものではないが、日々の事業活動に用いる必要があると認められるものについて、立入検査の円滑な実施に支障がない範囲で認めるものとする。また、違反被疑事業者等からの求めがあれば、事件調査に支障を生じない範囲で、立入検査の翌日以降に、日程調整を行った上で、公正取引委員会が指定する場所において、提出物件（留置物）の閲覧・謄写を認める（審査規則第18条）。日程調整を行うに当たっては、違反被疑事業者等ができる限り早期に閲覧・謄写することができるよう配慮する。
　なお、謄写の方法については、違反被疑事業者等所有の複写機だけではなく、デジタルカメラ、スキャナー等の電子機器を用いることも認められる。
エ 留置物のうち、留置の必要がなくなったものについては、これを速やかに還付する（審査規則第17条）。
(5) 立入検査における弁護士の立会い
　立入検査において、審査官は、立入検査場所の責任者等を立ち会わせるほか、違反被疑事業者等からの求めがあれば、立入検査の円滑な実施に支障がない範囲で弁護士の立会いを認めるものとする。ただし、弁護士の立会いは、違反被疑事業者等の権利として認められるものではないため、審査官は、弁護士が到着するまで立入検査の開始を待つ必要はない。

2 供述聴取
(1) 根拠・法的性格
　供述聴取には、任意の供述聴取及び間接強制力を伴う審尋がある。任意の供述聴取は、聴取対象者の任意の協力に基づいて供述の聴取を行うものであり、審尋は、独占禁止法第47条第1項第1号の規定に基づいて、聴取対象者に出頭を命じた上で供述の聴取を行うものである。審尋の場合には、聴取対象者が正当な理由なく出頭せず又は陳述をせず若しくは虚偽の陳述をした場合には罰則（独占禁止法第94条）が適用されることがある。
(2) 供述聴取時の手続・説明事項
ア 任意の供述聴取
　(ｱ) 任意の供述聴取は、審査官等が、直接又は違反被疑事業者等若しくは代理人を通じて、聴取対象者の都合を確認し、その都度、任意の協力に基づいて行う供述聴取である旨を明確にした上で、聴取対象者の同意を得て行う。
　(ｲ) 任意の供述聴取を行うに当たって、審査官等は、冒頭（供述聴取が複数回に及ぶ場合は初回の冒頭）、聴取対象者に対し、身分証明書等を提示した上で、任意の供述聴取である旨及び任意の供述聴取であっても事案の実態を解明して法目的を達成するためには自らの経験・認識に基づき事実を話してもらう必要がある旨を説明する。また、審査官等は聴取対象者に対して、任意の供述聴取に協力が得られない場合には別途審尋の手続に移行することがある旨を、必要に応じて説明する。

イ 審尋
  (ア) 独占禁止法第47条の規定に基づき、聴取対象者に出頭を命じて審尋する場合は、その都度、出頭命令書を送達して行う（審査規則第9条）。出頭命令書には、法的根拠、出頭すべき日時及び場所並びに命令に応じない場合の罰則（独占禁止法第94条）について記載する。
  (イ) 審尋を行うに当たって、審査官は、冒頭、聴取対象者に対し、審査官証を提示した上で、その法的性格（独占禁止法第47条の規定に基づくものである旨）を説明するとともに、陳述を拒み又は虚偽の陳述をした場合には罰則（独占禁止法第94条）が適用されることがある旨を説明する。
ウ 任意の供述聴取に係る事前連絡時又は審尋に係る出頭命令時に、審査官等は、聴取対象者に対し、直接又は違反被疑事業者等若しくは代理人を通じて、事業者等向け説明資料のウェブ掲載場所を伝えるとともに、聴取対象者が事前に同資料の内容を確認していない場合には、当該聴取対象者に対する初回の供述聴取の開始時に、事業者等向け説明資料を手交する。
エ 供述聴取を行うに当たって、審査官等は、必要に応じて、あらかじめ聴取対象者に対し、供述を録取した書面は、意見聴取手続（独占禁止法第49条等）において、閲覧・謄写の対象となる可能性がある旨及び閲覧・謄写制度の趣旨・目的等（目的外利用が認められない旨を含む。）(注4)について説明する。
  (注4) 意見聴取の通知を受けた事業者等が、意見聴取手続において閲覧・謄写した供述調書等の内容をもって、自社従業員に対する懲戒等の不利益取扱い、他の事業者に対する報復行為等を行う可能性があるときは、「第三者の利益を害するおそれがあるときその他正当な理由があるとき」（独占禁止法第52条第1項）に該当し、公正取引委員会は当該供述調書等の閲覧・謄写を拒むことができる。このように、意見聴取の通知を受けた事業者等が閲覧・謄写した内容を意見聴取手続又は排除措置命令等の取消訴訟の準備以外に利用することは目的外利用となるため、閲覧・謄写の申請書の様式には、申請者が目的外利用はしないことを約す一文が置かれている。

(3) 供述聴取における留意事項
ア 供述聴取を行うに当たって、審査官等は、威迫、強要その他供述の任意性を疑われるような方法を用いてはならない。また、審査官等は、自己が期待し、又は希望する供述を聴取対象者に示唆する等の方法により、みだりに供述を誘導し、供述の代償として利益を供与すべきことを約束し、その他供述の真実性を失わせるおそれのある方法を用いてはならない。
イ 供述聴取時の弁護士を含む第三者の立会い（審査官等が供述聴取の適正円滑な実施の観点から依頼した通訳人、弁護士等を除く。）、供述聴取過程の録音・録画、調書作成時における聴取対象者への調書の写しの交付及び供述聴取時における聴取対象者によるメモ（審査官等が供述聴取の適正円滑な実施の観点から認めた聴取対象者による書き取りは含まない。）の録取については、事案の実態解明の妨げになることが懸念されることなどから、これらを認めない。

(4) 聴取時間・休憩時間
ア 供述聴取は、1日につき8時間（休憩時間を除く。）までを原則とし、聴取時間が1日につき8時間を超える場合には、聴取対象者の同意を得るものとする。また、やむを得ない事情がない限り、深夜（午後10時以降）に及ぶ聴取は避けなければならない。
イ 供述聴取において、聴取が長時間となる場合には、審査官等は、聴取対象者の体調等も考

慮した上で、休憩時間を適時適切に確保する。
　なお、休憩時間は、原則として聴取対象者の行動を制約せず、審査官等が指定した休憩時間内に、聴取対象者が弁護士等の外部の者と連絡を取ることや記憶に基づいてメモを取ることを妨げないものとする。ただし、例えば、複数の関係者を対象として、同日の近接する時間に聴取を実施する場合など、休憩時間に聴取対象者が他の事件関係者と接触し、供述内容の調整（口裏合わせ等）が行われるなどのおそれがあるときは、例外的に、審査官等が付き添う。
　また、食事時間等の比較的長めの休憩時間を取る場合には、供述聴取に支障が生じない範囲で、聴取対象者が必要に応じて弁護士等に相談できる時間となるよう配慮しつつ適切な時間を確保するようにする。
ウ　審査官等は、供述聴取を行ったときは、聴取時間及び休憩時間について記録する。
(5)　調書の作成・署名押印の際の手続
ア　審査官等は、聴取対象者が任意に供述した場合において、必要があると認めるときは、供述調書を作成するものとする。また、審査官は、独占禁止法第47条の規定に基づいて聴取対象者を審尋したときは、審尋調書を作成しなければならない（審査規則第11条及び第13条）。
イ　審査官等は、違反被疑事実の立証に当たって、それまでに収集した様々な物的証拠や供述等を総合的に勘案した上で、当該事件に関係し、かつ、必要と認める内容について、聴取対象者の供述内容を正確に録取し、供述調書又は審尋調書を作成する。聴取対象者が供述したことを速記録のように一言一句録取することは要しない。
ウ　審査官等は、供述調書又は審尋調書を作成した場合には、これを聴取対象者に読み聞かせ、又は閲覧させて、誤りがないかを問い、聴取対象者が誤りのないことを申し立てたときは、聴取対象者の署名押印を得て完成させる。聴取対象者が、自ら供述した内容についての増減変更（調書の記載の追加、削除及び訂正）の申立てをしたときは、審査官等は、その趣旨を十分に確認した上で、当該申立ての内容を調書に記載し又は該当部分を修正し、聴取対象者の署名押印を得る。また、聴取対象者が誤りのないことを申し立てたにもかかわらず、署名押印を拒絶したときは、審査官等は、その旨を調書に記載するものとする（審査規則第11条及び第13条）。

3　報告命令
(1)　根拠・法的性格
　公正取引委員会は、独占禁止法第47条第1項第1号の規定に基づき、違反被疑事業者等に対し、事件調査に必要な情報について、報告を求めること（以下「報告命令」という。）ができる。これに違反して、違反被疑事業者等が報告をせず又は虚偽の報告をした場合には罰則（独占禁止法第94条）が適用されることがある。
　なお、独占禁止法第47条の規定に基づく間接強制力を伴う報告命令ではなく、違反被疑事業者等の任意の協力に基づいて報告を依頼する場合もある。
(2)　報告命令時の手続
　独占禁止法第47条の規定に基づき、違反被疑事業者等から報告を徴する場合は、報告命令書を送達して行う（審査規則第9条）。報告命令書には、報告書（回答）の様式を添付した上、法的根拠、報告の期限及び命令に応じない場合の罰則（独占禁止法第94条）について記載す

る。
　なお、違反被疑事業者等の任意の協力に基づいて報告を依頼する場合には、原則として、書面（報告書〔回答〕の様式を添付し、報告の期限を記載した報告依頼書等）を送付して行う。

４　審査官の処分に対する異議申立て、任意の供述聴取に関する苦情申立て
　独占禁止法第47条の規定に基づいて審査官がした立入検査、審尋等の処分を受けた者が、当該処分に不服があるときは、処分を受けた日から１週間以内に、その理由を記載した文書をもって、公正取引委員会に異議の申立てをすることができる（審査規則第22条）。
　また、任意の供述聴取については、聴取対象者等が、聴取において本指針「第２　２　供述聴取」に反する審査官等の言動等があったとする場合には、当該聴取を受けた日から１週間以内に、書面により、公正取引委員会に苦情を申し立てることができる。
　審査官等は、常に適正な手続に基づいてその権限を行使すべきであり、異議や苦情を申し立てられるような対応を行わないことが求められるが、仮に異議や苦情を申し立てられた場合には、当該申立てに係る調査に、誠実に対応するものとする。


## 関連条文（抜粋）
## 私的独占の禁止及び公正取引の確保に関する法律（昭和22年法律第54号）
【秘密保持義務】
第39条　委員長、委員及び公正取引委員会の職員並びに委員長、委員又は公正取引委員会の職員であつた者は、その職務に関して知得した事業者の秘密を他に漏し、又は窃用してはならない。
【調査のための強制処分】
第47条　公正取引委員会は、事件について必要な調査をするため、次に掲げる処分をすることができる。
　一　事件関係人又は参考人に出頭を命じて審尋し、又はこれらの者から意見若しくは報告を徴すること。
　二　鑑定人に出頭を命じて鑑定させること。
　三　帳簿書類その他の物件の所持者に対し、当該物件の提出を命じ、又は提出物件を留めて置くこと。
　四　事件関係人の営業所その他必要な場所に立ち入り、業務及び財産の状況、帳簿書類その他の物件を検査すること。
②　公正取引委員会が相当と認めるときは、政令で定めるところにより、公正取引委員会の職員を審査官に指定し、前項の処分をさせることができる。
③　前項の規定により職員に立入検査をさせる場合においては、これに身分を示す証明書を携帯させ、関係者に提示させなければならない。
④　第１項の規定による処分の権限は、犯罪捜査のために認められたものと解釈してはならない。
【排除措置命令に係る意見聴取】
第49条　公正取引委員会は、第７条第１項若しくは第２項（第８条の２第２項及び第20

条第2項において準用する場合を含む。)、第8条の2第1項若しくは第3項、第17条の2又は第20条第1項の規定による命令(以下「排除措置命令」という。)をしようとするときは、当該排除措置命令の名宛人となるべき者について、意見聴取を行わなければならない。

【証拠の閲覧・謄写】
第52条 当事者は、第50条第1項の規定による通知があつた時から意見聴取が終結する時までの間、公正取引委員会に対し、当該意見聴取に係る事件について公正取引委員会の認定した事実を立証する証拠の閲覧又は謄写(謄写については、当該証拠のうち、当該当事者若しくはその従業員が提出したもの又は当該当事者若しくはその従業員の供述を録取したものとして公正取引委員会規則で定めるものの謄写に限る。以下この条において同じ。)を求めることができる。この場合において、公正取引委員会は、第三者の利益を害するおそれがあるときその他正当な理由があるときでなければ、その閲覧又は謄写を拒むことができない。
② 前項の規定は、当事者が、意見聴取の進行に応じて必要となつた証拠の閲覧又は謄写を更に求めることを妨げない。
③ 公正取引委員会は、前2項の閲覧又は謄写について日時及び場所を指定することができる。

【検査妨害等の罪】
第94条 次の各号のいずれかに該当する者は、1年以下の懲役又は300万円以下の罰金に処する。
　一　第47条第1項第1号若しくは第2項又は第56条第1項の規定による事件関係人又は参考人に対する処分に違反して出頭せず、陳述をせず、若しくは虚偽の陳述をし、又は報告をせず、若しくは虚偽の報告をした者
　二　第47条第1項第2号若しくは第2項又は第56条第1項の規定による鑑定人に対する処分に違反して出頭せず、鑑定をせず、又は虚偽の鑑定をした者
　三　第47条第1項第3号若しくは第2項又は第56条第1項の規定による物件の所持者に対する処分に違反して物件を提出しない者
　四　第47条第1項第4号若しくは第2項又は第56条第1項の規定による検査を拒み、妨げ、又は忌避した者

## 公正取引委員会の審査に関する規則(平成17年公正取引委員会規則第5号)
(審査官の行う処分)
第9条 審査官は、法第47条第2項の規定に基づいて同条第一項に規定する処分をする場合は、次の各号に掲げる区分に応じ当該各号に掲げる文書を送達して、これを行わなければならない。
　一　事件関係人又は参考人に出頭を命じて審尋する場合出頭命令書
　二　前号に掲げる者から意見又は報告を徴する場合報告命令書
　三　鑑定人に出頭を命じて鑑定させる場合鑑定命令書
　四　帳簿書類その他の物件の所持者に当該物件の提出を命ずる場合提出命令書
2　前項の文書には、次の事項を記載し、毎葉に契印しなければならない。
　一　事件名

二　相手方の氏名又は名称
三　相手方に求める事項
四　出頭命令書又は提出命令書については出頭又は提出すべき日時及び場所
五　命令に応じない場合の法律上の制裁
3　提出命令書には、提出を命じる物件を記載し、又はその品目を記載した目録を添付しなければならない。

（審尋調書）
第11条　審査官は、法第47条第2項の規定に基づいて同条第1項第1号の規定により事件関係人又は参考人を審尋したときは、審尋調書を作成し、これを供述人に読み聞かせ、又は供述人に閲覧させて、誤りがないかどうかを問い、供述人が増減変更の申立てをしたときは、その供述を調書に記載しなければならない。
2　供述人が前項の調書に誤りのないことを申し立てたときは、これに署名押印することを求めることができる。
3　前項の場合において、供述人が署名することができないときは、他人に代書させ、押印することができないときは、指印するものとする。ただし、署名を他人に代書させた場合には、代書した者がその事由を調書に記載して署名押印しなければならない。
4　第2項の場合において、供述人が署名押印を拒絶したときは、その旨を調書に記載するものとする。

（供述調書）
第13条　委員会の職員は、事件関係人又は参考人が任意に供述した場合において、必要があると認めるときは、これを録取した供述調書を作成するものとする。
2　前2条の規定は、前項の調書について準用する。

（留置調書）
第15条　審査官は、法第47条第2項の規定に基づいて同条第1項第3号の規定により提出物件を留め置いたときは、留置調書を作成しなければならない。
2　前項の調書には、事件名、所有者及び差出人の氏名、職業及び住所又は就業場所並びに留置の年月日及び場所を記載しなければならない。
3　第1項の調書には、留置物の品目を記載した目録を添付しなければならない。

（留置物に係る通知等）
第16条　審査官は、法第47条第2項の規定に基づいて同条第1項第3号の規定により提出物件を留め置いたときは、差出人に対し、当該物件を留め置いた旨を文書で通知しなければならない。
2　前項の文書には、前条第3項の目録の写しを添付しなければならない。
3　留置物の所有者から請求があったときは、前条第3項の目録の写しを交付しなければならない。

（留置物の還付・仮還付）
第17条　留置物で留置の必要がなくなったものは、事件の終結を待たないで、これを還付しなければならない。
2　留置物は、所有者又は差出人の請求により、仮にこれを還付することができる。

（提出命令の対象物件についての閲覧及び謄写）
第18条　法第47条第1項第3号の規定により帳簿書類その他の物件の提出を命じられた者

は、当該物件を閲覧し、又は謄写することができる。ただし、事件の審査に特に支障を生ずることとなる場合にはこの限りではない。
2 　前項の規定による閲覧又は謄写をさせる場合、当該物件の提出を命じられた者の意見を斟酌して、日時、場所及び方法を指定するものとする。

（被疑事実等の告知）
**第20条** 　審査官は、法第47条第2項の規定に基づいて同条第1項第4号の規定により検査をする場合には、次に掲げる事項を記載した文書を関係者に交付するものとする。
　一　事件名
　二　法の規定に違反する被疑事実の要旨
　三　関係法条

（審査官の処分に対する異議の申立て）
**第22条** 　法第47条第2項の規定に基づいて審査官がした同条第1項各号に規定する処分を受けた者は、当該処分に不服のあるときは、処分を受けた日から1週間以内に、その理由を記載した文書をもって、委員会に異議の申立てをすることができる。
2 　委員会は、異議の申立てに理由があると認めるときは、異議を申し立てられた処分の撤回、取消し又は変更を審査官に命じ、これを申立人に通知するものとする。
3 　委員会は、異議の申立てを却下したときは、これを申立人に通知しなければならない。この場合においては、その理由を示さなければならない。

# 事項索引

## あ

アップジョン警告（Upjohn Warnings）……… 204
Attorney-Client Privilege→秘匿特権
アムネスティ・プラス（amnesty plus）……… 205

## い

異議申立て………………………………… 159
意見聴取官…………………………… 221, 224
意見聴取官指定通知書…………………… 227
意見聴取期日……………………… 225, 239
意見聴取調書……………………………… 249
意見聴取通知書…………………………… 226
意見聴取手続室…………………………… 225
意見聴取の再開…………………………… 253
意見聴取報告書…………………………… 250
意見陳述…………………………………… 243
一問一答式………………… 39, 120, 145, 155
委任状……………………………………… 229
違反行為
　──からの離脱………………………… 190
　──の強要……………………………… 188
　──の終了……………………………… 190
　──の範囲……………………………… 195
　既往の──……………………………… 201
違法収集証拠……………………………… 304
インハウス・ロイヤー（企業内弁護士）… 295, 300

## え

AM＆S事件………………………………… 272
閲覧・謄写…………………………………… 35

## お

押収拒絶権………………… 104, 259, 282
欧州ベストプラクティス………………… 307

## か

開示拒絶権………………………………… 283
確約手続…………………………… 21, 269
課徴金減免申請…………………………… 100
課徴金減免制度…………………… 47, 68, 173
　──の導入………………………………… 3

課徴金納付命令…………………………… 25
課徴金の法的性格…………………………… 3
株主代表訴訟……………………………… 194
仮順位……………………………………… 177
川崎民商事件………………………… 40, 119
間接強制調査……………………………… 29
間接取引…………………………………… 209

## き

既往の違反行為…………………………… 201
危機管理マニュアル……………………… 189
企業内弁護士→インハウス・ロイヤー
客観的証拠………………………………… 127
休憩時間……………………………… 38, 142
求釈明……………………………………… 242
供述聴取…………………………………… 113
　任意の──………………………… 114, 120
供述聴取過程の録音・録画……………… 133
供述聴取手続……………………………… 124
　──の可視化…………………………… 133
供述調書………………… 38, 113, 120, 145, 231
　独白形式の──…………………… 15, 155
供述調書中心主義…………………… 14, 155
供述調書録取手続………………………… 124
供述人への調書の写しの交付…………… 137
行政裁量…………………………………… 279
行政裁量権………………………………… 278
行政処分取消訴訟………………………… 304
強制調査……………………………………… 45
行政調査…………………………………… 23
行政調査権限と犯則調査権限との関係… 107
強制手続…………………………… 117, 138
行政手続法………………………………… 217
行政不服審査法…………………………… 255
共同申請…………………………… 176, 187
協力するインセンティブ………… 147, 148
許可状……………………………………… 97
虚偽陳述…………………………………… 119
拒否行為…………………………………… 305

## く

苦情申立制度………………………… 93, 160

事項索引　321

グローバル競争・・・・・・・・・・・・・・・・・・・・・・・264

## け

経団連→日本経済団体連合会
検査妨害罪・・・・・・・・・・・・・・・・・・・・・・・・・・・279
権利放棄（waiver）・・・・・・・・・・・・・・・・・212

## こ

効果主義・・・・・・・・・・・・・・・・・・・・・・・・・・・・・205
口頭審理・・・・・・・・・・・・・・・・・・・・・・220, 238
口頭報告・・・・・・・・・・・・・・・・・・・・・・・・・・・・・185
高度の蓋然性がある程度の立証・・・127
合理的な疑いのない程度の立証・・・128
国際カルテル事件・・・・・・・・・・・・・・・・・・・84
告訴（告発）不可分の原則・・・・・・・176
告知・・・・・・・・・・・・・・・・・・・・・・・・・・・・・・・・・・218
コモンロー・・・・・・・・・・・・・・・・・・・・274, 284
雇用関係・・・・・・・・・・・・・・・・・・・・・・・・・・・・・287
コンプライアンス・・・・・・・・・・・・260, 277

## さ

サーバー・・・・・・・・・・・・・・・・・・・・・・・・・・・・・299
裁量型課徴金制度・・・・・・・・・14, 147, 269
裁量権の逸脱・・・・・・・・・・・・・・・・・・・・・・・278
差押え・・・・・・・・・・・・・・・・・・・・・・・・・・・95, 96
差押え物件の事前複写・・・・・・・・・・・・104
撮影・・・・・・・・・・・・・・・・・・・・・・・・・・・・・・・・・・237
参加制度・・・・・・・・・・・・・・・・・・・・・・・・・・・・・240

## し

事業者と個人との間の利益相反・・・203
事業者向け説明資料・・・・・・・・・・・・・・・・15
事件記録閲覧謄写許可処分取消請求事件・・・266
自己負罪拒否特権・・・・・・・・・・・・・39, 119
指針原案の修正・・・・・・・・・・・・・・・・・・・・・・16
事前相談・・・・・・・・・・・・・・・・・・・・・・・・・・・・・177
事前手続・・・・・・・・・・・・・・・・・・・・・・・・・・・・・217
私宅への立入検査・・・・・・・・・・・・・・・・・・・73
失格事由・・・・・・・・・・・・・・・・・・・・・・・・・・・・・188
実質的証拠法則・・・・・・・・・・・・・・・・・・・・・・26
実態解明（機能）・・・・・・・・・・・9, 128, 266
質問・・・・・・・・・・・・・・・・・・・・・・・・・・・・・・・・・・241
質問書・・・・・・・・・・・・・・・・・・・・・・・・・・・・・・・・237
司法取引（制度）・・・・・・・・・・・・・148, 172
指名停止・・・・・・・・・・・・・・・・・・・・・・・・・・・・・187
社外弁護士・・・・・・・・・・・・・・・・・・・・・・・・・・297

JASRAC事件・・・・・・・・・・・・・・・・・129, 277
社内調査・・・・・・・・・・・・・・・・・・・・・・・・・・・・・191
社内の調査体制・・・・・・・・・・・・・・・・・・・・・・22
社内弁護士（企業内弁護士）──→インハウスロイヤー
社内リニエンシー制度・・・・・・・・・・・・193
従業員の個人代理人の選任・・・・・・・146
従業員の範囲・・・・・・・・・・・・・・・・・・・・・・・303
主宰者・・・・・・・・・・・・・・・・・・・・・・・・・・・・・・・・221
出頭命令・・・・・・・・・・・・・・・・・・・・・・・37, 197
出頭命令書・・・・・・・・・・・・・・・・・・・・・・・・・・117
出頭要請・・・・・・・・・・・・・・・・・・・・・・・・・・・・・・38
守秘義務・・・・・・・・・・・・・・・・・・・・・・276, 284
順位の繰上げ・・・・・・・・・・・・・・・・・・・・・・・191
召喚状（subpoena）・・・・・・・・・・・・・・・210
証言拒絶権・・・・・・・・・・・・・・・・・・・270, 281
証拠収集の違法性・・・・・・・・・・・・・・・・・306
証拠提出・・・・・・・・・・・・・・・・・・・・・・・・・・・・・243
証拠の閲覧・・・・・・・・・・・・・・・220, 229, 235
証拠の謄写・・・・・・・・・・・・・・・220, 229, 235
証拠品目録・・・・・・・・・・・・・・・・・・・226, 235
証拠保全の通達・・・・・・・・・・・・・・・・・・・・・・65
職業上の秘密・・・・・・・・・・・・・・・・・・・・・・・273
除斥・・・・・・・・・・・・・・・・・・・・・・・・・・・・221, 225
処分中の出入りの禁止・・・・・・・・・・・・・・99
処分の違法性・・・・・・・・・・・・・・・・・・・・・・・306
処分前手続・・・・・・・・・・・・・・・・・・・・・・・・・・・24
署名押印・・・・・・・・・・・・・・・・・・・・・・・・・・・・・・39
新規性の要件・・・・・・・・・・・・・・・・・・・・・・・197
審査官・・・・・・・・・・・・・・・・・・・・・・・・・・27, 117
審査官証・・・・・・・・・・・・・・・・・・・・・32, 53, 54
審査官証提示・・・・・・・・・・・・・・・・・・・・・・・・56
審査規則18条・・・・・・・・・・・・・・・・・・・・・・・85
新証拠提出制限・・・・・・・・・・・・・・・・・・・・・26
審尋・・・・・・・・・・・・・・・・・・・・・・・114, 118, 197
審尋調書・・・・・・・・・・・・・・・・・・・39, 118, 145
──の記載方法・・・・・・・・・・・・・・・・118
迅速性・・・・・・・・・・・・・・・・・・・・・・・・・・・・・・・・222
審判・・・・・・・・・・・・・・・・・・・・・・・・・・・・・・・・・・217
審判制度・・・・・・・・・・・・・・・・・・・・・・・・・・・・・・26
──の廃止・・・・・・・・・・・・・・・・・・・・・・・・・7

## す

ストーリー聴取・・・・・・・・・・・・・・・・・・・・155
ストーリー調書・・・・・・・・・・・・・・118, 125
住友電工株主代表訴訟事件・・・・・・・189

## せ

正当な理由………………………29, 275, 277
接見交通権………………………283, 284

## そ

増減変更の申立て……………………………39
捜索…………………………………95, 96
送達……………………………………227
続行期日………………………233, 239, 246

## た

代替証拠………………………………290
代理人…………………………………227
　──の立会い……………………………130
　個人の──……………………………131
　事業者の──…………………………131
立入検査…………………………46, 56, 196
　──の拒否，妨害および忌避……………63
　私宅への──…………………………73
立入検査当日の謄写……………………36
単独申請の原則………………………186

## ち

中立性……………………………221, 225
懲戒処分………………………………234
調査開始日……………………………32, 175
調査開始日以後の申請…………………175
調査開始日前の申請……………………174
調査協力のインセンティブ………………14
調査権限の強化…………………………268
調査手法についての申入れ等……………167
聴取時間………………………………38, 142
聴聞手続………………………………218
直接取引………………………………208
陳述書…………………………237, 247

## つ

通信の時期……………………………295
通信秘密保護…………………………291
通訳人…………………………………239

## て

提出命令………………………………58, 78
提出命令書……………………………35, 59
提出命令品目録………………………60, 87

ディスカバリー（命令）…………37, 231, 281
適正手続………………………………218
デジタル・フォレンジック調査…………150
手続的側面に限定した権利放棄（procedural waiver）………………………………213
電子データ…………………………80, 83, 89
電磁的記録媒体………………………237

## と

謄写……………………………………81, 85
独占禁止協力協定……………………211
独占禁止法基本問題懇談会………………4
独占禁止法研究会………………………20
独占禁止法審査手続についての懇談会……7, 123
独占禁止法審査手続についての懇談会報告書……8
独白形式…………………………………39
　──の供述調書………………………15, 155
独立性……………………………220, 295
特権の放棄……………………………265
取締役等の任務懈怠…………………194
取調べの可視化………………………270

## な

内部統制システム構築義務………………195

## に

日本音楽著作権協会事件──→JASRAC事件
任意性…………………………………120
任意調査………………………………29, 45
任意提出…………………………………91
任意手続………………………………120, 138
任意の供述聴取………………………114
任意の事情聴取………………………197

## は

排除措置命令……………………………25
場所的範囲………………………70, 101
罰則……………………………………29
犯則嫌疑者……………………………95
犯則事件調査職員………………………41
犯則事件調査職員証……………………54, 55
犯則事件の調査（犯則調査）……23, 40, 95, 121
犯則手続………………………………121
反対尋問権……………………………129

## ひ

被疑事実（等）の告知··················································· 56, 66
被疑事実（等）の告知書························· 32, 51, 66
非協力行為··································································· 305
非協力・妨害へのディスインセンティブ······· 148
必要性の要件····························································· 201
秘匿義務······································································· 190
秘匿特権（Attorney-Client Privilege）······· 259, 293
　——の濫用······························································· 308
秘密······································································ 222, 233, 240
秘密交通権······················································· 283, 284

## ふ

ファイリング···························································· 299
附帯決議······································································· 267
物的範囲······································································· 102
不服申立て······················································ 77, 90, 106
プライバシー························· 222, 233, 240, 280
プリビレッジ・ログ············································ 307
文書管理······································································· 299
文書提出命令·························································· 260

## へ

米国検察官マニュアル······································· 308
米国連邦法····························································· 281
平成17年改正······························································ 3
平成21年改正······························································ 4
平成25年改正······························································ 7
平成25年改正法附則16条···································· 7
ベストプラクティス············································· 307
ペナルティ・プラス（penalty plus）·········· 205
弁護士・依頼者秘匿特権······································· 79
弁護士職務活動の成果の法理（ワーク
　プロダクトの法理：Work Product Doctrine）
··································································· 275, 294
弁護士職務倫理規程············································· 301
弁護士の立会い····················································· 64, 121, 132
弁護士倫理································································· 21
弁明の機会の付与··················································· 217
弁理士······································································· 302

## ほ

放棄················································································ 265
防御権···································································· 223, 296
報告依頼······················································· 40, 153

## ま

報告命令································································· 40, 153, 231
　——の活用······························································· 155
法曹倫理····································································· 285
冒頭手続····································································· 241
法務部門····································································· 298
　——への検査························································· 72
　——への立入り··················································· 33
法律事務所······························································ 261
法令遵守····································································· 277

## ま

マーカー制度························································· 207

## め

メモ············································································· 237
メモ取りの禁止··············································· 135, 143
メモ取りへの対応············································· 143
メモの録取······························································ 135
　——の禁止··························································· 121

## も

目的外利用······························································ 234
黙秘権········································································· 121

## ゆ

優越性の判断··························································· 289

## よ

様式第1号·································································· 177, 201
様式第2号··················································· 177, 185, 201
様式第3号·································································· 182
ヨーロッパ人権····················································· 274

## ら

濫用防止措置··························································· 308

## り

利益考量································································· 289
利害関係人······························································ 240
リニエンシー制度···································· 148, 149
留置通知書································································ 61
臨検······································································· 95, 96
臨検等······································································· 101

## ろ

録音············································································· 237

## わ

ワークプロダクトの法理（Work Product Doctrine）……………………… 275, 293

# 判例索引

## 最高裁判所

最大決昭 44・12・3 刑集 23-12-1525 ……………………………………………………… 106
最大判昭 47・11・22 刑集 26-9-554 川崎民商事件 ……………………………… 40, 119, 287
最決昭 48・7・10 刑集 27-7-1205 荒川民商事件 ……………………… 61, 71, 73, 78, 280
最判昭 51・7・9 集刑 201-137 …………………………………………………………… 107
最判昭 59・3・27 刑集 38-5-2037 所得税法違反被告事件 ……………………………… 121
最判昭 63・3・31 判時 1276-39 …………………………………………………………… 108
最判平 15・2・14 刑集 57-2-121 …………………………………………………………… 306
最判平 15・9・5 判時 1850-61 …………………………………………………………… 284
最決平 16・1・20 刑集 58-1-26 …………………………………………………………… 108
最判平 16・9・7 裁時 1371-7 ……………………………………………………………… 284
最判平 17・4・19 民集 59-3-563 …………………………………………………………… 284
最判平 18・10・3 民集 60-8-2647 ………………………………………………………… 270
最判平 27・4・28 民集 69-3-518 JASRAC 事件 ………………………………………… 130

## 高等裁判所

東京高判昭 34・6・29 下刑集 1-6-1366 …………………………………………………… 119
東京高判昭 39・10・28 高等裁判所刑事裁判（判決）速報 1262 ………………………… 55
高松高判平 15・3・13 判時 1845-149 …………………………………………………… 108
東京高判平 20・9・26 審判集 55-910 JFE エンジニアリング他事件 ………………… 133
東京高判平 25・9・12 審判集 60-2-167 事件記録閲覧謄写許可処分取消請求事件 …… 79, 266, 306
東京高判平 25・11・1 審決集 60-2-22 JASRAC 事件 ………………………………… 130
東京高判平 25・12・20 審決集 60-2-108 愛知電線事件 …………………………… 48, 199
東京高判平 26・4・25 公取委ウェブサイト 大東建設事件 …………………………… 133

## 地方裁判所

東京地決昭 34・5・22 下刑集 1-5-1339 …………………………………………………… 97
熊本地決昭 60・4・25 判タ 557-290 …………………………………………… 104, 260, 282
大阪地判平 12・9・20 判時 1721-3 大和銀行株主代表訴訟事件 ……………………… 195
松山地判平 13・11・22 判タ 1121-264 …………………………………………………… 107
大阪地判平 20・1・31 判タ 1268-152 ………………………………………………… 229, 255
鹿児島地判平 20・3・24 判時 2008-3 …………………………………………………… 283
大阪地判平 22・9・10 判タ 1397-309 村木・郵便不正事件 ……………………………… 129
東京地判平 23・2・14 LLI/DB 判例秘書 L06630057 …………………………………… 63
東京地判平 25・1・31 審決集 60-2-170 事件記録閲覧謄写許可処分取消請求事件 …… 256, 266, 306

## 公正取引委員会

公取委決定昭 41・11・11 審決集 18-284 森永商事事件 …………………………… 93, 120
審判審決昭 43・10・11 審決集 15-84 森永商事事件 ………………………… 30, 63, 275
公取委決定昭 55・10・24 審決集 27-136 札幌歯科医師会事件 ………………………… 71
審判審決平 9・9・25 審決集 44-131 水田電工（滋賀県等発注）事件 ………………… 31, 62
審判審決平 9・9・25 審決集 44-164 水田電工（大津市発注）事件 …………………… 31

公取委決定平 10・2・13 審決集 44-423 マイクロソフト異議申立て事件…………………… 138, 160
公取委決定平 15・10・24 審決集 50-551……………………………………………………… 160
勧告審決平 17・12・26 審決集 52-436 三井住友銀行事件……………………………………… 47
排除措置命令平 21・3・18 審決集 55-723 国際航空貨物利用運送業務事件………………… 84
排除措置命令平 21・9・28 審決集 56-2-65 クアルコム事件…………………………………… 47
課徴金納付命令平 22・6・9 審決集 57-2-84 シャッターの製造業者らに対する件（近畿地区における
　　受注調整事件）……………………………………………………………………………… 188
審判審決平 24・6・12 審決集 59-1-59 JASRAC 事件………………………………………… 129
審判審決平 27・5・22 公取委ウェブサイト（平成 22 年（判）2 号〜5 号）……………………… 232
審判審決平 27・5・22 公取委ウェブサイト（平成 23 年（判）84 号、86 号）…………………… 232

●執筆者紹介●

**榊原美紀**（さかきばら・みき）　〔第8章担当〕
　1968年生まれ。1992年神戸松蔭女子学院大学文学部卒業、1997年司法修習修了、弁護士登録。2000年神戸大学大学院法学研究科修士課程修了、2001年ボストン大学ロースクールLL. M.修了。国内法律事務所、外資系法律事務所勤務を経て、2003年パナソニック株式会社。
　『企業のための弁護士活用術』（共著、日本加除出版・2015）、『最新　不正競争関係判例と実務〔第3版〕』（共著、民事法研究会・2016）。

**篠浦雅幸**（しのうら・まさゆき）　〔第1章・第4章・第5章担当〕
　1986年生まれ。2010年早稲田大学法学部卒業、2012年東京大学大学院法学政治学研究科法曹養成専攻修了。2013年司法修習修了、弁護士登録。2014年より一般社団法人日本経済団体連合会経済基盤本部。
　「独占禁止法審査手続についての懇談会報告書の概要」旬刊経理情報1404号（2015）、「流通・取引慣行ガイドラインの一部改正（案）の概要」同1407号（2015）、「消費者契約法・特定商取引法の見直しと経団連の対応」同1432号（共著、2015）。

**多田敏明**（ただ・としあき）　〔第2章担当〕
　1968年生まれ。1993年早稲田大学法学部卒業、1996年司法修習修了、弁護士登録。2001年ニューヨーク大学ロースクールLL. M.修了、2002年ニューヨーク州弁護士登録。現在、日比谷総合法律事務所弁護士。
　『独占禁止法の国際的執行』（分担執筆、日本評論社・2012）、「囲い込み事案と適用条項」根岸哲先生古稀祝賀（有斐閣・2013）、「水平的少数株式取得に関する一考察」石川正先生古稀記念（商事法務・2013）、『論点体系　独占禁止法』（共編著、第一法規・2014）。

**長澤哲也**（ながさわ・てつや）　〔第7章担当〕
　1970年生まれ。1994年東京大学法学部卒業、1996年司法修習修了、弁護士登録。2001年ペンシルベニア大学ロースクールLL. M.修了、2002年ニューヨーク州弁護士登録。現在、弁護士法人大江橋法律事務所弁護士。
　『平成21年改正独禁法の解説と分析』（編著、商事法務・2009）、『実務解説消費税転嫁特別措置法』（編著、商事法務・2013）、『実務に効く　公正取引審決判例精選』（共編、有斐閣・2014）、『優越的地位濫用規制と下請法の解説と分析〔第2版〕』（商事法務・2015）。

**宮川裕光**（みやかわ・ひろみつ）　〔第6章担当〕
　1968年生まれ。1992年慶應義塾大学法学部卒業。1996年司法修習修了、弁護士登録。2002年 University of Virginia School of Law (LL. M.)、2005年ニューヨーク州弁護士登録。現在、外国法共同事業ジョーンズ・デイ法律事務所代表パートナー。
　『米国・EU・中国競争法比較ガイドブック』（中央経済社・2010）、『実務に効く　公正取引審決判例精選』（分担執筆、有斐閣・2014）、「EUにおける民事訴訟制度」公正取引748号（2013）。

**矢吹公敏**（やぶき・きみとし）　〔第3章担当〕
　1956年生まれ。1982年東京大学法学部卒業、1987年司法修習修了、弁護士登録。1991年コロンビア大学ロースクール（LL. M.）修了。現在、矢吹法律事務所弁護士・一橋大学大学院国際企業戦略研究科教授。
　『独占禁止法の争訟実務―違反被疑事件への対応』（分担執筆、商事法務・2006）、『論点体系　独占禁止法』（分担執筆、第一法規・2014）、『独占禁止法の手続と実務』（共著、中央経済社・2015）。

【著 者】
榊原　美紀　パナソニック株式会社・弁護士
篠浦　雅幸　一般社団法人　日本経済団体連合会　経済基盤本部
　　　　　　弁護士
多田　敏明　日比谷総合法律事務所弁護士
長澤　哲也　弁護士法人大江橋法律事務所弁護士
宮川　裕光　外国法共同事業ジョーンズ・デイ法律事務所弁護士
矢吹　公敏　矢吹法律事務所弁護士・一橋大学大学院国際企業戦
　　　　　　略研究科教授


### 詳説　独占禁止法審査手続

2016（平成28）年7月15日　初版1刷発行

| 著　者 | 榊原美紀・篠浦雅幸・多田敏明 |
| | 長澤哲也・宮川裕光・矢吹公敏 |
| 発行者 | 鯉渕　友南 |
| 発行所 | 株式会社 弘文堂　101-0062 東京都千代田区神田駿河台1の7 |
| | TEL 03(3294)4801　振替 00120-6-53909 |
| | http://www.koubundou.co.jp |
| 装　丁 | 大森裕二 |
| 印　刷 | 三陽社 |
| 製　本 | 井上製本所 |

Ⓒ 2016 Miki Sakakibara, et al. Printed in Japan

[JCOPY]〈(社)出版者著作権管理機構　委託出版物〉
本書の無断複写は著作権法上での例外を除き禁じられています。複写される場合は、そのつど事前に、(社)出版者著作権管理機構（電話 03-3513-6969、FAX 03-3513-6979、e-mail: info@jcopy.or.jp）の許諾を得てください。
また本書を代行業者等の第三者に依頼してスキャンやデジタル化することは、たとえ個人や家庭内での利用であっても一切認められておりません。

ISBN 978-4-335-35677-3

―― 独占禁止法の本 ――

# 条解 独占禁止法

村上政博＝編集代表
内田晴康・石田英遠・川合弘造・渡邉惠理子＝編集委員
伊藤憲二＝編集協力

4大法律事務所の協働による、独占禁止法のすべてがわかる逐条解説書！手続法も実体法も、この10年で大きく様変わりした独占禁止法。法改正や判例法・実務の展開を反映させた待望のコンメンタール誕生。実務家にはもちろん研究者にとっても必携必備の注釈書。　A5判　1004頁　13000円

【本書の特色】
- ●「私的独占の禁止及び公正取引の確保に関する法律」および「下請代金支払遅延等防止法」の全条文についての逐条解説書。
- ●平成17年、21年、25年等の法改正に完全対応。
- ●判例法、企業結合の相談事例および実務上の取扱いを中心に解説。
- ●4大法律事務所の弁護士とそれを束ねた研究者の協働によって完成。
- ●各条文の解説のあり方や分量にはメリハリをつけ、さらに、重要な条文には目次を付し、解説内容の全体像を示す。
- ●条文全体の有機的な利用を可能にするクロス・リファランス。

# 独占禁止法［第5版］

金井貴嗣・川濱昇・泉水文雄＝編著
鈴木孝之・武田邦宣・田村次朗
土田和博・宮井雅明・山部俊文・和久井理子＝著

全国の法科大学院もしくは法学部で教鞭をとっている執筆陣が、具体的な事例等を素材に独占禁止法の全体像を概説したスタンダード・テキスト。学生をはじめ実務家にとっても必読の概説書。　A5判　612頁　4600円

# 独占禁止法［第7版］

村上政博＝著

この10年、「国際標準の競争法へ」と大きく変わりつつあるわが国の独占禁止法。その実体ルールおよび手続を詳説した実務型基本書。旧版以降の重要な判審決および法改正をふまえた最新版。　A5判　588頁　4800円

弘文堂

＊表示価格は、2016年6月現在の本体価格

―――― 条解シリーズ ――――

| 書名 | 編著者 |
|---|---|
| 条解刑事訴訟法〔第4版〕 | 松尾浩也=監修　松本時夫・土本武司・池田修・酒巻匡=編集代表 |
| 条解刑法〔第3版〕 | 前田雅英=編集代表　松本時夫・池田修・渡邉一弘・大谷直人・河村博=編 |
| 条解民事訴訟法〔第2版〕 | 兼子一=原著　松浦馨・新堂幸司・竹下守夫・高橋宏志・加藤新太郎・上原敏夫・高田裕成 |
| 条解破産法〔第2版〕 | 伊藤眞・岡正晶・田原睦夫・林道晴・松下淳一・森宏司=著 |
| 条解民事再生法〔第3版〕 | 園尾隆司・小林秀之=編 |
| 条解会社更生法〔上・中・下〕 | 兼子一=監修　三ケ月章・竹下守夫・霜島甲一・前田庸・田村諄之輔・青山善充=著（品切れ） |
| 条解不動産登記法 | 七戸克彦=監修　日本司法書士会連合会・日本土地家屋調査士会連合会=編 |
| 条解消費者三法<br>消費者契約法・特定商取引法・割賦販売法 | 後藤巻則・齋藤雅弘・池本誠司=著 |
| 条解弁護士法〔第4版〕 | 日本弁護士連合会調査室=編著 |
| 条解行政手続法 | 塩野宏・高木光=著　（品切れ） |
| 条解行政事件訴訟法〔第4版〕 | 南博方=原編著　高橋滋・市村陽典・山本隆司=編 |
| 条解行政情報関連三法<br>公文書管理法・行政機関情報公開法・行政機関個人情報保護法 | 高橋滋・斎藤誠・藤井昭夫=編著 |
| 条解独占禁止法 | 村上政博=編集代表　内田晴康・石田英遠・川合弘造・渡邉恵理子=編 |

―――― 弘文堂 ――――

＊2016年6月現在

# アメリカ法ベーシックス

●アメリカ法の正確な基本知識を提供する実務にも役立つシリーズ！

　現在、アメリカ法への関心の裾野は広がり、わが国の法解釈の参考とされるだけでなく、関連企業や個人が直接アメリカ法の適用をうける可能性も多くなりました。
　このようにアメリカ法が身近な存在となり、また日本法との違いが両国の関係にとって大きな壁となるなか、一方でアメリカ法研究の発展のために、他方で実務的にアメリカ法の基本的な知識を必要とする人たちのために、主要な法領域における依拠すべき信頼できる基本書が求められています。
　本シリーズは、アメリカ法の各分野における本格的な概説書として、正確な基本的知識を提供し、具体的事例を用いてアメリカ法の特色を明示します。長く基本書として引用・参照されるシリーズを目指しています。

| | | |
|---|---|---|
| ＊現代アメリカ法の歴史［オンデマンド版］ | ホーウィッツ著 樋口範雄訳 | 6000円 |
| ＊アメリカ契約法［第2版］ | 樋口範雄 | 3800円 |
| ＊アメリカ労働法［第2版］ | 中窪裕也 | 3700円 |
| ＊アメリカ独占禁止法［第2版］ | 村上政博 | 4000円 |
| ＊アメリカ証券取引法［第2版］ | 黒沼悦郎 | 2900円 |
| ＊アメリカ民事手続法［第2版］ | 浅香吉幹 | 2400円 |
| ＊アメリカ代理法 | 樋口範雄 | 2800円 |
| ＊アメリカ不法行為法［第2版］ | 樋口範雄 | 3700円 |
| ＊アメリカ製造物責任法 | 佐藤智晶 | 3000円 |
| ＊アメリカ憲法 | 樋口範雄 | 4200円 |
| ＊アメリカ渉外裁判法 | 樋口範雄 | 3800円 |
| アメリカ憲法 | 松井茂記 | |
| アメリカ租税法 | 水野忠恒 | |
| アメリカ行政法 | 中川丈久 | |
| アメリカ地方自治法 | 寺尾美子 | |
| アメリカ会社法 | 吉原和志 | |
| アメリカ商取引法 | 藤田友敬 | |
| アメリカ銀行法 | 川口恭弘 | |
| アメリカ倒産法 | 松下淳一 | |
| アメリカ医事法 | 丸山英二 | |
| アメリカ環境法 | 大塚　直 | |

**弘文堂**

表示価格は2016年6月現在の本体価格（税別）です。＊は既刊